eons
艺 文 志

拜德雅·人文丛书
学术委员会

○●○

学术顾问

张一兵　南京大学

学术委员（按姓氏拼音顺序）

陈　越　陕西师范大学	姜宇辉　华东师范大学
蓝　江　南京大学	李科林　中国人民大学
李　洋　北京大学	刘悦笛　中国社会科学院
鲁明军　复旦大学	陆兴华　同济大学
王春辰　中央美术学院	王嘉军　华东师范大学
吴冠军　华东师范大学	吴　琼　中国人民大学
夏可君　中国人民大学	夏　莹　清华大学
杨北辰　北京电影学院	曾　军　上海大学
张　生　同济大学	朱国华　华东师范大学

社会学的问题

[法]皮埃尔·布迪厄（Pierre Bourdieu）| 著

曹金羽 | 译

目 录

总　序 | 重拾拜德雅之学　/iii

社会学的问题　/1

序　言　/3

1　直面言语的艺术　/7
2　一门制造麻烦的科学　/21
3　社会学家的问题　/47
4　知识分子出局了吗？　/79
5　"自由漂浮的知识分子"如何获得自由？　/89
6　社会学家的社会学　/107
7　社会学家的悖论　/117
8　说意味着什么　/129
9　场域的一些属性　/153
10　语言市场　/163
11　审查制度　/185
12　"青年"只是一个词　/193
13　音乐爱好者：类属的起源和进化　/209

14　品味的变形　/219

15　一个人怎样才能成为运动员？　/237

16　高级时装和高级文化　/267

17　但是，谁创造了"创造者"？　/281

18　民意不存在　/301

19　文化和政治　/317

20　罢工和政治行动　/337

21　"智力"种族主义　/355

索　引　/361

- 总 序 -

重拾拜德雅之学

1

中国古代，士之教育的主要内容是德与雅。《礼记》云："乐正崇四术，立四教，顺先王《诗》《书》《礼》《乐》以造士。春秋教以《礼》《乐》，冬夏教以《诗》《书》。"这些便是针对士之潜在人选所开展的文化、政治教育的内容，其目的在于使之在品质、学识、洞见、政论上均能符合士的标准，以成为真正有德的博雅之士。

实际上，不仅是中国，古希腊也存在着类似的德雅兼蓄之学，即 paideia（παιδεία）。paideia 是古希腊城邦用于教化和培育城邦公民的教学内容，亦即古希腊学园中所传授的治理城邦的学问。古希腊的学园多招收贵族子弟，他们所维护的也是城邦贵族统治的秩序。在古希腊学园中，一般教授修辞学、语法学、音乐、诗歌、哲学，当然也会讲授今天被视为自然科学的某些学问，如算术和医学。不过在古希腊，这些学科之间的区分没有那么明显，更不会存在今天的文理之分。相反，这些在学园里被讲授的学问被统一称为paideia。经过paideia之学的培育，这些贵族身份的公民会变得"καλὸς κἀγαθός"（雅而有德），这个古希腊语单词形容理想的人的行为，而古希腊历史学家希罗多德（Ἡρόδοτος）常在他的《历史》中用这个词来描绘古典时代的英雄形象。

在古希腊，对paideia之学呼声最高的，莫过于智者学派的演说家和教育家伊索克拉底（Ἰσοκράτης），他大力主张对全体城邦公民开展paideia的教育。在伊索克拉底看来，paideia已然不再是某个特权阶层让其后嗣垄断统治权力的教育，相反，真正的paideia教育在于给人们以心灵的启迪，开启人们的心智，与此同时，paideia教育也让雅典人真正具有了人的美德。在伊索克拉底那里，paideia赋予了雅典公民淳美的品德、高雅的性情，这正是雅典公民获得独一无二的人之美德的唯一途径。在这个意义上，paideia之学，经过伊索克拉底的改造，成为一种让人成长的学问，让人从paideia之中寻找到属于人的德性和智慧。或许，这就是中世纪基督教教育中，及文艺复兴时期，paideia 被等同于人文学的原因。

2

在《词与物：人文科学考古学》最后，福柯提出了一个"人文科学"的问题。福柯认为，人文科学是一门关于人的科学，而这门科学，绝不是像某些生物学家和进化论者所认为的那样，从简单的生物学范畴来思考人的存在。相反，福柯认为，人是"这样一个生物，即他从他所完全属于的并且他的整个存在据以被贯穿的生命内部构成了他赖以生活的种种表象，并且在这些表象的基础上，他拥有了能去恰好表象生命这个奇特力量"[1]。尽管福柯这段话十分绕口，但他的意思是很明确的，人在这个世界上的存在是一个相当复杂的现象，它所涉及的是我们在这个世界上的方方面面，包括哲学、语言、诗歌等。这样，人文科学绝不是从某个孤立的角度（如单独从哲学的角度，单独从

---

[1] 米歇尔·福柯，《词与物：人文科学考古学》，莫伟民译，上海：上海三联书店，2001年，第459–460页。

文学的角度,单独从艺术的角度)去审视我们作为人在这个世界上的存在,相反,它有助于我们思考自己在面对这个世界的综合复杂性时的构成性存在。

其实早在福柯之前,德国古典学家魏尔纳·贾格尔(Werner Jaeger)就将 paideia 看成一个超越所有学科之上的人文学总体之学。正如贾格尔所说,"paideia,不仅仅是一个符号名称,更是代表着这个词所展现出来的历史主题。事实上,和其他非常广泛的概念一样,这个主题非常难以界定,它拒绝被限定在一个抽象的表达之下。唯有当我们阅读其历史,并跟随其脚步孜孜不倦地观察它如何实现自身,我们才能理解这个词的完整内容和含义。……我们很难避免用诸如文明、文化、传统、文学或教育之类的词来表达它。但这些词没有一个可以覆盖 paideia 这个词在古希腊时期的意义。上述那些词都只涉及 paideia 的某个侧面:除非把那些表达综合在一起,我们才能看到这个古希腊概念的范阈"[1]。贾格尔强调的正是后来福柯所主张的"人文科学"所涉及的内涵,也就是说,paideia 代表着一种先于现代人文科学分科之前的总体性对人文科学的综合性探

---

[1] Werner Jaeger, *Paideia: The Ideals of Greek Culture*, vol. 1, Oxford: Blackwell, 1946, p. i.

讨研究，它所涉及的，就是人之所以为人的诸多方面的总和，那些使人具有人之心智、人之德性、人之美感的全部领域的汇集。这也正是福柯所说的人文科学就是人的实证性（positivité）之所是，在这个意义上，福柯与贾格尔对paideia的界定是高度统一的，他们共同关心的是，究竟是什么，让我们在这个大地上具有了诸如此类的人的秉性，又是什么塑造了全体人类的秉性。paideia，一门综合性的人文科学，正如伊索克拉底所说的那样，一方面给予我们智慧的启迪；另一方面又赋予我们人之所以为人的生命形式。对这门科学的探索，必然同时涉及两个不同侧面：一方面是对经典的探索，寻求那些已经被确认为人的秉性的美德，在这个基础上，去探索人之所以为人的种种学问；另一方面，也更为重要的是，我们需要依循着福柯的足迹，在探索了我们在这个世界上的生命形式之后，最终还要对这种作为实质性的生命形式进行反思、批判和超越，即让我们的生命在其形式的极限处颤动。

这样，paideia同时包括的两个侧面，也意味着人们对自己的生命和存在进行探索的两个方向：一方面它有着古典学的厚重，代表着人文科学悠久历史发展中形成的良好传统，孜孜不倦地寻找人生的真谛；另一方面，也代表着人文科学努力在生命的边缘处,寻找向着生命形式的外部空间拓展,以延伸我们内在生命的可能。

3

这就是我们出版这套丛书的初衷。不过,我们并没有将 paideia 一词直接翻译为常用译法"人文学",因为这个"人文学"在中文语境中使用起来,会偏离这个词原本的特有含义,所以,我们将 paideia 音译为"拜德雅"。此译首先是在发音上十分近似于其古希腊词语,更重要的是,这门学问诞生之初,便是德雅兼蓄之学。和我们中国古代德雅之学强调"六艺"一样,古希腊的拜德雅之学也有相对固定的分目,或称为"八艺",即体操、语法、修辞、音乐、数学、地理、自然史与哲学。这八门学科,体现出拜德雅之学从来就不是孤立地在某一个门类下的专门之学,而是统摄了古代的科学、哲学、艺术、语言学甚至体育等门类的综合性之学,其中既强调了亚里士多德所谓勇敢、节制、正义、智慧这四种美德（ἀρετή）,也追求诸如音乐之类的雅学。同时,在古希腊人看来,"雅而有德"

是一个崇高的理想。我们的教育，我们的人文学，最终是要面向一个高雅而有德的品质，因而我们在音译中选用了"拜"这个字。这样，"拜德雅"既从音译上翻译了这个古希腊词语，也很好地从意译上表达了它的含义，避免了单纯叫作"人文学"所可能引生的不必要的歧义。本丛书的 logo，由黑白八点构成，以玄为德，以白为雅，黑白双色正好体现德雅兼蓄之意。同时，这八个点既对应于拜德雅之学的"八艺"，也对应于柏拉图在《蒂迈欧篇》中谈到的正六面体（五种柏拉图体之一）的八个顶点。它既是智慧美德的象征，也体现了审美的典雅。

不过，对于今天的我们来说，更重要的是，跟随福柯的脚步，向着一种新型的人文科学，即一种新的拜德雅前进。在我们的系列中，既包括那些作为人类思想精华的**经典作品**，也包括那些试图冲破人文学既有之藩篱，去探寻我们生命形式的可能性的**前沿著作**。

既然是新人文科学，既然是新拜德雅之学，那么现代人文科学分科的体系在我们的系列中或许就显得不那么重要了。这个拜德雅系列，已经将历史学、艺术学、文学或诗学、哲学、政治学、法学，乃至社会学、经济学等多门学科涵括在内，其中的作品，或许就是各个学科共同的精神财富。对这样一些作品的译介,正是要达到这样一个目的:在一个大的人文学的背景下,在一个大的拜德雅之下,来自不同学科的我们,可以在同样的文字中,去呼吸这些伟大著作为我们带来的新鲜空气。

社会学的问题

Questions de sociologie

序 言

本书所涉文章皆为口头回答和访谈的转录稿，面向非专业人士，如果再用冗长的序言开篇，多少会显得不合时宜。但我至少应该在此阐明，将这些此前以更长篇幅、无疑也以更严格的方式讨论过的不同主题[1]放在一起，并且以这样一种更平易近人，但论证不够充分的方式去呈现它们，为何对一些读者来说是更有益且合理的。

社会学至少在一个方面不同于其他学科：人们必须以一种既非物理学，甚至亦非符号学或哲学提供的方式去接近它。谴责晦涩或许也是一种方式，这表明一个人愿意去理解，或有把握去理解那些他觉得值得理解的事情。总之，或许没有哪个领域的"专家权力"和"能力"垄断比社会学的更危险、更不可容忍；如果社会学是一种仅供专家玩赏的专业知识，那它就不值得任何人为之花上哪怕一小时的时间。

可想而知，其他任何学科都不会如此明目张胆地拿社会群体的利益——有时是至关重要的利益——冒险。这使

---

[1] 我会在每篇文章的末尾给出一些相关参考文献，这样读者就可以根据自己的意愿进一步阅读。——原注（编者按：实际并非每篇文章后都附有参考文献。）

得社会学话语的生产和传播变得极为困难。有的研究揭示了雇主、福音传道士或记者的支配地位的隐藏基础，人们很难指望他们会称赞社会学研究的科学性或帮助发表研究成果。那些对当权者（无论是俗世的还是精神的）所颁发科学证书感到钦佩的人应该回想一下这个场面，1840年代，工业家格兰丹（Grandin）在法国众议院发言时感谢了"真正的科学家"，他们证明了雇用孩子往往是一种慷慨的行为。这些格兰丹们和"真正的科学家"至今仍与我们同在。

同样，在致力于将其所学公之于众的过程中，社会学家也几乎不能指望从这些人那里得到帮助，后者的工作是日复一日、周而复始地——围绕时代所需的一切主题，"暴力"、"青年"、"毒品"、"宗教复兴"，等等——制造一些连虚假都算不上的话语，这些话语成了高中生惯常的作文题目。然而，社会学家在这项任务中亟需帮助。因为真理没有内在的流行能力，而科学话语本身就深陷它所揭示的权力关系之中。这种话语的传播恰好受制于它所阐述的文化传播规律。那些拥有理解这种话语所需的文化能力的人，并不是对这种话语最感兴趣的人。简而言之，在与我们的社会中最高调的政客、社论家和评论家的斗争中，科学话语处于极其不利的境地：它的构建困难而缓慢，这意味着它只能扮演事后诸葛的角色；它不可避免的复杂性往往会让那些头脑简单或多疑的人——或者简单地说，那些没有文化资本解读它的人——望而却步；它抽象的客观性阻止了认同和一切形式的满足投射；以及最重要的是，它与普遍接受的观念和无意识的信念相距遥远。要使这种话语具有某种真正的力量，唯一的办法是在那里积累社会力量，使其能够自我宣扬；一个明显的矛盾在于，这可能需要人们同意参与那场被揭露了其逻辑的社会游戏。必须事先接受将会妥协的怀疑。在采访中，我试图描述智识时尚的机制，负责采访的杂志却是智识时尚的灯塔；我使用知识宣传的工具，为的是准确地传达出通常为它们所掩盖的东西，特别是这些工具的功能及其惯常使用者所扮演的角色；我试图在为知识分子而准备的政党杂志中，界定共产党和法国知识分子之间的关系，在做这些事情的时候，我通过去说一些在那个场合中最不可预期、最不可能、最不合适的事情，将智识权力的武器对准智识权力。这意味着拒绝"向已信教者传教"，放弃寻常话语，后者之所以深受欢迎，是因为它只告诉听众他们想听的。

1 直面言语的艺术

《区隔》(*La Distinction*) 出版之后，迪迪埃·埃里蓬 (Didier Eribon) 对布迪厄的采访，发表于《解放报》(*Libération*)，1979 年 11 月 3-4 日，第 12-13 版。

资产阶级的文化话语往往把对文化的兴趣呈现为无关利益的，而您却表明，这种兴趣即使表面上无关利益，也能产生利润[1]。

矛盾的是，知识分子对经济主义感兴趣，因为将所有的社会现象，尤其是交换现象，归结到经济层面，知识分子就可以避免把自己置于危险境地。这就是为什么需要指出文化资本的存在，它能确保直接利润，当然首先是在教育市场上，但在其他地方同样如此。此外，它还能获得一种不可思议地被边际学派的经济学家们所忽视的区隔利润，该利润因文化资本的稀有性而自动产生，换句话说，因文化资本的不平等

---

[1] profit 在文中既指由资本带来的经济利润，也指符号、象征等收益，因此译者根据语境处理为"利润"或"利益"。——中译者注

分配这一事实而产生。

所以，文化实践总是与"寻常"和"简单"的东西保持距离的策略，即您所说的"区隔策略"？

哪怕并没有刻意为之，它们也可能是区隔性的、与众不同的。在"区隔"的支配性定义中，那些不带有任何区隔的意图，但是将自身"区别"于寻常、粗俗之物的行为被称作"被区隔开来的"。它们时时刻刻仿佛偶然地爱着该爱的东西，或者甚至"发现"它。区隔利润就是从差异（即差距）中流出的利润，它使得某物与寻常之物区别开来。这种直接利润伴随着一种既主观又客观的额外利润，后者源于将自身视为——以及被他人视为——完全无关利益的。

如果每种文化实践都是制造距离的手段（你甚至说过，布莱希特式的"间离化"是拉开人与人之间的距离），那么"艺术为人人，人人享有艺术"的理念就没有任何意义。"文化共产主义"的幻想就必须受到谴责。

我自己也曾有过"文化（或语言）共产主义"的幻觉。

知识分子自然而然地将与艺术作品的关系理解为对共同利益的神秘参与，这并不罕见。我整本书[1]的观点是，接触一件艺术品是需要途径的，而这些途径并不是普遍分布的。因此，拥有这些途径的人就确保了自己的区隔利润，并且这些途径越少（例如那些居有前卫艺术作品所需的途径），利润就越高。

如果所有的文化实践、所有的品味都将个体归到社会空间中的某个特定位置上，那么就必须承认反文化和其他文化一样，是一种区隔性的活动？

首先，我们必须就反文化的含义达成一致意见。而这显然是困难甚或不可能的。反文化有着多样的形式。它们是一切边缘的、"体制"外的、官方文化外的东西。我们一看便知，这种反文化是由它所反对的东西来定义的。例如，我想到的是对一切"合法"文化之外的东西的崇拜，比如连环画。但这还不是全部。省去分析文化和文化利益的麻烦并不会让你逃脱文化。比如，我们可以轻而易举地看出，在骑单车惯性滑行、穿凉鞋漫步、赤脚戏院等生态保护的话语中，充斥

---

[1] 指《区隔》一书。——中译者注

着对"朝九晚五"和"平庸小资产阶级"那"从众式"度假的不屑一顾。（我们需要处处使用引号，其目的不在于谨慎地保持正式新闻般的距离，而在于表明分析语言与日常语言之间的差距，在日常语言中，词语都是斗争的工具，是区隔之争的武器和赌注。）

那么，边缘团体和抗议运动难道不会动摇既定的价值观吗？

当然，我总是先从另一角度出发，指出这些自认为处于边缘和社会空间之外的人也和其他人一样，置身社会世界中。我所说的他们的"社会飞跃之梦"完美地呈现了社会世界中的一个不适的位置——一个具有"新自学者"特征的位置。"新自学者"是那些年龄较大才从教育系统里出来的人，他们有足够长的时间获得文化"修养"，但却并没有获得资格证书，也没有获得每一样他们最初的社会地位所承诺的东西。

话虽如此，但所有挑战象征秩序的运动都是重要的，因为它们质疑了那些似乎不言而喻、不受质疑的东西。他们挑战那些不证自明的事情。1968年五月风暴如此，女权运动同样如此，为女权运动贴上"中产阶级"的标签并不能解决这一问题。如果这些抗争形式经常扰乱政治或工会运作，那么原因也许在于它们违背了官僚们根深蒂固的性情倾向和特定利益。但首要的原因在于，官僚们已经深谙此理，即他们几乎总是必须赢得政治化——对被支配阶级的政治动员，而非家庭、私人、心理等领域，因而他们很难理解那些旨在将家庭、消费、妇女工作等领域政治化的策略。但这需要一个长篇的分析……无论如何，如果你把整个社会领域——艺术、家庭生活，等等——排除在你的政治反思之外，你就会面临"被压抑者"强势"回归"的危险。

但在那种情况下，什么是真正的反文化？

我不确定自己能否回答这个问题。我所知道的是，拥有保护自己免受文化支配——通过文化或以文化之名实施的支配——所必需的武器，这也应该是文化的一部分。它必将是这样一种文化，即一种能够与文化拉开距离、能够分析文化的文化，一种不会颠覆文化也不会给它强加一种反向形式的文化。从这个意义上讲，我这本书既是一本文化之书，也是一本反文化之书。更一般地说，我认为一种真正的反文化应该提供武器，用来反对软性的支配形式、高级的动员形式、新的专业意识形态家的温情暴力（他们往往依靠一种支配意识形态的准科学的理性化）；反对科学为政治所用，反对科学的权威——例如，物理学或经济学，更不用说有着高度发达的（同时高度委婉的）种族主义形式的生物学或社会学。总之，这意味着增加武器，以抵御象征支配。根据我刚才所说的，这也意味着，将许多被当下文化和政治定义排除在外的事物带入一种必然具有政治性的文化中……有朝一日，会有某个团体能够承担起这项重建任务，我认为这并非不可能。

难道不应该首先强调一下，您并不是要让知识分子有负罪感吗？

就我个人而言，我害怕所有试图诱发"罪责感"或"良心不安"的人。我认为，牧师诱导罪责的游戏已经玩得太多了，尤其对于知识分子来说。特别是因为人们很容易借悔罪或公开忏悔的行为摆脱罪责。我只是想创造出对知识分子同样有效的分析工具。我认为，研究社会世界的科学必然是由知识分子完成的，知识分子社会学是一切此类科学的前提。知识分子如果把自己的知识实践，而不是把自己的"资产阶级灵魂"置于社会学批判之下，就能更好地武装自己以抵御一切诱导罪责的策略。这些策略被各种机器（appareils）导向了知识分子的对立面，并且阻止了他们作为知识分子为——尤其是为反对——那些机器做些力所能及的事情。

但是您难道不担心您的分析（例如，大男子主义的男性气质价值观在工人阶级生活方式中的地位）会强化一种工人至上主义（ouvriérisme）[1]吗？

你要知道，在写作的时候，我会担心很多事情，也就是说担心很多误读。这解释了为何我的句子很复杂，人们也经常抱怨这一点。我尽量预先消除那些我通常能预测到的误读。但是，我在括号、形容词或引号中插入的注意事项，只传达给了那些不需要它们的人。在一个复杂的分析中，每个人都会选择对他来说最顺畅那一面。

说到这里，我觉得描述工人阶级男性气质的价值观非常重要。和其他社会事实一样，它也是一种社会事实，它却常常遭到知识分子的严重误解。其一，这些价值观是刻在身体里，换句话说，刻在无意识里的，它们使理解工人

---

[1] 或译为"工人领导主义"，即工会活动或经济管理等事务必须由工人阶级自身来领导的理念，强调对"工人"及其价值观的崇拜。——中译者注

阶级和某些工人阶级代言人的许多行为成为可能。毋庸置疑,我并没有把工人阶级的生活方式及其价值体系描述为一种模型或理想型。我试图解释对阳刚之气、体力等价值的迷恋,比如指出,这是一群除开其劳动力(以及偶尔的战斗力)几乎一无所依的人的特征。我试图说明,工人阶级特有的与身体的关系是一整套态度、行为和价值观的基础,是理解他们说话或大笑、吃饭或走路的方式的关键。我认为,男性气质的观念是被支配阶级的身份认同的最后庇护所之一。在其他文章里,我试图表明新治疗性道德(nouvelle morale thérapeutique)的政治效应和其他效应,广告商、女性杂志、电视里的精神分析师、婚姻咨询师等整天都在传播新治疗性道德。这既不意味着我崇尚男性气质的价值观,也不意味着我崇尚它的用途,不管它是在兵役影响之下对善良野蛮人的崇拜(让·迦本[1]/伞兵的一面,这激发了知识分子的迷之恐惧),还是工人不拖泥带水的讲话方式,这种讲话方式使得免于被分析成为可能,或者更糟糕的是,使得压制分析成为可能。

---

[1] 让·迦本(Jean Gabin,1940—1976),法国演员,形象粗犷,有着饱经风霜的老练,经常饰演社会失败者或受害者、生活在绝望中的边缘人。——中译者注

您认为，在区隔策略中，被支配阶级仅扮演一个被动的角色，是其他阶级的负面"衬托"。所以对您来说，不存在大众文化这种东西吗？

问题的关键不在于对我来说"大众文化"是否存在，而在于现实中是否存在接近那些谈论"大众文化"的人的言下之意的对应物。对于这个问题，我的回答是"不存在"。但是，想要厘清所有围绕在这一危险概念周围的含混之处，我们必须给出一份长篇分析。我宁愿暂时搁置这件事。我几句话里表达出来的内容——就像到目前为止我所说的话一样——可能会被误解。我希望大家去读我的书，我宁愿他们去读我的书，毕竟……

但您确实指出了在工人阶级那里文化和政治意识之间的联系。

我认为，政治化的工作往往伴随着一个文化习得的过程，这个过程通常被体验为一种复原、一种个人尊严的恢复。我们可以很清楚地在老派劳工活动家的回忆录中看到这一点。在我看来，这一解放过程似乎产生了一些异化效应，因为赢回某种文化尊严与承认以其名义施加诸多支配效应的文化相伴而生。我不仅想到了学历在工人阶级组织中的重要性，还想到了某种无意识的形式，即无条件地认可合法文化及其拥有者。我认为，我们甚至可能会发现，某些形式的、激进的工人至上主义源于一种对文化的秘密承认，或者简单来说，源于一种未被掌握、未经分析的文化羞耻。

您在书中描述了与教育系统的关联的变化，这种变化难道不会同时变革与文化、政治的关系吗？

我认为，这些变革——特别是学历通胀和贬值的影响——是最重要的改变因素，特别是在政治领域。我在书中更充分地论证过这一点。特别是，我想到了在教育系统之外出现的反等级，甚至反制度的倾向，典型的例子就是拥有学士学位的工厂工人或新的文员阶层，即官僚制的流水线工人。我认为，在表面的对立——共产党与托洛茨基主义者之间的对立，总工会（CGT）与工人民主联盟（CFDT）之间的对立，等等——之下，或许在目前遍布所有组织的倾向性的冲突之下，你会发现不同关系对教育系统的影响，这些影响常常以代际冲突的形式表现出来。但是为了给这些直观感受填充更多实质的内容，人们需要进行经验分析，而这并不总是可能的。

如何才能形成反对强加的支配价值的立场呢？

尽管这可能会让你感到惊讶，但我还是要引用弗朗西斯·蓬热)[1]的话来回答："只有这样，直面言语的艺术——只说自己想说之话的艺术——才会有用。教会每个人建立自己的修辞艺术是一项拯救公众的工作。"直面言语，抵抗它们，只说自己想说的话；言说，而不是被充斥着社会意义的外来词所左右（就像记者用"首脑会晤"谈论两个工会领导人之间的谈话，或《解放报》把"诺曼底"号或"法国"号称为"我们的"船的时候那样）。简而言之，抵制中立化、委婉化、例行化的言说，抵制新技术官僚的话术中的所有浮夸的陈词滥调，也抵制各种动议、决议、纲要和方案中俗套的——被消磨禁声的——言说。所有从内外审查的妥协中产生的语

---

[1] 弗朗西斯·蓬热（Francis Ponge，1899—1990），法国当代诗人、评论家。在超现实主义的影响之下，他以散文诗的形式检视日常物品。在他的概念里，直面、遭遇客观事物的激情构成了诗的起点。他对世界和事物的探索，前承普鲁斯特、纪德、克劳岱尔等人，后影响了罗伯-格里耶等人。——中译者注

言都会产生一种强迫的效果,将阻碍思想的未经思索之物强加于人。

一直以来,为了达到用口号取代分析的目的,人们过多地拿现实主义当借口,或者拿为了让"大众理解"的煽情式关怀当借口。在我看来,人们必定会为简单化和所有简单化思维付出代价,或者让别人为此付出代价。

那么知识分子确实可以发挥作用吗?

当然可以。因为理论和对现实的理论分析被组织化的语言所掩盖,它们的缺位致使一切面目全非。口号和诅咒导致了各种形式的恐怖主义。我不至于天真地认为,对现实进行严格、复杂的分析,就足以让人们远离一切形式的恐怖主义或极权主义。但我确信,这种分析的缺失会为它们打开方便之门。考虑到科学和理论能让人们更好地理解社会世界,因此我要捍卫科学,对抗反科学主义,后者是当今的一种社会情绪,也是新意识形态专家们的惯用伎俩。这不是一个要在科学主义和蒙昧主义之间作出选择的问题。卡尔·克劳斯[1]以

---

[1] 卡尔·克劳斯(Karl Kraus, 1874—1936),奥地利记者、作家,20世纪早期最著名的奥地利作家之一。——中译者注

前常说："两害相权，拒取其轻。"

科学已经成为使权力合法化的工具了，我们的新领导人以政治经济学（巴黎政治学院和美国式的"商学院"）的名义实施治理。我们绝不能因为认识到这些而退入浪漫的反科学主义，在主流意识形态中，这种反科学主义总是与自诩的科学崇拜共存。相反，这是一个为新的科学和政治思维创造条件的问题，这种思维可能会带来解放，因为它摆脱了审查的束缚。

但这难道不会产生新的语言障碍吗？

我的目的就是要让粗浅地谈论社会世界这件事变得更加困难。勋伯格曾说过，他创作音乐是为了让人们不再能写出音乐。我写作是为了让人们——尤其是那些被授权言说的人，即"发言人"——不再能制造出关于社会世界的、听起来像是音乐的噪声。

至于赋予每个人创造其自身的修辞的方法，赋予每个人——正如蓬热所说——成为真正的他自己的发言人的方法（成为自己的发言人意味着言说而不是被人言说，这应该是所有发言人的抱负。如果发言人在工作中视锻炼自身为目标，那么他们可能会是另一番模样）……时不时这样想想，并没有什么害处……

2 一门制造麻烦的科学

皮埃尔·蒂利耶（Pierre Thuillier）对布迪厄的采访，发表于《探索报》（*La Recherche*），第112期，1980年6月，第738-743页。

让我们从最明显的问题开始吧！社会科学，尤其是社会学，真的是科学吗？为什么您觉得有必要要求科学性？

在我看来，社会学具备定义一门科学的所有属性。但到什么程度呢？这是问题所在。不同的社会学家会给出不同的答案。我只能说，有很多人声称并相信自己是社会学家，但我恕难承认。无论如何，社会学早已走出了它的前史，也就是社会哲学的宏大理论时代（非专业人士往往仍旧认同它）。所有名副其实的社会学家都认同一套概念、方法和验证程序的共同遗产。事实上，出于明显的社会学原因，从各个方面来看社会学都是一门（在统计学意义上讲）非常零散的学科。这就是为什么人们会感觉它是一门分裂的学科，更接近哲学而不是其他科学。但这不是问题所在。

如果人们对社会学的科学性如此斤斤计较,那么这是因为它是个麻烦制造者。

难道您不会因此向自己提出一些客观上因其他科学而起的问题吗,尽管那些科学家们不需要明确地向自己提出这些问题?

社会学拥有一种不幸的"特权",即其作为一门科学的地位经常遭到质疑,相比历史学或民族学,更不用说地理学、语言学或考古学,人们对社会学的要求更高。社会学不断经受质疑,它也不断质疑自身、质疑其他科学。这会让人们想到一种社会学帝国主义:这门仍处于起步阶段的、却对其他科学提出质疑的科学究竟是什么?当然,我想到了科学社会学。然而,事实上,社会学只不过是向其他科学提出了一些完完全全因社会学自身而起的问题。如果说社会学是一门批判性的科学,那么这也许是因为它本身就处于一个批判性的位置。人们常说,社会学是一个棘手的例子。例如,据说社会学对 1968 年的五月风暴事件负有责任。人们不仅反对它作为一门科学存在,根本上还反对它存在的权利——尤其是在当下,很不幸,有些人拥有做成此事的能力，他们致力于在破坏社会学的同时又在奥古斯特·孔德学院或巴黎政治学院建立一种有教化作用的"社会学"。这些都是以科学的名义，在一些"科学家"（在这个词最微不足道的意义上）的积极共谋下进行的。

为什么社会学尤其是个问题？

为什么？因为它揭示了一些隐秘的、有时被压抑的事实，如同"智力"有关的教育成就与社会出身之间的关系，或者更准确地说，与从家庭继承的文化资本之间的关系。这些是知识精英统治者不希望听到的真理，他们也有不少人阅读并资助社会学。另一个例子：当你证明科学界是一个竞争的场所，以追求特定利润（诺贝尔奖等奖项、优先发现权、声望，等等）为导向，在特定利益（这种利益不能被归结为普通的经济利益形式，因此被认作"无关利益"的利益）的名义下展开研究，你就对科学的"圣徒传记"提出了质疑。科学家们经常参与这种"圣徒传记"的制作，并且也需要这些东西来让自己相信自己所做之事。

好吧，所以人们会认为社会学是有攻击性的、令人为难的。但为什么社会学的话语一定要是"科学的"？记者也会问一些令人为难的问题，但他们并不自称是科学的。社会学和批判性的新闻工作之间应该要有边界，为什么这一点至关重要呢？

因为这是有客观区别的。这不是自负的问题。社会学有连贯的假说、概念和验证方法体系，有一切通常同科学观念联系在一起的东西。因此，既然它就是一门科学，我们为什么不承认呢？并且，一些至关重要的东西就会系于一线：消除棘手真理的方法之一便是说它们不科学，这相当于说它们是"政治的"，换言之，说它们是从"利益"、"激情"中涌现出来的，因此是相对的，或者是可被相对化的。

如果社会学会被问及自身的科学性问题，这是否也因为它比其他科学发展得晚？

当然。但那应该意味着，这种"晚发展"是因为社会学是一门特别困难，甚至是不可能的科学。其中一个主要困难在于，它的对象是社会斗争中的利益关系，是人们所隐藏的、审查的、准备为之牺牲的东西。研究者本人也是如此，他的研究对象攸关其利益。研究社会学的特有困难往往出自这个事实：人们害怕那些自己将会发现的事情。社会学使其践行者面对严酷的现实；它祛魅。这就是为什么——与通常的想法相反——无论在这门学科之内还是之外，它都不能为青少年提供通常在政治承诺中寻求的那种满足。从这个角度来看，它与所谓的"纯粹"科学正好相反，后者就像艺术——尤其像音乐这种"最纯粹"的艺术，毫无疑问在某种程度上，它是人们为了忘记世界而退入的避难所，清除了一切会制造麻烦的东西（比如性或政治）的世界。这就是为什么形式化或形式主义的思维一般都会产生糟糕的社会学。

您表明了社会学会干预社会层面的重要问题。这就提出了它的"中立性"和"客观性"问题。社会学家能否置身事外，站在一个公正的观察者的立场上？

社会学的特殊性在于它以斗争场域为对象——不仅是阶级斗争场域，还有科学斗争场域本身。社会学家在这些斗争中占有一席之地：首先，在阶级场域中，作为某种经济和文化资本的拥有者；其次，在文化生产场域中，更确切地说,在社会学的子场域中,作为被赋予了某种特定资本的研究者。为了尽量周全地考量他的实践,他必须时刻牢记这一点:他的所见所不见、所为所不为(例如,他所选择的研究对象)都缘起他的社会位置。在我看来,这就是为什么"社会学的社会学"不是各种社会学中的一项"专门研究",而是科学社会学的首要前提之一。对我来说,导致社会学出错的主要原因就在于未考察自身与研究对象的关系,或者更准确地说,在于忽视了我们对研究对象的看法缘起观察位置,也就是缘起观察者在社会空间和科学场域中的位置。

在我看来,个人对真理生产作出贡献的机会,似乎取决于两个主要因素,这两个因素与个人所处的位置有关,即他对认识和传播真理(或反过来说,对向自己和他人隐藏真理)的兴趣及他创造真理的能力。正如巴什拉(Bachelard)所说,"没有科学,只有隐藏"。社会学家揭示隐藏之物的能力高低取决于他在科学上准备得有多好——他对马克思、涂尔干、韦伯等前辈积累的概念、方法和技术等资本的利用程度,也取决于他的"批判性"程度——那或自觉或不自觉地推动着他的意图在多大程度上是颠覆性的,他对揭示社会世界中被审查和压抑之物的兴趣又有多大。如果社会学不像一般的社会科学那样更快速地进步，那么部分原因也许在于这两个因素往往成反比。

如果社会学家致力于生产真理，那么他这样做并不是无视生产真理过程中的利益，而正是因为他有利益牵涉其中——这与通常关于"中立"的愚蠢论述完全相反。就像在其他地方一样，这里的利益包括成为第一个发现者并占有所有相关权利的愿望，也可能包括对某些形式的支配及科学界内捍卫这种支配的人表达道德愤慨或反抗。总之，没有无瑕疵的观念。如果我们非要以发现者的意图并不十分纯粹为由，谴责这个谴责那个（只要想想"双螺旋"就知道了），那么就不会有多少科学真理了。

但是在社会科学的案例中，"利益"、"激情"和"承诺"难道不会导致盲目吗，就像"中立"的拥护者所证明的那样？

事实上，这正是社会学特有的困难，这些"利益"和"激情"，无论高贵与否，只有伴随着一种对决定了它们的事物和它们对知识所设的限制的科学认识，才会产生科学真理。例如，每个人都知道，只有通过诱导人们对明晰性原则本身视而不见，由失败引起的怨恨才会产生对社会世界的明晰性。

但这还不是全部：一门科学越是先进，其内部积累的知识资本就越多，颠覆性和批判性的策略——无论有何"动机"——就必须调动更多的知识才能奏效。在物理学中，人们很难通过诉诸权威或（就像社会学中仍会发生的那样）谴责其理论的政治性内容战胜对手。在那里，批判的武器必须是科学的才会有效。而在社会学中，每一个与普遍接受的观念相抵的命题，都会遭到有意识形态偏见、别有企图的怀疑。它与社会利益冲突：支配群体的利益，它们与沉默和"常识"（常识即必须是这样，不可能是那样）密切相关；代言人，即需要简单、过分简单的想法和口号的"大声的发言人"的利益。这就是为什么，相较"常识"的代言人，人们要求社会学提供无穷无尽的证据（其实这并不是坏事）。每一个科学的发现都会引发一场声势浩大的、旨在重新遮盖被揭露的事情的保守主义"批判"（整套社会秩序［预算、工作、荣誉……因此还有信仰］都在为这种"批判"服务）。

刚才您同时引用了马克思、涂尔干和韦伯。您似乎暗示，他们各自的贡献是积累在一起的。但事实上，他们的方法是不同的。这种多样性的背后，怎么可能只有一种科学呢？

在许多情况下，为了让科学进步，人们必须在相互竞争的、经常相互对立的理论之间建立沟通。这不是在表演社会学中大受欢迎的那种折中的伪综合。（顺便说一下，对折中主义的谴责经常充当了无知的借口——把自己包裹在传统中是如此容易且舒适。不幸的是，人们经常用马克思主义来提供懒惰的保障。）综合的先决条件是某种激进的质疑，这种质疑把人引向了明显的对立原则。例如，马克思主义通常导向经济主义，仅从资本主义经济的有限意义上理解经济，并以这样定义的经济来解释一切，与此相反，马克斯·韦伯则将（广义上的）经济分析扩展到了通常被经济学所抛弃的领域，如宗教。因此，他在一项宏大的构想中，将教会定性为操纵救赎商品的垄断者。他为一种激进的唯物主义开辟了道路，这种唯物主义在"无关利益"的意识形态盛行的领域（如艺术和宗教），寻求（最广泛意义上的）经济决定因素。

合法性的概念同样如此。马克思论证了家长制等"赋魅"的关系掩盖了权力关系，打破了对社会世界的寻常描述。韦伯似乎从根本上反驳了马克思：他指出，社会世界的成员资格意味着一定程度上对合法性的承认。社会学教师们——这是一个典型的由立场产生的效果——会指出这种差异。他们更喜欢对比而不是整合作者。这更便于他们设计明晰的课程：第一讲马克思，第二讲韦伯，第三讲我本人……但研究的逻辑会使人超越对立，回到共同的根源。马克思将社会世界的主观真理从他的模型中抽离了，对应地，他假定社会世界的客观真理是权力关系体系。现在，如果把社会世界还原为客观真理，即一种权力结构，如果它在某种程度上不被承认为合法的，它就不会起作用。社会世界的主观表征同样是合法的，它是这个世界完整的真理的一部分。

换句话说，您是想把那些被历史或教条主义任意拆散的理论贡献，整合进一个概念体系？

大多数时候，阻碍概念、方法或技术交流的障碍不是逻辑性的，而是社会学意义上的。那些已经认同马克思（或韦伯）的人，如果不否定自己、放弃自己身份的意念，就无法拥有被他们否认的东西（不要忘记，对许多人来说，自称马克思主义只不过是一种职业信仰或图腾标志）。"理论家"和"经验家"之间、所谓的"基础"研究和"应用"研究的支持者之间的关系也是如此。这就是为什么科学社会学能够产生科学的效果。

这是否意味着保守的社会学一定会一直肤浅下去？

支配群体总是对社会学家，或对在学科尚未组建或无法运作的时候代替他们的知识分子抱有轻视的态度，就像在今天的苏联那样。他们的利益与沉默紧密相连，因为他们对自身所支配的世界毫无异议，因此，在他们看来，这个世界是不证自明的，是一个不言而喻的世界。换句话说，我再重复一遍，一个人能够做什么样的社会科学，取决于他与社会世界的关系，因而取决于他在这个世界中所占据的位置。

更确切地说，这种与世界的关系被转化成了研究者或自觉或不自觉的实践所赋予的功能，被转化成了把控着研究者的研究策略——所选择的对象、所使用的方法，等等——的功能。在为理解而理解的意义上，你可以把理解社会世界作为你的目标。或者，你可以去寻找能够操纵它的技术，在这种情况下，你差遣社会学去管理既定的秩序。

这个简单的例子可以清楚地说明这一点：宗教社会学可能等同于以教牧为目的的研究，它研究世俗信众是否上教堂的社会决定因素；然后，它变成了一种市场研究，使对销售"救赎"商品的僧侣策略的理性化成为可能。或者，它可能旨在理解宗教场域的运作，而世俗信众只是该场域的一个方面，例如研究教会的运作，研究教会再生产和延续权力的策略——这些策略包括（最初由教士开展的）社会学研究。

不少自称社会学家或经济学家的人其实都是社会工程师，他们的职能是为私营公司和政府部门的领导人出谋划策。他们为支配阶级成员对社会世界的实际或半-理论式的理解提供了一种合理化。当下的统治精英们需要一门能够（在两种意义上）使其支配合理化的科学，一门既能强化维持支配的机制，又能使其合法化的科学。毋庸讳言，这门科学的局限性是由它的实际功能所决定的：无论是对社会工程师，还是对经济管理者来说，它都不能提出彻底的质疑。例如银行集团的领导管理科学，在某些方面它似乎比社会学家或经济学家更重要，但它唯一的、毋庸置疑的目标是使机构的利润最大化，这就限制了它的发展。奥古斯特·孔德学院或巴黎政治学院所教授的组织社会学或

"政治科学"（再加上它们喜欢的工具，如民意调查）就是这种片面的"科学"。

难道不正是您在理论家和社会工程师之间所作的区分把科学置于了为艺术而艺术的境地吗？

绝非如此。如今，在社会学赖以维生的那些人中，质疑社会学究竟有何用处的人越来越多。事实上，在社会学成功地履行了其严格意义上的科学职能时，它令当权者失望或烦恼的可能性就会上升。那种职能并不会对某件事或某个人有用。要求社会学对某件事有用，往往就是要求它对当权者有用——然而社会学的科学职能在于从权力结构开始理解社会世界。这种操作不可能是社会中立的，它无疑是在实践着一种社会职能。其中一个原因是，所有权力的部分效力——而且是最重要的部分——都来自对权力所依据的机制的误识。

现在，我想谈谈社会学与邻近科学之间的关系。《区隔》开篇就说了这样一句话："只有当社会学面对类似品味这样的对象时，才出现了少有的它与社会精神分析如此相似的状况。"紧接着您给出了统计表和调查报告,但也给出了对"文学"类型的分析,比如巴尔扎克、左拉或普鲁斯特。这两个方面是如何结合在一起的?

《区隔》致力于整合两种知识模式,一种是民族志观察,它只能建立在少数案例的基础上;另一种是统计分析,它使我们有可能建立普遍规律,并将观察到的案例置于现存的总体案例中。举例来说,你可以看到对工人阶级膳食和资产阶级膳食的对比描述,二者分别被简化为与他们相关的特征。在工人阶级那边,人们宣称功能具有优先性,这种观念出现在所有食物中:食物必须是可以"填饱肚子"和"增强体力"的,正如人们期望运动能增强体力(举重训练等)、提供力量(明显的肌肉)一样。在资产阶级那边,则是形式或者礼节优先,这意味着对功能的审查和压制,意味着一种在每个领域——包括情色领域——都能找到的审美化。就像在纯艺术(纯艺术的定义正是以功能为代价而赋予形式特权)中一样,这种审美化作为色情的升华或否定形式发挥作用。事实上,那些被描述为"质性"的,或者更受轻视地被描述为"文学"的分析,对于理解——充分解释——统计数据是必不可少的,就像降雨量统计一样。在多种多样的领域中,它们影响了一切被观察到的实践原则。

回到我的问题,您和心理学、社会心理学等学科有什么关系?

社会科学总是在个人与社会的问题上踟蹰不前。事实上,在我看来,社会科学分为心理学、社会心理学和社会学,这个区分是由最初的错误定义造成的。生物个体化的自明性妨碍了人们看清以两种不可分割的形式存在的社会:一方面是可能以实物、纪念碑、书籍、工具等形式存在的制度,另一方面是后天的性情倾向,即融入身体的、持久的存在方式或行为方式(我称之为惯习)。社会化的身体(即所谓的个体或个人)并不与社会相对立,它是社会存在的形式之一。

换句话说,心理学似乎被夹在了生物学和社会学之间,生物学为变异体提供基础,社会学研究变异的发展方式——也因此,它有权谈论一切,甚至谈论所谓的个人生活、友谊、爱、性,等等。

没错。将社会学与集体联系在一起是常见的、先入为主的观念，与之相反，必须指出的是，集体以持久的性情倾向（如心智结构）的形式沉积在每个人身上。例如，在《区隔》中，我试图以经验的方式建立社会阶级与身体化的分类系统之间的关系，它们是在集体历史中产生、在个人历史中获得的，例如通过品味来实现的分类系统（重/轻、热/冷、亮/暗的对立，等等）。

那么，对社会学家来说，生物性或心理性的因素代表了什么？

社会学把生物性、心理性的因素视为"既定的"。它试图证实社会世界如何使用、改造和变换它。人有一个身体，这个身体终有一死，这一事实提出了社会群体的难题。我想到了康托洛维茨的《国王的两个身体》（*Les Deux Corps du roi*）一书，该书分析了人们为了维护超越国王真实身体（真实身体会遭受愚笨、疾病、虚弱和死亡）的王权的存在而诉诸的社会许可的潜规则。"国王已死，国王万岁。"多么具有独创性的想法！

您自己也谈到了民族志描写……

民族学和社会学之间的区别完美体现了一种虚假的边界。正如我在新书《实践感》（*Le Sens pratique*）中试图展示的，它纯粹是一种历史（殖民史）的产物，没有任何逻辑正当性。

但是，难道没有一些非常明显的态度差异吗？在民族学中，人们的印象是，观察者仍然外在于其研究对象，甚至可以记录他不知其意的表象，而社会学家似乎采纳了其研究主体的观点。

事实上，你所描述的外在性关系——我所谓的客观主义者——在民族学中更为普遍，可能是因为它符合局外人的观察。但有些民族学家在对原住民进行表征时，也玩起了双重参与的游戏：着魔的或神秘的民族学家。你的说法甚至可以颠倒过来。因为社会学家大多以采访者为中介完成工作，从不直接接触被访者，所以社会学家比民族学家更倾向于客观主义（民族学家的第一职业美德是能够与被访者建立真正的关系）。此外，还得再加上阶级距离，它的影响力不亚于文化距离。这也许就是为什么,没有比哥伦比亚大学的拉扎斯菲尔德(Lazarsfeld)所带领的研究更不人道的科学了,在他的研究里,盲目的数据统计的形式主义强化了由提问和采访者的缓冲所产生的距离。当你——就像在工作社会学中那样——描述工作时,你会学到很多有关一门科学的东西,它的方法和内容。例如,官僚制的社会学家将所研究的人视为可更换的统计单位,将其置于对所有人都一样的封闭问题之下,而民族学家的线人则是一个长期存在的人,以便进行长期的详细讨论。

所以你反对以模型代替现实的"客观主义"方法;但也反对想要"复活"过去的米什莱,以及想通过被你认为很武断的现象学来把握意义的萨特?

没错。举个例子,由于社会仪式的功能之一是释放被我们置于"主观经验"(vécu)标题下的一切事物的能动者,因此,在没有"主观经验"的地方(例如在仪式实践中)放入"主观经验"尤其危险。在我看来,把自己的"主观经验"投射到"原始人"、"女巫"或"无产阶级"的意识中,这似乎总有点民族中心主义。社会学家不得不使用写作、图表、地图、日程表、模型等客观化的技术,他们所能做的最好的事情就是对这些技术带来的无法避免的影响进行客观化处理。例如,在《实践感》中,我试图表明,民族学家们没有意识到自身作为观察者的处境和他们用来理解研究对象的技术的影响,他们将"原始性"构建成了"原始人",这是因为他们一旦停止科学地思考,即在实践中思考,便无法在"原始人"身上认清他们自身。所谓的"原始"逻辑仅是实用逻辑,就像我们用来评判一幅画或四重奏的逻辑一样。

但是,难道我们不能重新发现这些逻辑,并同时保留"主观经验"吗?

主观的客观真理是存在的,它即使与人们必须建构的、与之对立的客观真理相矛盾,也是存在的。幻象本身并不是虚幻的。如果认为社会主体没有科学所构建的现实(如社会阶级)的表征和经验,那么这就违背了客观性。所以,我们必须上升到更高的客观性,这就为主观性提供了空间。能动者有一种主观经验,这种经验不是他们所做之事的全部真相,而是其中一部分。举例来说,主席说"会议暂停",

或者一个牧师说"我为你施洗",为什么这样的语言会有权力呢?不是言辞在借助某种魔法行事。然而,事实上,在特定的社会条件下,某些言辞确实具有权力。它们的权力源自某种拥有自身逻辑的制度——资格、貂皮和长袍、教席、仪式规则,参与者的信仰,等等。社会学指出,起作用的不是言辞,也不是可变的发言人,而是制度。它表明,为确保某一社会实践的效力,一些客观条件必须得到满足。但分析不能止步于此。我们不能忘记,为了使这一切发挥作用,行动者必须相信自身是其行动效力的来源。有些制度是完全依靠信仰运行的,在某种程度上,没有一种制度——甚至包括经济——不是依靠信仰来发挥作用的。

从科学的角度来看,我可以很清楚地看出您在做什么。但结果是你贬低了人们的"生活经验"。你可能会以科学的名义剥夺人们生活的理由。是什么给了你权利(如果我可以这样说的话)去剥夺他们的幻象?

我有时也在想,一门得到了充分发展(和广泛传播,如果这可能的话)的社会科学产生出了一个完全透明、祛魅的社会世界,人们难道无法生活在这个世界中吗?同样,我想如果人们至少了解导致自身被剥夺的机制，那么社会关系就不会那么不愉快了。但是，社会学的唯一功能，也许就是通过带有可见缺陷的成就，来揭示社会世界的知识局限，从而使一切形式的预言话语——当然，首先是自称科学的预言主义——更加困难。

让我们来谈谈与经济学的关系，特别是与诸如芝加哥学派的新古典主义式分析的关系。事实上，这种对比是有趣的，因为它显示了两个不同的学科如何构造相同的对象——生育、婚姻，尤其还有教育投资。

这将会是一场大辩论。像新边际主义经济学家一样，我把所有社会行为都指向一种利益、投资的特定形式，这可能会误导一些人。但我们只是在使用相同的词语。我所说的利益与亚当·斯密的利己主义概念无关，后者是一种非历史的、自然的、普遍的利益，事实上，它只是资本主义经济所产生和预设的无意识的利益的普遍化。为了摆脱这种自然主义，经济学家不得不求助于社会生物学，这并非偶然，正如加里·贝克尔（Gary Becker）在一篇题为"利他主义、利己主义和遗传适应性"的文章中所做的那样。

对贝克尔来说,不仅是"利己",而且还有"为后代的利他主义"和其他一些持久的性情倾向,都要用长期对最具适应性的特征的选择来解释。

事实上,我在说每种制度或实践背后都有一种利益形式或功能时,我只是在言明这个"解释"(rendre raison)计划中所隐含的充足理由律,它是科学观念的内在组成部分。这个原则假定,存在一个原因或理由,使我们有可能解释或理解为什么某个特定的实践或制度会存在,而非不存在,为什么它是这样,而非那样。新古典经济学家的经济人(homo economicus)假设只是资本人(homo capitalisticus)的普遍化,与他们所认为的相反,这种利益或功能绝不是自然而普遍的。民族学和比较史学告诉我们,制度的特定社会魔法几乎可以将任何东西构成一种利益、一种现实的利益,例如构成一种(经济和心理分析意义上的)投资,在或长或短的时期内,它会得到一种客观的经济回报。例如,从经济学家的经济学观点来看,荣誉经济产生并奖赏那些显然"具有毁灭性的"(因为它们是如此"无关利益"),也因此荒谬的经济性情倾向。然而,即使从资本主义经济理性的角度来看,最疯狂的非理性行为也是建立在一种开明的利己主义形式(例如,这里的利益是"毋庸置疑的"）上的，因此，它可以被经济学研究。投资是一种行动的性情倾向，它产生于一个游戏所定义的空间（我称之为场域）和一个与该游戏相适应的性情倾向系统（我称之为惯习）之间的关系。前者提供一定的奖励或赌注，后者则是对游戏和赌注的"感觉"，同时意味着玩游戏、对游戏产生兴趣、被游戏所接受并吸纳的倾向与能力。你只要想想在西方社会中教育投资——法国教育投资的极端形式是高等专业学院（grandes écoles）的预科班——的重要性，就会意识到，这个制度能够产生投资，并且在这种情况下，能够产生过度投资，即制度的运作条件。同样的道理也适用于任何形式的神圣性。神圣的经验预设了后天的性情倾向（它使得神圣之物如其所是而存在）和一些客观上需要一种神圣化路径（即艺术在我们社会中的作用）的客体，二者不可分割。换句话说，投资是社会性范畴的两种实现方式——通过制度体实现于物之上和通过肉身化实现于身体上——的和谐融合的历史产物。

您提出的那种普遍人类学，不就是一种用科学的手段实现构建系统的哲学抱负的方式吗？

我们的目标当然不是永远停留在社会哲学所阐述的总体性话语中，这种话语在当下仍然十分流行，尤其是在法国，预言式的声明仍然享有一个受保护的市场。但我认为，为了贴合一种非常片面的科学性表述，社会学家已经进入了早熟的专业化阶段。我们可以举出无数个这样的例子：对研究对象的人为划分（一般按照行政界限来划分）是科学理解的主要障碍。举一个我熟悉的领域的例子，文化社会学和教育社会学，或者教育经济学与教育社会学的分离。我还认为，有关人的科学不可避免地会吸引人类学理论；只有在明确这些理论的前提下，它才能取得真正的进展。这些理论是研究者们以实践形式引入的，而且通常只是他们与社会世界的关系的变形投射。

进阶阅读

皮埃尔·布迪厄，《科学场域》，载《社会科学研究学报》（Le Champ scientifique, *Actes de la recherche en sciences sociales*, 2-3, juin 1976, pp. 88-104）；《授权语言：仪式话语的社会效力条件的注解》，载《社会科学研究学报》（Le Langage autorisé, note sur les conditions de l'efficacité sociale du discours rituel, *Actes de la recherche en sciences sociales*, 5-6, 1975, pp. 183-190）；《死者抓住

活者：物化历史与身体化历史的关系》，载《社会科学研究学报》（Le mort saisit le vif. Les relations entre l'histoire réifiée et l'histoire incorporée, *Actes de la recherche en sciences sociales*, 32-33, avril-juin 1980, pp. 3-14）。

3 社会学家的问题

1980年代早期,布迪厄在巴黎(综合理工学院)、里昂(民众高等学校)、格勒诺布尔(文学院)、特鲁瓦(大学技术学院)和昂热(文学院)参与过一些讨论,本章所讨论的就是那时他最常遇到的一些似乎至关重要问题。

您使用一套特殊的行话、一套特别难懂的行话,这套行话经常使得普通读者无法理解您的文章,您为什么这样做?谴责科学家自行铸就垄断,同时又在谴责它的文本中再现它,二者难道不矛盾吗?

人们通常只须让日常语言自行言说、只须为语言上的自由放任(laissez-faire)让路,以便在不知不觉中接受整个社会哲学。字典里充满了政治神话(例如,我想到了所有成对的形容词:辉煌/严肃、高/低、罕见/普通,等等)。"常识"的信徒在日常语言中如鱼得水,就和在其他事物中一样,在语言中有客观化的结构为他们服务,他们可以(除了委婉用语）使用一种清晰易懂的语言，可以随意谴责别人的行话。但是，社会科学必须赢过他们所说的一切，反抗日常语言中所携带的既有观念，而且必须用一种使另类言说成为可能的语言来表达自身所赢得的东西。试图破坏语言的自动性，并不意味着人为地制造差异，以疏远外行人，而是意味着打破深嵌于自发话语中的社会哲学。用一个词代替另一个词，这往往意味着认识论发生了决定性的变化，而这种变化很可能未被察觉。

但是，这并不是一个为了落入批判性语言的自动性而去摆脱常识的自动性的问题，所有言辞太常被当作口号或战斗号召，所有的表达都不是为了陈述真实，而是为了掩盖知识的空白。（这常常是它们所引入的带有大写字母和命题的概念的功能，这些概念通常不过是信徒之间互相承认的信仰声明。）我想到了让-克劳德·帕瑟隆（Jean-Claude Passeron）称作"基础马克思主义"的东西，它最近盛行于法国：它是一种自动语言，独立运行，但保持中立，并且能够让人们用少数几个简单概念极为方便地谈论一切，也不需要太多的思考。概念化的事实往往会产生中立，甚至否定的效果。

社会学语言既不会是"中性的"，也不会是"明确的"。

只要有阶级存在,"阶级"这个词就永远不会是一个中性词:阶级存在与否的问题,涉及阶级斗争的利益关系。为了做到严格而节制地使用语言,写作的工作是必需的,但它很少产生所谓的明确性,换句话说,它不会强化常识的自明性或盲目的确定性。

与对文学性的追求相比,对严谨性的追求总是会牺牲一套简洁的惯用语,这套惯用语会因造假而变得强韧且清晰,严谨性转而选择了一种不那么吸引人的表达方式,它更厚重但也更准确、更克制。因此,一种风格的难度往往来自所有的细微差别、所有的修正、所有的警告,更不用说那些概念和原则的提醒,它们是话语本身为了抵御所有可能的劫持和误用所必需的。对这些关键信号的关注无疑与读者的警觉性成正比,因此也与其能力成正比,这意味着能最清楚地看到提醒的,往往是最不需要提醒的读者。人们至少可以期望,这些提醒能够阻止他们泛泛而谈、人云亦云。

但对社会学来说,诉诸某种非自然语言的必要性也许比其他任何学科都更强烈。为了打破贯穿于日常言辞中的社会哲学,也为了表达日常语言所不能表达的东西(例如,隐藏在"不言而喻"之下的所有事情),社会学家不得凭借发明词语，从而——至少相对地——保护这些词语不受常识的天真揣测。这些词语之所以能够安全地免遭劫持，是因为它们的"语言性质"使它们能够经受草率的解读（例如惯习［habitus］，指后天属性、资本），也许，尤其是因为它们被插入、锁定在了一个关系网络中，该关系网络施加了它们的逻辑约束。例如倒错信念（allodoxia），这个词很好地表达了一些难以用几句话解释，甚至思考的东西（把一件事当成另一件事，认为某事非其所是，等等），它被束缚在同一词根的词网中：信念（doxa）、信念学家（doxosophe）、正统/念(orthodoxie)、异端/念(hétérodoxie)、歧念（paradoxe）。

话虽如此，但社会学研究成果之所以难以传播，远非人们想象的那样是由于语言的困难。最初造成误解的原因在于，即使是最"有文化"的读者，也只对他们所试图理解的话语的生产条件有一个大致了解。例如，有一种对社会科学著作的"哲学式"或"理论式"阅读，它关注"论题"、"结论"，而忽视得出结论的过程（即具体的经验分析、统计表、方法的指示，等等）。如果你这样阅读，你就是在读另一本书。当我把工人阶级和支配阶级之间的对立，"浓缩"为实体（功能）优先和形式优先之间的对立时，人们看到的是一种哲学论述，而我所要表达的观点是，一个群体吃豆子，而另一个群体吃沙拉，即消费上的差异，这种差异在内衣消费上几乎为零或微乎其微，而在外衣消费上则非常明显，等等。诚然，我的分析源于我将非常抽象的思维图式应用到极为具体的事物上，如购买睡衣、内裤或裤子的统计数据。一边读睡衣的统计资料，一边想康德，这并不容易……人们在学校里学的一切东西，往往都不鼓励他们在读康德的时候想到睡衣，或者读马克思的时候想到睡衣（我说马克思，是因为你更乐意我提到康德，虽然在这里二者大同小异）。

除此之外，很多读者不知道或拒绝接受社会学的思维模式原则，如涂尔干"用社会事实解释社会事实"的意图，这个意图往往被视为一种帝国主义的野心。但是，简言之，由于对统计数字的无知，或者说对统计学思维模式的不熟悉，导致人们将可能性（例如，社会出身和教育成就之间的关系）和确定性、必要性混淆了起来。这招来了各种荒唐的指责，比如宿命论，或者导致了错误的反对，比如部分支配阶级子女在学业上的失败，这是统计学研究再生产的模式中的核心要素。（一位"社会学家"，一位学院派的成员，花了很大的精力去证明，

"综合理工生"[1]的孩子并不都会成为综合理工生！）

但是，误解的主要根源在于，通常情况下，人们谈论社会世界几乎从来不是为了表明它实际是怎样的，而是为了表明它应该是什么样的。关于社会世界的话语几乎总是述行性的：它包含愿望、劝告、责备、命令等。由此可见，社会学家的话语虽然试图成为描述性的，但却极有可能被认作述行性的。如果我说，在民意调查中，女性对问题的回答比男性少——而且随着问题变得更加"政治化"，这种差异会更加明显——就总会有人指责我把女性排除在政治之外。那是因为，当我说某事是什么的时候，人们听到的是"而且这样也没什么"。同样，如果你如其所是地描述工人阶级，人们就会怀疑你是想把他们锁定在那幅画面中，将其作为他们的宿命，就会怀疑你要么是试图摧毁这个阶级，要么是试图提升它。例如，在大多数情况下，在文化上最匮乏的阶级中，男人（女人甚至更是如此）都会把自己的政治选择委托给自己所选择的政党，而且经常是委托给共产党，这个观点被理解为是在劝告人们把自己交给党。其实，在日常生活中，人们描述一顿工人阶级的餐

---

[1] 即巴黎综合理工学院（École Polytechnique）的学生，该校是法国最顶尖、最负盛名的工程师学院，以培养领导人才著称。——中译者注

食，只是为了表达惊奇或厌恶，绝不是为了理解它的逻辑，进而解释它，换句话说，绝不是为了获取如其所是地接受它的方法。读者透过其惯习的滤镜来阅读社会学。同样一份现实主义的描述，有些人他们的阶级的种族主义会在那里得到强化，而其他人则会怀疑这份描述受了阶级蔑视的启发。

社会学家与读者交流中的结构性误解的原则就源自此处。

您不觉得，以您的表达方式，您的潜在读者只有知识分子吗？这不会限制您作品的效力吗？

社会学家的不幸在于，大多数时候，有技术手段理解他所说的东西的人，并不想理解这些东西，也没有兴趣理解它们，甚至拒绝它们能获得巨大的利益（因此，一些在其他方面很有能力的人，可能会展露出他们在社会学方面的迟钝），而那些会有兴趣理解它们的人，却缺乏理解的工具（理论文化等）。在逻辑及其表现形式上，社会学话语引起的抵制与精神分析话语所遇到的抵制颇为相似。那些读到教育水平与参观博物馆之间有很强关联性的人，很有可能就是博物馆的参观者,是准备为艺术之爱而献身的艺术爱好者,他们把自身与艺术的相遇体验为一种纯粹的爱、一种一见钟情的爱,他们也很可能会在科学客观化的道路上设置无数的防御系统。

简言之,科学话语的传播规律意味着,尽管存在传播者和中介,但科学真理极有可能会到达那些最不愿意接受它的人那里,而不太可能到达那些最有兴趣接受它的人那里。然而,有人可能会认为,为了促使后者与其自身所是的关系发生转变,人们只需向他们提供这样一种语言:在该语言中,他们能承认自己,或者说,他们感觉自己的存在得到了承认,即为人所接受,被证明是合理的(所有优秀的社会学,一门解释事物的科学,都必定会为他们提供这种语言)。

人们需要得到科学的凝视,这种凝视既是对象化的,又是理解性的,当它转向某人自己时,这个人就可能会接受自己,甚至提出自己的主张、要求获得做自己的权利。我想到了美国黑人的"黑就是美"之类的口号,还有女权主义者对"素颜"权利的主张。有人曾指责我有时贬斥那些强加新需求的人,从而也指责我提出了一种理想的人性形象,这种形象会让人想到"高贵的野蛮人"(不过是一种社会化版本的"高贵的野蛮人")。其实,这并不是一个把能动者锁进被当作命运和天性的"原初社会存在"的问题,而是一个为他们提供无愧于心地施展其惯习的可能性的问题。这一点在文化领域中可以看得很清楚,在那里,不足感往往来自一种无法承认其自身的剥夺。从我谈论美容师、营养师、婚姻指导顾问和其他服务提供者的方式中,很可能会涌现出一种对那种剥夺人们权利的剥削形式的愤慨,这种剥削形式包括强加不可能实现的规范,进而再兜售弥补这些规范与实现它们的真正可能性之间的差距的手段——基本上无效的手段。

在这个尽管是客观政治行动的场所,却彻底被政治分析所忽视的领域,被支配的群体只能依靠自己的武器;他们完全没有集体防御的武器,以对抗支配群体和他们的"穷人心理分析师"。然而,很容易证明,最典型的政治支配也通过这些渠道进行。例如,在《区隔》一书中,我本想用一张照片作为文化与政治的关系那一章的开头,但最后没有用,因为我担心这张照片会被误读。在这张照片中,两个工会领袖坐在路易十五式椅子上,对面是坐在路易十五式沙发上的吉斯卡尔·德斯坦[1]。这幅图以最清晰的方

---

[1] 瓦莱里·吉斯卡尔·德斯坦(Valéry Giscard d'Estaing, 1926—2020),法国经济学家、政治学家,1974—1981年任法国总统,被誉为欧盟宪法之父、现代欧元之父。——中译者注

式——通过坐姿、手的摆放方式,简而言之,通过所有的肢体语言——展现出了哪位参与者不仅坐拥所有文化(家具、装饰、路易十五式椅子),而且手握使用、居有文化的方式,谁是那种客观化文化的拥有者,谁又被那种文化(以该文化的名义)所占有。如果工会成员在面对主管领导的时候"感觉自己很渺小",那么至少部分原因在于,他仅拥有分析工具和自我分析工具,它们太过笼统、抽象,无法赋予他理解和控制自身与语言、身体的关系的可能。现有的理论和分析使他陷于被抛弃的境地,这种境地是十分严峻的——他的妻子还在他们的公租房厨房里,面对着商业电台主持人虚伪的谦虚(尽管她被抛弃的境地并非不重要)——因为很多人都通过他发声,因为整个群体的话都经由他的嘴和身体传递出去,因为在他不知不觉的时候,(以这种方式扩散出来的)他的反应可能就已经被他对长发嬉皮士或戴眼镜的知识分子的恐惧所决定了。

您的社会学难道不是蕴涵了对人的决定论观点吗?人的自由——如果存在的话——还有什么作用?

就像每一门科学那样,社会学也接受决定论原则,认为它是充足理由律的一种形式。这门科学必须给出理由，因此它假定：凡事皆有存在的理由。社会学家补充说"社会理由"，即任何事物的存在都有纯社会层面的理由。面对一张统计表，社会学家会假设存在一个可以解释这种分布的社会因素，如果发现有数据残余，那么他就会假设存在另一个社会因素，等等。（这就是人们有时会想象一种社会学帝国主义的原因：但这合情合理——每一门科学都要用自己的手段，来解释尽可能多的事情，包括那些显然或实际上被其他科学解释的事情。正是在这个前提条件下，它才能向其他科学和自身提出真正的问题，并驳倒那些浮于表面的理由，或明确提出多元决定的问题。）

话虽如此，人们使用"决定论"这个术语，指的往往是两种截然不同的东西，一种是客观的必然性，它隐含在现实本身中；另一种是"经验的"、明显的、主观的必然性，即必然或自由的感觉。在我们看来，社会世界在多大程度上是被决定的，取决于我们对它的认识。另一方面，世界究竟在多大程度上是被决定的，这不是一个意见问题。作为一名社会学家，我的任务不是要"支持决定论"或"支持自由"，而是要在有必然性之处发现必然性（如果它存在的话）。因为在认识社会世界的规律这件事情上的所有进步，都会提高人们对必然性的认识程度，所以社会科学越往前发展，自然会越来越多地被指责为"决定论"。

但是，与表象相反，社会科学正是通过提高人们对必然性的认识程度，通过让人们更好地认识社会世界的规律，从而给予人们更多的自由。所有在对必然性的认识上的进步，都是潜在的自由的进步。对必然性的误识包含着一种对必然性的认知的形式——而且可能是最绝对、最彻底的那一种，因为它没有认知到自己是一种必然性，然而对必然性的认识则一点儿也不意味着那种对必然性的认知的必然性。相反，它使人们看清了选择的可能性，这种可能性隐含在"如果X，那么Y"一类的关系中。只要人们没有意识到这种把"如果"与"那么……"联系在一起的关系，那么选择接受或拒绝这个"如果"的自由就没有任何意义。通过把预设不干预（即无意识地接受预期效果的实现条件）的规律揭示出来，人们扩大了自由的范围。未知的法则是一种本性、一种命运（例如，继承的文化资本与教育成就之间的关系就是如此）；已知的法则以一种自由的可能性的面貌出现。

谈论法则不危险吗？

毋庸置疑，当然危险。我尽量避免这样做。那些对事物的发展方向（指在"如果"不变的情况下）感兴趣的人，把"法则"看作（当他们确实看到了法则的时候）一种命运、一种刻在社会本性中的必然性（社会本性赋予了新马基雅维利主义者——如米歇尔斯［Michels］或莫斯卡［Mosca］——寡头统治的铁律）。事实上，社会法则是一种历史法则，只要它被准许运行，也就是说，只要它所服务的人（有时这些人对它一无所知）的利益能够使它的生效条件永久化，它就会永久存在。

我们要问的是，我们在陈述一个以前不为人知的社会法则（如文化资本的传承法则）时，我们在做什么。有人可能会宣称自己是在制定一个永恒的法则，就像保守派社会学家对权力的集中趋势所做的那样。实际上，科学需要知道，它只是以具有倾向性的法则的形式，记录了某一特定游戏在某一特定时刻所特有的逻辑，这种逻辑对那些在游戏中占支配地位的人有利，并且能够——无论是在实际上还是在理论上——界定游戏规则。

话虽如此，法则一旦被阐明，就可能会成为各种斗争中的必争之地：通过保护法则的运作条件来维持现状的斗争，通过改变这些条件来改变现状的斗争。揭示这些具有倾向性的法则，旨在挫败这些法则成功运作的前提条件。支配群体的利益系于法则之中，因此他们以一种物理主义的方式解释法则，这种解释方式将法则推回了潜意识机制的状态中。相比之下，被支配群体的利益则系于对此类法则（即作为一种历史性的法则）的发现之中。如果去掉该法则的运作条件，它就可能会被废除。对法则的认识给了他们一个机会、一个对抗法则的效力的可能，只要法则是未知的，并且在接受法则的人不知道的情况下运行，这种可能就不会存在。简言之，正如它会去自然化一样，社会学也在去宿命化。

对社会世界的知识越丰富，就越可能打消一切旨在改造社会世界的政治行动，难道不是这样吗？

是对最可能的结果的认识——通过指出其他结局——使最不可能的结果成为也许会发生的事情。通过有意识地参与社会世界的逻辑，人们可以让那些似乎并没有隐含在这个逻辑中的也许会发生的结果发生。

真正的政治行动是利用有关极可能会发生的事情的知识，以增加也许会发生的事情的机会。它不同于乌托邦主义，后者就像魔法，试图凭借述行性的话语影响世界。政治行动——通常是无意识地而非有意识地——表达和利用社会世界中的潜力、其内在矛盾或内在趋势中的潜力。这就是社会学家描述政治行动必须考虑的前提条件、政治行动成败所依赖的条件（例如，现在年轻人的集体祛魅），这也就是人们有时批判政治在社会学家的论述中的缺位的原因。它这样做，是在告诫人们不要犯这样的错误，即把后果当作原因，在政治行动的效力的历史条件中看待政治行动的后果，哪怕当政治行动与并非为它所生产的、先于它存在的性情倾向相伴而生，当政治行动通过表达和精心编排这些性情倾向而强化了它们，我们也不应忽视政治行动所产生的后果。

从您对意见本质的论证中（也许是基于某种误读）可能会得出的结论反而令我有些担忧。那种分析不是很容易消解人们的行动吗？

让我澄清一下。社会学揭示了这样一种观念，即个人意见（就像个人品味的观念）是一种幻象。由此可以得出结论，社会学是还原的，它使人祛魅，它通过消除人们所有的幻象而消解他们的行动。

这是否意味着人只能在幻象的基础上行动？如果个人意见本身是由社会决定的,是由教育所再生产的历史产物,如果我们的意见是被决定的,那么我们最好对此心知肚明；如果我们有机会表达个人意见,那么其前提条件可能是我们知道我们的意见不是自发的。

社会学既是一种学术活动,也是一种批判性的,甚至是政治性的活动。这不矛盾吗？

我们所知的社会学,至少在法国,诞生于矛盾或误解。是涂尔干竭尽所能使社会学成了一门公认的科学。当一项活动成为一门大学学科时,它的功能及其践行者的功能问题就不再会出现了。只要想想那些考古学家、语言学家、中世纪历史学家、中国历史学家或古典哲学史家就知道了,从来没有人质疑他们有什么用,他们的工作是为了什么,他们为谁工作,或谁需要他们。没有人质疑他们,因此他们觉得自己所做之事是完全合理的。社会学就没有这么幸运……它的存在理由越被质疑,它就越偏离其创始人不得不接受和强加的科学实践的定义,这里的科学指纯科学,最纯粹的、最"无用的"、最"无理由的"学术科学（纸莎草书学或荷马史诗研究），最压抑的政权也允许这些科学生存，它们为"热门"科学的专家们提供了避难所。你知道涂尔干付出了多少努力以达到这一目的：赋予社会学"纯粹的"、纯科学的、"中立的"形象——这些形象大量借自自然科学——和无数与外部功能及政治决裂的迹象（比如预先定义，等等）。

换句话说，从一开始，社会学就是一门暧昧的、双重的、隐蔽的科学；为了被接受为一门学术科学，它不得不隐藏和放弃其作为一门政治科学的本性。民族学招致的质疑比社会学少得多，这绝非偶然。

但是，社会学也可以利用它的自主性来产生一种真理，一种（在那些有能力指挥或委托它的人中）没人要求它提供的真理。通过巧妙地利用它作为一门大学学科所具有的制度自主性，它可以找到认识论自主性的条件，并试图提供没人真正要求它提供的东西，即关于社会世界的真理。这些事情不足为奇：这门在社会-逻辑层面不可能的科学，这门能够揭示在社会-逻辑层面本应一直受到遮蔽的东西的科学，只能从对其目的的虚伪假饰中产生；任何想把社会学当作一门科学来研究的人，都必然会不断地再生产这种原初的错误表征。戴着面具前进（Larvatus prodeo）。

真正科学的社会学是一种在社会－逻辑层面不应存在的社会实践。这一点的最佳证明是，只要社会科学拒绝在纯科学和伪科学之间——前者可以科学地分析不具有社会重要性的对象，而后者管理和安抚既定秩序——进行强制选择，它的社会存在就会受到威胁。

科学的社会学就不能指望其他科学的团结吗？

其实可以。但社会学作为科学中的新秀，是一门批判性的科学，它批判自身和其他科学，也批判当权者，包括科学的当权者。它是一门致力于理解科学生产规律的科学，它提供的不是支配的手段，而是支配支配（dominer la domination）的手段。

社会学不是试图为传统的哲学问题提供一个科学的答案，并在某种程度上用一种理性独裁来掩盖它们吗？

我认为一开始确实如此。社会学的创始人明确把这一点当作目标。例如，社会学的第一个对象是宗教，这并非偶然。涂尔干学派直接着手处理的就是这个问题,即(在特定时期)构建世界的主要工具是什么？我也认为,一些传统的哲学问题可以用科学术语来表述(这就是我在《区隔》中试图做的事情)。在我看来,社会学就是要将形而上学的问题转化为可以科学处理,从而也可以政治处理的问题。另一方面,社会学像所有科学一样,在哲学或预言的总体化野心的对立面上建构自身,那些预言,正如韦伯所指出的那样,声称要为总体性的问题——特别是"生与死"问题——提供总体性的答案。换句话说,社会学是怀着窃取某些哲学问题的野心建立起来的,但却没有像哲学那样经常为自己设定预言计划。它与社会哲学以及后者所沉溺其中的所有终极问题分道扬镳,如历史的意义、进步与堕落、伟人在历史中的作用等问题。事实上,社会学家会在最基本的实践操作中,通过提问的方式,凭借(在他们的探究的具体形式和内容中的)此等预设——实践是由当下的存在条件或整个过往的历史所决定的——而遇到那些问题。只有当他们意识到这些,并恰当地调整他们的实践方向,才能避免不经意间滑入历史哲学的窠臼。例如,如果你直接询问某人所属的社会阶级,或者试图通过询问某人的收入、工作、教育水平等情况来"客观"地确定他的位置,你就是在两种对立的哲学——实践哲学和历史哲学——之间做出了决定性的选择。如果你没有以这种方式来表述这个选择,那么就无法通过同时询问这两个问题来作出这个选择。

您似乎总是把理论与哲学联系在一起,为什么您对理论如此苛刻?即便您不承认,但您自己也在建立理论。

所谓理论,一般是适于手册的空话。正如格诺(Queneau)曾经说过,理论化往往只是一种"手册化"。为了使这种文字游戏更清楚,我可以引用马克思的评论:"哲学与现实世界的研究有着如同手淫和性爱一样的关系。"如果每个法国人都明白这一点,社会科学就会像某人曾经说过的那样,实现"大突破"。至于我是否在建立理论,这要看人们对这个词的理解是什么。若一个被转化为研究机器的理论问题开始运转,它就会在某种意义上开始自动推进,既被它所带来的困难所驱动,也被它所提供的解决方案所驱动。

社会学这门技艺的秘密之一在于知道如何找到经验对象——我们可以真正对其提出普遍性问题的经验对象。例如，我们可以根据经验，结合工人阶级与摄影的关系，或通过分析他们对各种电视节目的反应等方式来提出艺术中的现实主义和形式主义问题，在某个特定时刻、在某些特定情况下，这个问题已经成了一个政治问题。不过，我们也可以联系拜占庭镶嵌画中的正面描绘或绘画、历史编纂中对太阳王的描述来提出同样的问题。话虽如此，但以这种方式提出的理论问题已经发生了深刻的转变，以至于理论之友们再也无法在其中辨认出他们的成果了。

研究者陷入了问题的相互咬合之中，这种交错拖着他（往往是不由自主地）前进。研究的逻辑就是这种问题的相互咬合。莱布尼茨在《批判》（*Animadversiones*）中不断抱怨笛卡尔，说他对直觉、洞察力和智慧期望过高，而对"盲目思维"（他想到的是代数，代数可以弥补智慧的间断）的自动性不够重视。在法国这个绝妙文章之国、独创和智慧崇拜之乡，人们不理解的是，方法和研究工作的集体组织可以产生智慧，可以产生比研究者的智慧更胜一筹的问题和方法的相互咬合（另外，在一个人人都在寻求独创性的世界里，唯一真正的独创性——我想它常常不被期待——即以涂尔干学派为代表的非凡例外）。要想成为科学上的聪明人，就必须使自己置身于一个产生真正问题和困难的环境中。这就是我所管理的研究小组力图做到的事情。一个有效的研究小组是一个由社会制定的问题及其解决方法的结合、一个交叉检查的网络,也是一套完整的产品,这些产品没有被强加任何规范,也没有被强加任何理论或政治的正统观念,它们具有家族相似性。

社会学和民族学之间的差异具有何种相关性?

不幸的是,这些差异被铭刻在了大学结构中——在大学的社会组织和学术界的心智组织中,而且可能是不可逆转的。如果我没有尝试把一些传统上归于民族学的问题和另一些传统上归于社会学的问题结合在一起,我的工作就不可能完成。例如,多年以来,民族学家一直在处理分类学、分类问题,一个出现在几路民族学传统的交汇处上的问题。一些人对应用于植物、疾病等范畴的分类的分类学感兴趣,另一些人则对用于组织社会世界的分类学——其中最典型的一种是界定亲属关系的分类学——感兴趣。这一传统是在某些地区发展起来的,在那些地区,由于问题所探讨的社会具有相对无差别的性质,没有出现阶级问题。另一边,社会学家则处理阶级问题,但不谈及能动者使用的分类系统及其与客观划分的阶级的关系问题。我的工作是要以一种非学究的方式——我之所以这样说，是因为要不然它听起来可能会像是讲座中的学术交流——把社会阶级问题和分类系统问题汇集在一起，并提出诸如此类的问题：我们使用分类法来对一些事物和人进行分类，来评判一件艺术品、一个学生、一种发型、衣服，等等，这些分类法和那些客观的分类，即社会阶级（粗略地说，它被视为与物质的生存条件的阶级相连的个人阶级）难道不具有某种联系吗？

我所说的是科学劳动的分工的典型效果：有客观的分工（例如学科的划分），这些分工成了心智上的分工，它以让某些思想无法实现的方式发挥作用。这种分析说明了我刚才概述的理论问题。制度上的划分是历史的产物，在客观现实中以法则认可的、客观的分工形式发挥作用（例如，如果我让三个社会学家加入考试委员会，那么评议的一定是社会学论文，等等）。这种划分被铭刻在职业道路等事情上，也（以心智分工，即分工的逻辑原则的形式）被铭刻在人们的头脑中。知识的障碍往往是社会学的障碍。在跨越了民族学和社会学的边界之后，我向民族学提出了各种民族学没有提出的问题，反之亦然。

您根据资本的数量和结构定义社会阶级。您如何定义资本的种类呢？在经济资本方面，您似乎完全依赖国家统计局（INSEE）提供的数据，而在教育资本方面，则依赖资格证书。您真的可以在这个基础上构建阶级吗？

这是一个长期的争论。我在《区隔》中解释了我的立场。你面临两种选择，一种是纯粹的（也是简单的）社会阶级理论，这种理论不以任何经验数据（生产关系中的地位）为基础，它实际上没有能力描述社会结构的状态或转变；另一种是实证研究，比如国家统计局的研究，它没有任何理论基础，但提供了分析阶级划分的唯一可用数据。就我个人而言，我试图超越被视作神学对立的社会阶级理论和社会分层理论的对立，这种对立在课堂上、在"辩证唯物主义"思维中都很受用，但实际上它只是对社会学上的分工状态的反映。所以，我试图提出一种既比较复杂（将被古典理论所忽略的资本状态也纳入考量）又具备较为坚实经验基础的理论，但它又不得不参考国家统计局提供的那些不完善的指标。我并没有天真到不知道国家统计局提供的指标——即使是关于股份所有权的指标——也不是可支配经济资本的良好指标。这一点大家都很清楚。但在某些情况下，理论的纯粹主义就是无知或放弃实践的借口。科学就是做自己所做之事，同时明白并宣称这是自己能做的一切，并明确自己所做之事的有效范围。

说到这里，您问我的问题中其实还隐藏着另一个问题。人们常说或写的"某某理论中的社会阶级到底是什么？"是什么意思？在提出这样的问题时，人们肯定会赢得那些确信社会阶级问题已经解决，只需查阅典籍（仔细想想，这非常方便、经济）即可的人的赞同，也会赢得那些对这样的人，即在持续的探寻中暴露出自己认为并非一切都已水落石出的人，表示怀疑的人的赞同。这种怀疑的策略很可能是由某一特定阶级的惯习所产生的，它是一种难以战胜的策略，并且会给实施这一策略的人带来很大的满足，因为它使他们在自我满足中得到安慰。因此，在我看来，它在科学上和政治上都令人讨厌。

的确，我一直坚持要在一些被当作定论的事情上回到基本原理。比如说资本：我们都知道那是什么……你只要读一读《资本论》，或者——更好的方法是——读一读《读〈资本论〉》》[1]（等书）就可以了。好吧，如果真是这样（但在我看来并不是），如果在学理性的理论和经验描述之间

---

[1] 指阿尔都塞的《读〈资本论〉》。——译者注

一直存在着这样一条鸿沟（它意味着，人们在理解社会冲突的新形式——例如那些与从教育系统的运作中产生的矛盾有关的社会冲突形式——的历史独创性时，只能求助于马克思主义的观点，而这是完全无能为力的），如果这条鸿沟一直存在，那么原因也许是对不同种类资本的分析还没有完成。为了超越它，有必要动摇一些不证自明的事实，但这不是为了寻求展示异端的、与众不同的解读的快感。

回到资本种类的问题上，这是一个非常困难的问题，我意识到自己在处理这个问题时，正在走出既定真理所绘制的区域，在那里，人们有把握立即获得认可、尊敬，等等。（同时，我认为科学层面上最有成果的立场往往最有风险，因此也是社会层面上最不可能的立场。）至于经济资本，我留给别人去研究，这不是我的领域。我关心的是被别人抛弃的东西，因为他们缺乏对这些东西——文化资本和社会资本——的兴趣或理论工具。最近，我尝试着用简单的术语阐述这些概念的含义。我试图建构严谨的定义，这些定义不仅是描述性的概念，而且是构建的手段，它们也许可以产生出之前人们看不见的东西。以社会资本为例：人们可能会说它就是日常语言中的"关系"，凭直觉给出一个社会资本的观念。（通常情况下，日常语言指定了非常重要的社会事实；但同时，熟悉感又掩盖了这些事实，使人们想象自己已经知道、理解了一切，从而使研究停滞不前。社会科学的部分工作在于发现日常语言所揭示和掩盖的东西。这意味着要冒着被指责是在证明不言而喻的东西的风险，或者更糟，冒着费力地把常识的基本真理或道德家、小说家那更微妙且更容易被接受的直觉翻译成一种高度概念化的语言的风险。也就是说，当人们不再指责社会学家说了一些既平庸又不真实的东西时，这恰恰说明社会学分析招致了强烈抵制。）

回到社会资本：通过构建这一概念，人们获得了分析这种特殊资本的积累、传播和再生产的逻辑的手段，获得了理解它如何变成经济资本——以及反过来说，理解将经济资本转化为社会资本需要做哪些工作——的手段，获得了掌握诸如俱乐部或简单地说，家庭——社会资本积累和传播的主要场所——等机构的功能的手段。在我看来，我们离常识性的"关系"还有很长的路要走，而"关系"只是社会资本的表现形式之一。《费加罗报》(Le Figaro)、《时尚》(Vogue)或《法国周刊》(Jours de France)的上流社会八卦专栏中的"社交圈"和所有与之相关的东西，不再像一般人认为的那样是"闲暇阶级"的闲暇生活或富人"炫耀性消费"的典型表现，我们可以将其视作社会劳动的一种特殊形式，它的前提条件是金钱、时间和某种特定的能力的支出，它倾向于确保社会资本的（简单或扩大的）再生产。（顺便说一句，我们会发现，一些表面看来十分具有批判性的话语忽略了本质的东西，因为知识分子对这种积累、流通于"社交"聚会中的社会资本的形式并不"敏感"，他们往往怀着一种迷恋、怨恨交加的心情对它冷嘲热讽，而不是对它进行分析。）

因此，为了让人们明白这一点：某些人的权力和权威是建立在社会资本的基础上的，对他们来说上流社会的社交就是他们的主要职业，我们有必要建构一个我称作社会资本的对象，它会使人们立即意识到，贵族的"社交工作"就相当于知识领域中的出版商的鸡尾酒会或互评会。一项以社会资本为基础的事业，必须通过一种特定的劳动形式（举办纪念碑落成典礼、主持慈善事业，等等）来确保自身的再生产，而这种劳动形式以专业技能，因而也以学徒制为前提，还以时间和精力的付出为前提。只要建构出这个对象，人们就可以进行真正的比较研究，与历史学家谈论中世纪的贵族，重读圣西门和普鲁斯特，当然也可以重读民族学家的著作。

同时，您提出的这个问题非常正确。因为我所做的根本不是理论工作，而是调动所有理论资源进行经验分析的科学工作，所以我的概念并不总是应然的。例如，我一直在用连我也不完全满意的术语，提出一种资本转化为另一种资本的问题。这是一个除非人们构建出资本类型的概念，否则无法明确提出的问题——一个在人们意识到它之前就已经存在的问题——的例子。实践是熟悉这个问题的。在某些游戏中（例如，在知识领域，为了赢得文学奖项或同行的尊重），经济资本是不起作用的。它必须经历一种转化才能发挥作用。举例来说，正是"社交工作"的功能使从经济资本（它总是最后一项分析中的根本）到贵族身份的转化成为可能。但这还不是全部。支配这种转化的法则是什么？是什么定义了资本之间的转换率？在每一个时代，支配阶级的不同群体都在不断争夺不同资本类型间的转化率，他们的总资本由比例不尽相同的各类资本构成。那些在19世纪的法国被称为"有能力者"的人，相比经济资本，他们对调高文化资本的价值有着持续的兴趣。由此可知——这也是社会学分析的难点所在——在我们所研究的现实里，那些被我们视作研究对象的事物——文化资本、经济资本，等等——本身就在斗争中深陷危机，而且我们对它们的评说本身也会变成斗争的筹码。

　　对这些转化法则的分析还没有完成——远远没有完成，如果有人觉得这是个问题，那个人就是我自己。这没什么。有一大堆我问自己或者别人向我的问题，我认为它们都是发人深省的问题，这些反对意见之所以可能，是因为有了这些区分。研究也许是一门为自身——也为他人——创造富有创见的问题的艺术。在事情一目了然的地方，你提出了问题。然后你会发现，自己面对的是一个更加棘手的现实。当然，我能够以理论的名义，甚至以科学的名义，制作出关于社会阶级的马克思主义简易课程，它们在过去几年里卖得很好。或者甚至以社会学的名义——你会发现自己在处理既具有启发性，又令人担忧的事情（我知道我所做的事情对正统的守护者们会产生什么影响，我想我也知道为什么会有这种影响，且很高兴能带来这种影响）。既具有启发性，又令人担忧，这样的观念很适合我。

　　但是，您提出的社会阶级理论中难道不是有一些静态的东西吗？您描述了结构的状态，却没有说明它是如何变化的。

　　统计分析所能把握的是一个时刻，一个有着三五个玩家的游戏状态。它给出的是一张有着各色筹码堆的图片，这些筹码是他们在前几轮中赢得的和将在未来几轮中投注的。瞬间得到的资本是历史的产物，它会产生更多历史。我只想说，不同玩家的策略将取决于他们的筹码资源，更具体地说，取决于他们资本的总量（筹码的数量）和结构，也就是筹码的构成（那些红色筹码多、黄色筹码少，也就是经济资本多、文化资本少的人，和那些黄色筹码多、红色筹码少的人玩法不一样）。他们累积的筹码越多，就越大胆（虚张声势），他们拥有的黄色筹码（文化资本）越多，他们就会越多地在黄色的区域（教育体系）下注。每个玩家都会看到其他玩家的游戏，即他们的玩法、风格，并默认这是他们的手牌的一种表现，从中得出有关他们的手牌的线索。他甚至也许可以直接了解到别人的部分或全部资本（在桥牌中，教育证书起着叫牌的作用）。在任何情况下，他都会利用他对其他玩家的属性——他们的策略——的了解，来指导自己的打法。但他的预测原则无非是游戏感，即对筹码和游戏的关系（当我们说某件物品——一处房产、一件衣服或一件家具——是"小资的"时，所表达的意思）的实际掌握。这种游戏感是游戏的内在法则逐步内化的产物。这也是蒂博（Thibaut）和里肯（Riecken）对这种情形的理解：比如，他们的受访者在被问及两种献血的人时，会自然地认为上层阶级的人献血是自愿的，而下层阶级的人是被迫的（虽然我们不知道是否是这样，如果能知道做出这种假设的受访者的比例在上层和下层阶级之间是如何变化的，将会非常有趣）。

显然，我刚才打的比喻只是一种说教手段。但我认为，它能让人了解到社会变革的真实逻辑，让人感受到静态与动态的对立是多么的虚假。

4 知识分子出局了吗?

节选自弗朗索瓦·辛克(François Hincker)对布迪厄的采访,发表于《新批评》(La Nouvelle critique),第111-112期,1978年2-3月。

之前研究教育系统时,您对文化领域的社会关系的分析参考了对文化制度的分析。如今您在分析话语时,似乎忽略了制度;但您又明确表达了对政治话语和政治文化的兴趣。

虽然这纯属传记性的兴趣,但我想提醒大家,我最早的作品是关于阿尔及利亚人民的,首要讨论的是政治意识的形式和政治斗争的基础的问题。如果说后来我忙于研究文化,那么这并不是因为我赋予了文化某种"本体论"的优先权,当然也不是因为我把它当作了一个理解社会世界的特殊解释因素。事实上,这个领域已经被抛弃了。那些的确涉足过这个领域的人在经济还原论和理念论或唯灵论之间摇摆不定,而这是作为一对完美的认识论来运作的。我认为我并不会不加批判地把经济概念移植到文化领域,但我想——这并不是比喻的说法——建立一套象征现象的经济体系,研究文化产品的生产和流通的具体逻辑。存在一种分裂的思维,它意味着在许多人的头脑中,适用于物质产品的流动的唯物论与适用于文化产品的流动的唯心论可以共存。人们满足于一套贫乏的公式:"主流文化是支配阶级的文化",等等。

这使得许多知识分子能够在没有太多不便的情况下与矛盾共处。一旦有人认为文化现象服从经济逻辑,认为文化为特定的(不可化约为狭义的经济利益的)利益——也因此为对特定的利益的追求——所决定,以这种态度研究文化,那么甚至连知识分子也会被迫认为自己同样由这些(可能决定了他们所采取的立场的)利益所决定,而不把自己置于一个纯粹无关利益的、自由"奉献"的世界。而诸如此类事情的原因也就变得一清二楚了:为什么比起在文化政治领域——或者更准确地说,大学政治等领域——知识分子大体更容易在广义的政治领域采取进步立场。

如果您愿意的话,我会把已经出局的东西带回游戏中:知识分子总是一致把与他们自己的游戏和赌注排除在外。

所以,基于这样一个观察,即实际上知识分子垄断了社会世界的表征的生产(政治斗争的一个基本维度),我回到了政治上。社会分类的斗争是阶级斗争的一个重要维度，它是象征生产介入政治斗争的途径。阶级有两次存在，一次是客观存在，另一次存在于或多或少明确的、由能动者所塑造的社会表征中，第二次存在是斗争的要害。你对某人说"你身上发生的事情，是因为你和你父亲的关系不好"，或者"你身上发生的事情，是因为你是一个无产阶级，被窃取了剩余价值"，二者完全不是一回事。

人们争取适当的、公正的、合法的言说社会世界的方式的领域，不能永远被排除在分析之外——即使对合法话语的主张默认或明示了对那种对象化的拒绝。那些宣称垄断了对社会世界的思考的人，并不希望人们对他们进行社会学的思考。

然而，在我看来，更为重要的是提出这个游戏的利益所在的问题，因为那些能从提出此问题中获益的人，也就是那些把维护自身利益这件事委托给知识分子、发言人的人，没有提出这个问题的途径，而那些从这种委托中获益的人又没有兴趣提出这个问题。我们必须认真看待这一事实：知识分子是一个事实上的委托——一个全方面的、默示的委托——的对象，在政党领导人那里，这是一种有意识的、明确的，但同样是全方面的委托，我们必须分析这种委托被接受、得到使用的社会条件。

但是,可以这样说吗:这一在某种程度上不可否认的委托同一个与共产党关系密切的工人的情况如出一辙,或者说同一个把自己委托给反动政党或政治家的工人的情况如出一辙?

委托往往是在人们想象不到的指标的基础上达成的。比起某位共产主义活动家的话语(这些话语有时候似乎有意引起工人的反感),工人可能会更"认同"他的"风格"、口音、举止、与语言的关系。工人对自己说:"不要在老板面前退缩。"这种基本的"阶级意识"并非绝对正确。所以,就此而言,哪怕委托仅仅基于一种"阶级亲和力",差别也是存在的。事实仍是,就对委托合同的控制——控制代表的言行的权力——而言,差别并不像人们设想的那样大。人们遭受了这种剥夺,变得冷漠或转向保守派的立场,这往往是因为——无论对错——他们觉得自己被移出了代表们的世界:"他们都是一样的","都是一路货色"。

与此同时,尽管您观察到的现象正在迅速消失,但共产主义者——即使沉默不语——会采取行动；他与政治的关系不是语言的关系。

行动在很大程度上取决于人说出的言辞。例如，"第一代"工厂工人、农民的儿子与自父辈起就在工厂的工人，三者斗争的差异植根于传统，与政治意识的差异有关，因而也与语言的差异有关。发言人要解决的问题是：提供一种语言，这种语言使相关个体能够将自身经验普遍化，同时又不会将相关个体实际排除在其自身经验的表达之外——这相当于对他们的剥夺。正如我试图表明的那样，活动家的工作则恰恰在于将个人的、个体的不幸（"我被裁员了"）转化为更普遍的社会关系的一个特例（"你被裁了，是因为……"）。这种普遍化必然要通过概念来实现；因此，它有着落入现成公式的危险，这种现成公式是自动的、自主的语言，是仪式性的词语，在这种语言中，说话之人的对象、说话之人所代表的人都不"认识自己"了。这种死语言（我想到了所有政治语言中的宏大短语，它使人们可以不假思索地说话）阻碍了思想，既阻碍了发言者的思想，也阻碍了听者和它本该——首先在智识上——动员的人的思想；阻碍了那些本该做好批判（包括自我批判），而不仅是遵从的准备的人的思想。

诚然，每个活动家身上都有知识分子的影子，但活动家不是一般的知识分子，尤其是在其文化继承并非来自知识分子的时候。

为了不做一个普通的知识分子，所需条件之一是他要有以此等名义实施自我监督的能力（或能够接受他的竞争者的监督，这甚至更可靠），即以对成为"知识分子"意味着什么、垄断有关社会世界的话语生产意味着什么、卷入有着自身逻辑的游戏场域和政治空间（人们往里面投入了某种特定类型的利益）意味着什么等问题的分析为名义。在我们一般依赖的一切事物——诸如"群众监督"（我们还得提出在什么条件下可以行使这种监督等问题）——之外，抛开其他不谈，必须补充上这个条件。知识分子社会学是对知识分子的社会性分析。它的作用是使知识分子和领导人之间那往往一帆风顺的关系变得更加困难；指出在我们的思维范畴中、在所有能让我们思考和说话的事物中，我们都是被操纵的。它还必须指出，人们在社会世界中采取的立场可能归因于产生这些立场的条件、政治机器和政治"游戏"的特定逻辑、合作的特定逻辑、观念的流通，等等。

我担心的是，您对政治活动家和知识分子身份的假设，阻碍了人们对行动与理论、意识与实践、"基础"与"上层"，特别是工人阶级出身的活动家和知识阶层出身的活动家之间的关系问题的充分探讨，更别说阻碍了对工人阶级和知识阶层的关系的充分探讨。

事实上，社会世界有两种截然不同的话语形式。这一点在预测方面可以看得很清楚：如果一个普通的知识分子做出了错误的预测，那没什么大不了的，因为他只对自己负责，他只是把自己引向了歧途。而政治领袖则是一个有权力将他说出的话变成现实的人；这就是"口号"的标志。政治领袖的语言是一种授权的语言，它行使权力，那种权力可以将它所表达的内容变成现实。在这种情况下，一个小失误就可酿成大错。这可能就是政治语言经常沉溺于诅咒、驱逐等内容（"卖国贼"、"叛徒"，等等）的原因，而在我看来，这并不能证明其合理性。那些犯了错误的"坚定的"的知识分子，会把追随者引入歧途，因为只要人们相信他的话,他的话就是有力量的。可能会发生这些事情:某些可能发生的、对他为其说话的人("为了"具有"赞成"和"代替"的双重含义)有好处的事情,没有发生;或者某些可能不会发生的事情,发生了。他的话有助于创造历史,改变历史。

存在几种相互竞争的产生真理的方式,它们各有其偏差和局限。"坚定的"知识分子很容易以"政治责任"为名义,将其思想简化为激进之思,而且可能会发生——屡屡发生——的情况是,先前的临时策略变成了一种惯习、一种永久的存在方式。"自由的"知识分子则有一种恐怖主义的倾向:他乐于将知识领域中的那种争夺真理的殊死搏斗("如果我是对的,你就是错的")带入政治领域,但当所争夺之物不仅仅是象征性的生死时,这些战斗就会采取完全不同的形式。

在我看来,无论是对政治还是对科学来说,社会世界的这两种竞争性的表征生产模式应有平等的生存权利,而且无论如何,第二种生产模式不应该在第一种生产模式之前退位,在简化主义的基础上增加恐怖主义,就像某些时期,在知识分子和共产党的关系中经常发生的那样。你们会告诉我,这是不言而喻的,原则上没有人不同意,但与此同时,我也知道,从社会学上来说,它并不是不言而喻的。

用我的术语来说,重要的是,社会世界的话语生产空间要持续地作为一个斗争场域发挥作用,在这个场域中,支配的一极,即正统,不会压垮被支配的异端一极——因为在这个场域中,只要有斗争,就有历史,因而就有希望。

5 "自由漂浮的知识分子"如何获得自由？

迪迪埃·埃里蓬对布迪厄的采访，发表于《世界报周日版》(*Le Monde Dimanche*)，1980年5月4日，第1-17版。

有时人们指责您对知识分子施加了论战式的、近乎反智主义的暴力。在新作《实践感》中，您又以同样的方式触怒了人们。您质疑知识分子的作用，质疑他们对客观知识的主张，质疑他们对实践作出科学说明的能力……

值得注意的是，那些日复一日、周而复始、相当武断地将一个相互欣赏的小社团的裁决强加于人的人，竟然在那种暴力的机制就此被公之于众的时候，抱怨暴力。同样令人好奇的是，这些极度循规蹈矩的人竟然会因此一反常态，摆出一副胆识过人的知识分子的姿态，甚至摆出一副足具政治勇气的姿态（他们可能几乎认为自己正冒着被关进古拉格的危险）。社会学家将本该在新人面前保守的秘密透露给了每一个人，就此而言社会学家无法获得原谅。

象征暴力的效力与对其实施条件和工具的误识成正比。文化产品的生产并没有催生出文化消费者协会，这当然不是偶然的。试想，如果文化产品的价值生产突然完全暴露在了所有消费者面前，那么所有与书籍、绘画、戏剧、芭蕾及电影生产相关的经济利益和象征利益都会受到威胁。例如，我想到了诸如此类的过程：那些阿谀奉承的评论在少数（作品及评论的）创作者、受认可和尊崇的高级学者、自我吹捧、自我颂扬的记者之间循环流通。将文化生产机制公之于众所激发的反应，让人想起一些公司对消费者协会提起的法律诉讼。岌岌可危的还有这样一整套操作：这套操作使用"金冠苹果"冒充苹果，或者说用反复编辑修改的营销宣传材料冒充智识作品成为可能。

若有人揭露了知识分子的利益以及他们为确保利益而使用的多少可被接受的手段，您认为他们——或者至少他们中损失最大的那些人——会大动肝火吗？

当然。对我的指控之所以特别荒谬，是因为我不断地在谴责社会科学倾向于从审判逻辑的角度来思考问题，或者谴责社会科学作品的读者按照这种逻辑来思考。当科学试图陈述具有倾向性的法则，超越实现或表现这些法则的人时，怨恨会带着各种各样的面具——尤其是科学的面具，目睹对人的谴责。

在我看来，这些警示似乎特别必要，因为在现实中，以理解为天职的社会科学有时会被用于谴责。但是，像保守主义传统一贯做的那样，把社会学贬低为一种治安活动——特别是通过利用这一事实来这样做，即人们将一种低级的知识分子社会学用作镇压知识分子的手段——以指责真正的知识分子社会学向知识分子提出问题，这种做法有一定恶意。

你能举个例子吗？

例如，日丹诺夫主义显然为一些次级知识分子（按知识场域的现行标准划分）提供了机会，使他们能够以代表民众的需求（这种代表是自利的）为名，对那些有足够特定资本的、能够对政治当局提出自主要求的知识分子进行报复。这本身并不足以取消所有对知识分子的作用的探究，也不足以取消对他们发挥这些作用的方式的探究，这些方式源自他们所处的社会条件。所以，当我指出这一点的时候，即与日常保持必要距离是对社会世界的理论认知的前提条件，并不是为了谴责知识分子是"寄生虫"，而是为了指出，一切理论知识都会受到其所处的社会条件的限制。如果说有一件事是闲暇的学界人士难以理解的，那它就是诸如此类的实践——哪怕是最平庸的实践：不管是足球运动员的实践、卡拜尔女性的仪式实践，还是贝阿恩家族子女婚嫁的实践。

我们又回到了《实践感》中的基本论点。对于那些分析实践之人，人们要分析其社会处境，即他们从事分析的前提……

科学的主体也是科学客体的一部分；它在科学的客体中占有一席之地。如果不通过理论分析掌握与实践的关系的效果，就不可能理解实践，而这些效果又铭刻在每一次对实践的理论分析的社会条件上。（我确实说的是"通过理论分析"，而不是像人们经常认为的那样，通过某种形式的实践或神秘参与，如"参与式观察"、"干预"，等等）。因此，仪式也许是最具实践性的实践，因为它由操作和姿势构成，是一种整体的"体操"。那些本身绝不是舞者或体操运动员的人，他们倾向于在其中看到一种逻辑或代数计算，很可能会误解仪式。

对您来说，定位知识分子意味着指出他们属于支配阶级，会从他们的地位中获得利益，即使这些利益严格来说不是经济利益？

与"自由漂浮的知识分子"（某种意义上，这是专属知识分子的意识形态）的幻象相反，我指出，作为文化资本的持有者，知识分子是支配阶级中的（被支配的）一部分，他们所采取的一些立场，例如政治上的立场，来自他们在支配阶级中被支配地位的模糊性。同时，在知识分子场域中，占有一席之地意味着特定的利益，这种利益不仅意味着——无论是在巴黎还是在莫斯科——学院职位或出版合同、大学职位或书评，而且意味着认可和满足的标志，对不属于那一世界的人来说，这些标志往往是难以察觉的，但它们却将知识分子置于各种微妙的限制和审查之下。

您认为，知识分子社会学使知识分子摆脱了其所经历的决定论，从而为他们提供了自由？

它至少提供了某种自由的可能性。那些给人一种支配着其时代的幻象的人，往往被时代所支配，并且，随着时间推移，他们也随之消失。社会学提供了一个打破魔魅、谴责被占有—占有者关系（这种关系将那些总是与时俱进的人束缚在他们的时代里）的机会。在"自由知识分子"匆匆忙忙地交出他们关于当下所需主题（即欲望、身体或诱惑）的论文时，这种顺从令人绝望。二十年来，没有比这些强制性的练习更令人沮丧的读物了，它们被各大"知识分子"杂志专刊完美地融合在一起。

也许有人会反驳，这些知识分子至少有与时俱进的优点……

如果与时俱进意味着被思想史的潮流裹挟，被变动不居的时尚席卷，那么的确如此。如果知识分子的任务不是要"知道如何思考"时尚及其能动者所指定的一切值得思考的东西，而是要在特定的时刻，带着自由的幻象，试图揭露知识分子场域的历史和逻辑所要求他思考的一切，那么答案就是否定的。社会学家比任何其他知识分子都更专注于历史和当下（对其他知识分子来说，当下是他们作为哲学家、语言学家或历史学家的专业任务之外的、可选择的兴趣对象，但对社会学家来说，当下是主要的、基本的，甚至是独有的对象）。但他的雄心壮志是要从当下中提取法则，从而有可能支配、摆脱当下。

您在某处——一份作为您的文本的"炼狱"的笔记中——提到了过去三十年来不可觉察的滑坡，即从一个几乎不需要成为马克思主义者，就能成为共产主义者的知识分子场域状态，到一个成为马克思主义者是如此时髦，以至于甚至需要"阅读"马克思的状态，再以这样一种状态结束：最新的时尚"必需品"是从马克思主义出发去看透一切。

这不是一个论战性的表述，而是一个对大量法国知识分子的演变过程的简述。我认为它经得起批评。而且我认为，在这种时候，即那些允许自己在知识分子场域的旋涡中随波逐流的人，试图将其最新转变强加给那些没有持续、热情地追随他们的人的时候，我有必要将它说出来。以反恐为名的恐怖主义，以自由主义为名的政治迫害，往往是那些曾经运用同样的利己信念来强加斯大林主义秩序的人的所作所为，观察这些行为毫无乐趣可言。尤其是在共产党及其知识分子正倒退到与斯大林主义式的"太平盛世"相称的实践和话语时,更确切地说,倒退到由机器产生的,并且只关心保存机器的机械的思想和语言时,观察这些行为毫无乐趣可言。

但是,这一对知识分子所承受的社会决定论的提示,不就导致了对知识分子资格的剥夺及对其作品的抹黑吗?

我认为,知识分子有被置于这样一种境况中的特权,即一种使他能够努力理解自身的一般和特殊条件的境况。这样做,他就有希望(至少部分地)解放自己,并为他人提供解放的手段。对知识分子的批判(如果有的话),是与需求或期待相反的。在我看来,知识分子只有在理解和掌握了何者决定他的前提下,才能实现他自己所主张的解放功能,而且往往是以一种彻底僭越的方式来实现。对"不可分类"的知识进行分类,那些对这一意图感到震惊的知识分子证明了他们对自身的真实地位、对这种地位可能给他们带来自由的认识是多么粗浅。社会学家的特权,如果有的话,不是试图悬浮在他所分类的人之上,而是知道他也是被分类的,并且知道他在分类中的大致位置。当那些认为自己能轻松胜过我的人问我的绘画或音乐品味是什么时，我会很认真地回答：是与我在分类中的位置相适应的品味。把科学的主题带入历史和社会，并不意味着让自己屈从于相对主义；它意味着为批判性地认识知识的局限性（这是真知的前提）创设好条件。

这就是您谴责知识分子僭越话语权的原因吗？

事实上，知识分子利用社会赋予他们的能力（在这个词的准法则意义上）为借口，以远远超出其技术能力范围的权威发言，特别是在政治领域，这尤为常见。这种僭越是旧式知识分子的雄心壮志之本质，他们在所有思想战线上工作，是所有答案的提供者，但这种僭越又带着另一层伪装出现在了政府官员或技术官僚身上，他们援引辩证唯物主义或经济科学以实现支配。

知识分子以社会能力的名义，将被僭越的立法权据为己有，而这种社会能力往往与它表面上担保的技术能力完全无关。我在这里思考的是我眼中的法国知识分子生活中的一个世袭恶习，即"随笔"风格，它在我们的体制和传统中根深蒂固，以至于要花上好几个小时才能阐明其可能性的社会条件（请让我提一下文化保护主义，它与对外语的无知相关，它使过时的文化生产事业得以续存；或与为考入高等职业学院而准备的中学课程或哲学课程传统有关）。但我想补充的是，错误总是成对出现，而且相互支持：一边是那些可以随时道出"一切已知事物"的"随笔主义"，另一边则是那些与之旗鼓相当的夸张论文。简而言之，我说的是掉书袋和无用的互补传统，是沉闷的论文和新闻式的信口开河，它们使重要的科学作品完全不可能出现，而且重要的科学作品一旦出现，就会被它们遗忘或简化为大众流行形式。

在最近的一篇文章中，[1]您抨击了那种大写的哲学……

是的，这是崇高思维模式的最典型表现之一，通常被认为是理论上的提升。把"概念"当作历史行动的主题，谈论大写的"机器"（Appareils），或者国家、法律、学派，就是拒绝在经验研究中"弄脏"自己的双手，把历史归结

---

[1] 皮埃尔·布迪厄，《死者抓住活者：物化历史与身体化历史的关系》，载《社会科学研究学报》(Le mort saisit le vif. Les relations entre l'histoire réifiée et l'histoire incorporée, *Actes de la recherche en sciences sociales*, 32-33, avril-juin 1980, pp. 3-14)。——英译者注

为一场同巨人的战斗,在这场战斗中,国家受到"无产阶级"的挑战,甚至受到"斗争"——我们时代的愤怒——的挑战。

您谴责了一种虚幻的历史哲学。但是,您自己的分析难道不像一些批评家所说的那样,有时也忘记了历史吗?

事实上,我努力地在表明,所谓的社会性范畴完全就是历史。历史铭刻在事物中,即在制度(机器、工具、法律、科学理论等)中,也铭刻在身体中。我的全部努力旨在揭示历史的最佳藏身之所,即人们的头脑和身体姿势。无意识就是历史。举例来说,我们自发地应用于社会世界的思想和观念范畴就是如此。

社会学分析就是这两种历史相遇的一个缩影:物的历史和身体的历史?

潘诺夫斯基[1]指出,一个人举起帽子打招呼时,他无

---

[1] 欧文·潘诺夫斯基(Erwin Panofsky,1892—1968),犹太学者,艺术史家,以图像学领域的研究见长。——中译者注

意中再现了中世纪骑士举起头盔以示和平的姿态。我们一直在做这样的事情。当物的历史和身体的历史完美地相互适应时,例如,对于一个足球运动员来说,当游戏规则和游戏感完美地结合在一起时,行动者就会做他必须做的事情——就像我们所说的那样,"唯一要做的事情",他甚至不需要知道自己在做什么。他既不是一个机器人,也不是一台理性的计算器,而是像那幅令克劳德·西蒙[1]非常着迷的普桑[2]画作中的"寻找冉冉升起的太阳的盲猎户座"。

这是否意味着,支撑着我们社会学的是一种人类学理论,或更简单地说,是人的某种形象?

是的。这种实践理论,或者说"实践感"的理论,首先是在反对主体哲学、反对将世界作为表征的哲学的情况下界定自身的。在社会化的身体和社会场域之间,同一历史的两个产物一般来说是相互适应的,并且形成了潜意识的、肉身上的共谋。但我的理论也被定义为反行为主义的。

---

[1] 克劳德·西蒙(Claude Simon,1913—2005),法国新小说代表作家,1985年诺贝尔文学奖得主,代表作有《弗兰德公路》、《农事诗》、《历史》,等等。——中译者注
[2] 尼古拉斯·普桑(Nicolas Poussin,1594—1665),17世纪法国巴洛克时期的重要画家,法国古典主义绘画的奠基人。——中译者注

行动不是一种可以依据触发刺激而得到完全解释的反应；它的原则是一套性情倾向，我称之为惯习，它是一切个人经历的产物（因此，尽管有经验的阶级、惯习的阶级——阶级的惯习，但正如没有两个人的历史是相同的，也没有两个人的惯习是相同的）。可以这么说，这些惯习作为历史地组装起来的程序（在计算的意义上），在某种意义上，是激发了它们的刺激的功效原则，因为这些常规的、有条件的刺激只能对倾向于感知它们的有机体起作用。

这个理论反对精神分析吗？

答案相当复杂。在这里我简单说两句，个人的历史——在其最个人的方面，甚至在其性的方面——是由社会决定的。卡尔·休斯克[1]说得很好，他说："弗洛伊德忘记了俄狄浦斯是个国王。"但是，尽管社会学家有权提醒精神分析家，父子关系也是一种继承关系，但社会学家自己也应尽量牢记父子关系中特定的心理层面，它可能是顺利继承路上的障碍，在这种继承中是遗产继承了继承人。

---

[1] 卡尔·休斯克（Carl Schorske，1915—2015），文化史学家，著有《世纪末的维也纳》（*Fin-De-Siecle Vienna*）、《德国的社会民主党，1905—1917》（*German Social Democracy, 1910-1917*）、《德意志的问题》（*The Problem of Germany*）等书。——中译者注

但当内化的历史与物所包含的历史完全一致时,就会出现被支配者与支配者的默许共谋……

有些人想知道,为什么被支配者没有频繁地反抗。你只要记住产生能动者的社会条件,以及他们把自己铭刻在性情倾向中这一举动产生的持久效果,就会明白,作为令人憎恶的社会条件之产物的人们,他们并不必然会像作为不那么令人憎恶的条件之产物的人们一样具有反抗性(就像大多数知识分子那样),因此,他们也就被置于了那样的社会条件下。这并不等于说,他们带有恶意,将自己变成权力的帮凶。另外,人们也不应该忘记所有具身化的历史和物质化的历史之间的不匹配,不应该忘记所有在错误的地方、错误的工作中"感到不得其所"的人。这些(向上或向下失位的)不得其所的人是麻烦制造者,但也常常是历史的创造者。

您常说自己有一种不得其所的感觉……

在社会学上不大可能的人,常被说成"不可能的人"……我提出的大多数问题首先是面向知识分子的,他们有很多答案,但实际上却没多少问题。毫无疑问,这些问题都来自我在知识分子世界中作为局外人的感受。我质疑那个世界,因为它让我产生疑问,而且是以一种非常深刻的、超越了单纯的社会排斥感的方式。我从未觉得自己成为知识分子是完全合理的,我没有"在家"的感觉,我感觉必须去证明(对谁证明?我不知道)一种在我看来不合理的特权。我在许多遭受社会污名化的人(例如卡夫卡)身上看到了这种经历,这种经历使人们无法与所有那些觉得自身存在完全合理的人(此等人在知识分子中的数量并不比在其他地方少)产生即刻的共感。最根本的社会学的社会学就是要证实这一点,即对社会科学贡献最大的是那些并没有彻底融入社会的人。

这种"不在家"的感觉可能解释了有时在您脑海中挥之不去的悲观形象——您所拒绝的形象……

我也不希望在我的作品中,除了乐观主义,人们再也找不到任何值得称赞的地方。我的乐观主义——如果的确是乐观主义的话——在于我认为,人们必须充分利用整个历史演进,这种历史演进让许多知识分子从保守主义中醒悟，不管这种保守主义是"趋同"理论（"社会主义"和"资本主义"的"趋同"）或"意识形态终结"所宣扬的那种可悲的"历史终结"论，还是在更近处的使左派政党分裂、表明职业政客的特定利益可以优先于选民利益的竞争游戏。尤其在幻象方面，当人们已经失无所失的时候，就应该将所有长期遭到审查（以唯意志乐观主义的名义）、往往被认为带有进步倾向的问题提出来；也就应该把目光转向所有历史哲学的盲点，即它们得以形成的出发点。例如（就像马克·费罗[1]在他关于俄国革命的最新著作中所做的那样），去质疑主流知识分子可能具有的、以"唯意志论"的某些形式存在的利益。这种"唯意志论"可以被用来证明"民主集中制"——政党官员的支配——的合理性，更普遍而言，可以被用来证明官僚主义劫持颠覆精神这一倾向——一种代表和委托等事情的逻辑中的固有倾向——的合理性。

笛卡尔说："增加知识就会增加痛苦。"而自由的社会学家们自发的乐观主义往往只是无知的结果。社会科学

---

[1] 马克·费罗（Marc Ferro，1924—2021），法国年鉴派历史学家，致力于研究20世纪早期的欧洲历史、俄罗斯和苏联史以及电影史，法国史学杂志《年鉴》的主编之一。——中译者注

摧毁了许多假象，但也摧毁了许多幻象。然而，我怀疑除了有关必然性的知识，是否还有其他真正的自由。如果社会科学能够站出来，反对不负责任的唯意志论和宿命论的科学主义；如果它能够在任何程度上有助于界定一种理性的乌托邦主义，可以利用对可能性的认识来实现可能性，那么社会科学就不会太糟糕地履行其约定。

进阶阅读

皮埃尔·布迪厄，《死者抓住活者：物化历史与身体化历史的关系》，载《社会科学研究学报》（Le mort saisit le vif. Les relations entre l'histoire réifiée et l'histoire incorporée, *Actes de la recherche en sciences sociales*, 32-33, avril-juin 1980, pp. 3-14）。

6 社会学家的社会学

> 1975年5月，巴黎，"马格里布的民族学与政治"（Ethnologie et politique au Maghreb）讨论会会议论文，发表于《看的问题》（Le mal de voir, Cahiers Jussieu 2, Université de Paris VII, coll. 10/18, Union générale d'éditions），第416-427页。

我想试着联系特定案例——殖民化和去殖民化国家的社会科学——提出一个非常普遍的问题，即可能性的社会条件和一种有关社会科学的社会科学所具有的科学功能。我所要讲的内容带有即兴性质，这可能意味着一些危险的立场……这是我必须承担的风险。

第一个问题：你决定在此谈论有关社会科学的社会史的问题。那么，这里面有相关利益吗？人们从来没有问过此类问题。如果我们在这里谈论它，那是因为我们认为它很有趣。但是，说我们对一个问题感兴趣是一种委婉的方式，它表明了一个基本事实，即我们与我们的科学成果有着密切的利益关系。这些利益不是直接的经济或政治利益；

我们感觉它们无关利益。知识分子的显著特征就是他们有着无关利益的兴趣，他们对无关利益有兴趣。在我们看来有趣的问题，背后有利益牵涉其中。这意味着在某个特定时刻，某个特定的学术团体——在没有任何一个人作决定的情况下——将某个问题定义为有趣的问题。召开会议，创办期刊，写文章、书和评论。这意味着这个主题是"值得"写的，它会带来利润，与其说这种利润是版税（尽管这很重要），不如说它是声望、象征性的满足，等等。所有这些只是一段开场白：在没有首先或同时进行自我社会分析之前（只要这是完全可能的），不应该从事社会学，特别是社会学的社会学。科学社会学有什么用？殖民地科学的社会学是为了什么？科学话语的主体需要被问及与该话语之对象相同的问题。研究人员如何以及凭借何等权利向过去的研究人员提出他没有向自己提出的问题（反之亦然）？

除非人们意识到科学的过去与现今的科学斗争利益攸关，否则不可能对过去的科学博弈的利益关系有一个正确的理解。复原的策略往往掩盖了象征性的投机策略：如果你试图诋毁智识对手所处的血统，那么他的学说的价值就会暴跌。人们说马克思主义、结构主义或结构马克思主义是"过时的"，就意在于此。总之，我们需要问是什么吸引着人们去做社会学的社会学,或其他社会学家的社会学。例如,不难看出,右翼知识分子的社会学几乎都是由左翼知识分子完成的,反之亦然。这些对象化所得是偏颇的真理,而这归因于这样一个事实,即看清对手的真理、看清是什么决定了他们(在解释左翼知识分子时,右翼知识分子一般都是唯物主义者),能带来利益。除此之外,人们从未理解那产生出这些对抗策略的立场的系统,因为这将迫使分析者自问,他在那里做什么,他在那里有何利益,等等。

除非假定社会科学的社会史除了给社会科学研究者提供存在的理由,没有其他功能,也不需要其他理由,否则我们就得问,它对今天的科学实践是否有重要意义?过去的社会科学是今天从事社会科学工作的前提吗?更准确地说,研究"殖民地""科学"的社会科学,是否是一个刚去殖民化的社会中的社会科学真正实现去殖民化的前提条件之一?我很想承认,社会科学的过去总是社会科学的主要障碍之一,对我们来说尤其如此。正如涂尔干在《教育思想的演进》(*L'Évolution pédagogique en France*)中所说的那样,无意识就是对历史的遗忘。我认为,一门学科的无意识就是它的历史,它的无意识是由其社会生产条件构成的,是被掩盖和遗忘的。产品一旦脱离了它的社会生产条件，其意义就改变了，该产品就会施加意识形态的作用。一个人在做科学研究时，知道自己在做什么——这是一个认识论的简单定义，其前提是他知道自己用到的问题、工具、方法和概念是如何历史地形成的。（有鉴于此，没有什么比为马克思主义传统撰写一部社会史更为迫切的事情了，这件事的目的是在它们的产生和相继使用的历史背景下，重新调整因忘记历史而固化的、为人所盲目崇拜的思维或表达方式。）

从那个我眼中唯一有意义的出发点——当今阿尔及利亚社会的科学进步——看来，"殖民地""科学"的社会史将有助于了解我们看待这个社会的思想范畴。今天上午发表的论文已经表明，在某种意义上，殖民者被自身的统治所支配，是其智识工具的第一个受害者；这些工具也仍然可以"困住"那些仅对它们作出"反应"，而不了解其运作的社会条件的人，因为这些人很容易陷入相反的错误，而且无论如何都会剥夺自身关于某些对象的唯一信息。所以，为了理解那些留给我们的事物——语料库、数据、理论——我们必须对该对象的社会生产条件进行社会学研究。这意味着什么？

如果不首先研究一个相对自主的科学场域的出现和该

场域自主化的社会条件,就不能对"殖民地""科学"的社会生产条件进行社会学研究。一个场域便是一个世界,在这个世界中,生产者的特征由他们在生产关系中的位置,即他们在某一特定的客观关系空间中所占据的位置决定。与孤立的个人研究的预设相反,例如,在"作者及其作品"类型的文学史中,每个生产者最重要的特性存于他和他人的客观关系中,也就是说,存于自身之外,存于客观竞争的关系中,等等。

我们首先需要确定,在场域中马斯克雷(Masqueray)、德帕尔梅(Desparmet)或莫尼耶(Maunier)等人的"殖民地""科学"生产出了殖民话语的场域,这一场域的具体属性是什么,以及这些属性在不同时期是如何变化的。换句话说,我们需要分析这个相对自治的科学领域与殖民国家、中央智识权力(也就是当时的宗主国科学)之间的关系。确实存在着双重依赖性,而且它们会互相抵消。在我看来,这个相对自主的场域的普遍特点是(除了杜特[Doutté]、莫尼耶等人所讲的)高度依赖于殖民国家,但高度独立于国家(和国际)的科学场域。其"科学"生产的一整套特性由此而生。那么,我们就必须分析这个场域与国家、国际科学以及当地政治场域之间的关系的变化,分析这些变化如何在生产中被转化。

场域的重要属性之一在于它隐含地定义了"不可想象"的东西——那些甚至未经讨论的东西。有正统和异端,但也有信念(doxa),即一切不言而喻的东西,特别是那个决定有趣/无趣的分类系统,那些因没有需求而无人认为值得一提的东西。今天上午我们谈到了这些不证自明的东西,夏尔-安德烈·朱利安(Charles-André Julien)描述了一些令我们十分震惊的知识背景。最隐蔽的事情是大家一致同意——同意到连提都不提——的事情,无可置疑、无需赘言的事情。这正是历史文献极有可能掩盖得最彻底的事情,因为谁也不会想到要把不证自明的事情写出来;而这也是线人沉默着闭口不言或省略不说的事情。当某人想做社会科学的社会史的时候,他如果想做的不仅仅是分配赞扬和责备,就必须去思考这些无人提及的事情。问题不在于把自己设定为法官,而在于:去了解这些人为何不能理解某些事情,无法提出某些问题;去确定(必然的)错误的社会条件,因为错误是历史条件、决定的产物。在特定时期的"不言而喻"中,有法律上不可想象的、不可名状事情(例如政治上不可想象的事情),有禁忌,有不能处理的问题,也有事实上不可想象的事情,有当时的智识工具不可能想到的事情。(这就是为什么错误不是按好意或恶意来分配的,也是为什么好意可以做出坏社会学)。

这样一来,人们就会以完全不同的方式提出与研究对象——本地的或外地的、"同情的"或敌对的研究对象,等等——的特权关系问题,人们对殖民社会学的讨论和去殖民化社会学的可能性就被困于这种特权关系中。我认为,从一个享有特权的角度出发提出的问题需要被取代,代之以对与科学对象之关系的科学控制(在我看来,这是构建真正的科学对象的基本条件之一)。无论社会学家或历史学家选择什么样的对象,这个对象——他构建对象的方式——并不会提出历史学家或社会学家作为个体主体的问题,而是会提出社会学家的相关社会特征和研究对象的社会特征之间的客观关系问题。社会科学的对象和研究者对待它们的方式总是保有一种与研究者的可理解的关系,因为研究者是在社会学层面上被定义的,即由某一特定社会出身、大学系统内的某一特定位置、某一特定学科等指标所定义。例如,我认为,在科学的框架内,主流价值观的支配是通过一个中介来实现的,该中介就是学科的社会等级制度,它把哲学理论放在顶端,而把地理学放在底层(这不是一个价值判断,而是一个经验观察,学生的社会出身随着从哲学到地理学,或者从数学到地质学而下降)。每时每刻,都存在研究对象的等级制度和研究主体(研究者)的等级制度,它们对研究对象在研究主体中的分配起着决定性作用。从来没有人说(或仅有少数人说):"考虑到你的身份,你应该学这一科,而不是那一科,应该用这种方法——'理论的'或'经验的'、'基础的'或'应用的',而不是那种方法,应该用这种方式——'聪明的'或'严肃的',而不是那种方式来呈现结果。"这样的提醒,在大多数时候相当多余,因为人们只需放手让内心的审查自由发挥,这种审查只是社会和学术审查("我不是理论家","我不会写作")的内化。所以,没有什么比主客体之间的关系更缺少社会中立性了。

重要的是,要具备把自己与客体的关系客观化的能力,这样一来,关于客体的话语就不会是某种与客体的无意识关系的简单投射。当然,一切科学装备都是使这种客观化成为可能的技术;只要人们明白,这些装备本身必须受到历史的批判,因为它们每时每刻都继承了先前的科学。

最后,我想说的是,外人或本地人的特权问题无疑掩盖了一个非常真实的问题——无论是在分析卡拜尔仪式的时候,还是在分析这个房间里、学生示威中,或汽车厂里发生的事情的时候,这个问题都会出现:作为观察者或能动者意味着什么,一言以蔽之,实践是什么。

进阶阅读

皮埃尔·布迪厄,《科学场域》,载《社会科学研究学报》(Le Champ scientifique, *Actes de la recherche en sciences sociales*, 2-3, juin 1976, pp. 88-104)。

7 社会学家的悖论

1977年10月在阿拉斯发表的演讲，发表于《西北风》(Noroit)。

今天我要提出的核心观念是，认识论和政治理论不可分割：每一种政治理论都——至少以隐含的形式——包含着对社会世界的认知理论，而对社会世界的认知理论是按照对立的方式组织起来的，与对自然世界的认知理论非常相似。在后一种情况中，存在一种经验论和建构论的传统对立，前者认为认知从现实中借用其结构，后者认为对象只有通过建构行为才能被感知。在对社会世界，如社会阶级的认识问题上，我们发现了同类型的对立，这并非偶然。我们再次发现了两种对立的立场，而这两种立场并不是以我赋予它们的粗暴而简单的方式来表达的：对有些人来说，社会阶级是现实存在的，社会科学只是登记并记录它们；对另一些人来说，社会阶级、社会分化是社会学家或社会能动者的建构。那些想否认社会阶级的存在的人往往会指出，社会阶级是社会学建构的产物。在他们看来，社会阶级之所以存在，只是因为社会学家建构了它们。

（我应该直说，社会世界的认知理论提出的基本问题是科学意识与日常意识之间的关系。建构行为是科学家的工作还是当地人的工作？后者是否有认知的范畴，又从哪里得到这些范畴，科学所建构的范畴与日常能动者在其实践中实施的范畴之间的关系是什么？）

回到我最初的问题：社会世界是如何被感知的，什么样的认识论可以解释我们将世界感知为组织化的世界这一事实？实在论会说，社会阶级是现实存在、可以用客观指标来衡量的。实在论的主要反对意见在于，在现实中，从来没有任何断裂的现象。收入是连续分配的，大部分附加在个人身上的社会属性也是连续分配的。现在，科学的建构，甚至还有日常的感知，在观察者看到连续性的地方，看到了断裂。比如，从严格的统计学角度看，我们显然无法说清穷人和富人的分界点。但日常意识却认为有富人和穷人之分。年轻人和老年人也是一样的。年轻何时结束？老年从哪里开始？城市的终点在哪里，郊区的起点在哪里？据说，两万人以上的城镇比两万人以下的城镇更左倾。为什么是两万？人们完全有理由质疑这种划分。这是第一个反对意见：分化是建构的，还是被发现的？

在知识社会学层面提出了第一个对立（即我们通过建构还是通过记录来认识社会世界？）之后，我想再用政治术语来表述一遍。（插入几个以"主义"结尾的术语：这些概念，在艺术史、文学史或哲学史中，与在政治理论中一样，大多是为特定论战目的而发明的——因此是在一个相当严格的历史语境中发明的——历史概念，然后这些概念被用在了那个语境之外、超越了那个语境的地方，因此被赋予了一种跨历史的价值。我将要阐述的一系列"主义"概念都相当轻率地为人所用了。）回到第二个更明显的政治对立，即在科学的或理论的客观主义与主观主义或自发主义之间建立的对立：这是在19世纪末困扰着社会思想的问题之一，马克思主义传统称之为最后的灾难问题。我可以将这个问题粗略地表述为：革命是刻在历史逻辑之必然进程中的产物，还是历史行动的产物？那些认为可以认识社会世界的内在规律，认为可以指望这些规律产生"最后灾难"的人，与那些对历史规律提出质疑，主张实践、主体、历史行动优先于历史之不变规律的人相对立。

这种对立被归结为一个最基本的表达方式：决定论科学主义与主观主义或自发主义之间对立，我们可以十分清楚地在社会阶级方面看到这一对立。如果我以社会阶级为例，那么这并非偶然。它既是社会学家为了对现实进行概念化所需的东西，又是现实中"存在"的东西，也就是说，它既存在于财产的客观分布中，又存在于构成了社会现实的一部分的人们的头脑中。这是有待思考的最复杂的问题，因为你要试图去思考你用什么来思考，而这件事无疑至少在某种程度上是由你所想要思考的东西决定的；所以我真诚地承认这一点，我很可能把它说得不太令人满意。

在政治上，知识问题是以政党与群众的关系的形式提出来的。在此问题上提出的许多问题，都是知识社会学中主客关系这一经典问题的自觉或不自觉的移植。社会学家萨托利（Sartori）以强大的逻辑和严谨性提出了超主观主义的观点：他问道，在英、法、意三国工人阶级的处境中观察到的差异原理，是否存在于政党相对自治的历史（即能够通过其表征，或在与社会现实的符应中建构社会现实的集体主体）中。当前，这个问题尤为突出。政党是表达了差异，还是生产了差异？根据卢卡奇所表述的介于超主观主义和超客观主义之间的理论，政党只是向无产阶级揭示了他们自身，是一种用助产士的比喻来表达的思想。

认识论上的对立和政治行动上的对立难道不能叠加吗？我们如果不得不根据社会世界的不同思想家在这两个

问题上的立场，将他们分配在一种理论空间里，就会发现，这些答案并不是相互独立的。在人类学领域，不存在直接的政治问题，主要的分歧是主观主义和客观主义的对立。客观主义传统把社会世界设想为一个独立于能动者的有着客观规律的宇宙，并从一个置身于行动之外的、公正的观察者的立场出发，从高处俯视被观察的世界。民族学家是重构某种不成文的乐谱的人，这种乐谱隐藏在能动者的行动背后，能动者自以为是在即兴创作自己的旋律，而实际上，无论是在婚姻交换还是语言交流中，他们都是在执行某种超验的规则体系，等等。相反，萨特在《辩证理性批判》（*Critique de la raison dialectique*）中明确对列维-斯特劳斯以及客观主义产生的物化效应提出了异议。胡塞尔的弟子舒茨（Schütz）提出了一种社会世界日常经验的现象学。他试图描述素朴状态下的社会能动者如何体验社会世界，在美国，这一传统一直延续到了所谓的"常人方法学"（ethnométhodologique）——一种严谨的主观经验世界现象学——的潮流中。它是客观主义描述的绝对对立面。正如戈夫曼（Goffmann）的一些作品所表明的那样，在它的极端形式中，社会世界是个人行动的产物。顺从、恭敬之类的个人行动的无限延伸最终产生了等级制度，而远非因为有等级制度，所以人们恭敬行事。其中的政治含义非常明显。一方面，存在客观的支配结构、客观的权力关系的语言；另一方面，微乎其微的恭敬行为累积起来，产生了社会关系的客观性。一边是决定论，一边是自由和自发性。（"如果每个人都不再向伟人致敬，就不再会有伟人等事物了。"）这显然是一个重大问题。这一点也很明显：在处理分化为不同阶级的社会的时候，社会学比人类学更难把知识问题与政治问题分开（虽然人们几乎总是这样做）。

在马克思主义传统中，客观主义倾向与唯意志论或自发主义理论之间长期存在斗争，前者试图在现实中寻找阶级（因此有一个永恒的问题："有多少阶级？"），后者则认为阶级是人为创造的东西。一边谈论的是阶级条件；另一边谈论的是阶级意识。一边谈论的是生产关系中的地位；另一边谈论的是"阶级斗争"、行动和动员。客观主义的视界更多是学者的视界；自发主义的视界则更多是好战者的视界。事实上，我认为，在阶级问题上采取什么样的立场，取决于自身在阶级结构中的位置。

我在不久前写的一篇论文中，提出了一些问题，今天晚上我想谈谈这些问题。一个民调组织要求一组样本中的人将一些政治家与一些选定的对象联系起来，就像人们在聚会游戏中做的那样（"如果他是一棵树，那么他会是一棵什么树？"）。如果那位政治家是一棵树，那么他是梧桐还是橡树，或是其他什么树？如果他是一辆汽车，那么他是劳斯莱斯还是保时捷，是雪铁龙 2CV 或是其他什么车？从表面上看，这是一个无关紧要的小游戏。然而，当有人请他们将两组他们显然毫无观念的事物——一方面是一组政治家，另一方面是一组物——联系起来时，被试想出了一系列连贯的归因。比如对于塞尔旺－施赖贝尔（Servan-Schreiber），他们给出的是：如果他是一棵树，那他就是一棵棕榈树；家具的话，是诺尔牌家具[1]；汽车的话，是保时捷；亲戚的话，就是女婿。你可以从这些观念中发现，塞尔旺－施赖贝尔有一个华而不实的暴发户的形象，有着他所属的新资产阶级身份的全部面向。（事实上，报纸告诉我们，他在巴黎的家里确实有诺尔家具）。换句话说，只要他是整个阶级中的某一部分人的"风格"的承载者，人们就会对他有一个整体的直觉。

自然物（树木、花朵，等等）不是被社会性地预先构成的，而是通过对社会性的感知图式的应用构成的。但帽

---

[1] 诺尔（Knoll）是美国设计公司，主要设计、生产高端家具，有超过 40 件诺尔的家具设计作品被纽约当代艺术博物馆永久收藏。——中译者注

子（礼帽、顶帽、鸭舌帽、贝雷帽，等等）或游戏（桥牌、勃洛特纸牌［Belote］，等等）都是已在现实本身之中被分好类的对象，因为仅仅通过戴上贝雷帽，或鸭舌帽，或根本不戴帽子，人们就对自己进行了分类，就知道自己在做什么。所以，社会学家所运用的分类是二阶分类。你可以说，人们所做的归因是由一种社会感（sens social）执行的归因，这种社会感是一种准社会学，是一种对社会地位和品味之间的对应关系的实用的、有理有据的直觉。

现在，我要着手回答开头提出的问题了：社会世界的表征是对现实分化的忠实记录，还是一种由对分类图式的应用所执行的建构？能动者终其一生都在通过占有本身已被分类的对象来对自己进行分类（因为这些对象与能动者的类属相关联）；同时，他们也通过占有被他们自己分类的对象来对其他人进行分类。所以，对象的分类是对象自身的一部分。社会中所有能动者的大脑中都有大致相同的分类系统。因此，我们可以说，存在两种客观性的规则：一是我可以根据收入、学历、子女数量等指标构建的客观阶级；二是存在于所有被科学分类的能动者心中的客观阶级。这些分类是能动者争夺的东西。换句话说，存在着分类斗争，它是阶级斗争的一个方面。马克思在《关于费尔巴哈的提纲》中粗略地谈过，唯物主义的问题在于它抛弃了唯心主义的观念（认为对象是我们建构的产物），它认为唯物主义的认识论是对世界的反映，而事实上知识是一种生产，是一种集体劳动。现在——正如我所说——这种生产是对抗性的。分类系统是社会产物，因此，它们在一场永恒的斗争中互相搏斗。这些都非常抽象，但我可以回过头来谈一些极其具体的东西。举个例子：集体协议是雇主、工会各方团体之间的产业斗争的记录。斗争是为了什么？是为了争夺言辞、分类、差别。大多数可供我们用来表达社会世界的言辞都处于委婉语和侮辱之间。比如，"乡巴佬"（plouc）是一种侮辱，"种田人"（agriculteur）则是一种委婉说法；在这两者之间，还有"乡下人"（paysan）。从来没有什么描述社会世界的中性词，同一个词在不同人口中有不同的含义。就拿小资产阶级这个词来说吧：这个词集中了那一类人的某些特定的典型属性，在哲学或文学的争斗中，它经常被用作一种侮辱（"小资产阶级"、"杂货商"，等等），无论人们要做什么，它都会成为论战武器。

在日常生活中，我们不断地将他人物化。侮辱就是一种物化（"你只不过是……"）。它把对方还原为他的一种属性，且倾向于将其还原为一种隐蔽的属性；它把他还原为他的客观真理（一种司空见惯的说法）。有人说："我很慷慨、无私，等等。"随之而来的回答是："你只不过是为了谋生。"这是一种朝向零度的还原。（唯物主义有某种要落入经济主义的特殊倾向，这与日常分类斗争的自发倾向是一致的，它包括把对方还原为他的客观真理。而最基本的还原就是将其还原为经济利益。）

在日常实践中，客观主义与主观主义之间的斗争是永恒的。每个人都试图把自己的主观表征强加给别人，使之成为客观表征。处于支配地位的能动者有办法迫使被支配者按照他的意愿来看待他。在政治生活中，每个人在面对对手时都是客观主义者。事实上，我们在对待别人时都是客观主义者。

客观主义的科学主义和恐怖主义的某种形式之间存在一种共谋关系。科学主义的姿态所固有的客观主义倾向，与社会世界中的某些立场有关，尤其与一个在思想上支配着世界的研究者立场有关，后者给人这样的印象，即他对世界的思考是那些沉浸在行动中的人无法企及的。经济主义是对比较懂经济学的那些人的诱惑。另一方面，积极参与行动的人则倾向于自发主义。客观主义和主观主义的对立是事物本质的一部分；它是历史斗争本身。比起巴枯宁

（Bakounine），马克思更可能拥有巴枯宁的真理；比起马克思，巴枯宁更可能拥有马克思的真理。在任何情况下，一个人不可能同时既是马克思又是巴枯宁。你不可能同时处于社会空间中的两个地方。一个人处在社会空间的某一个点上，这一事实是与潜在的错误联系在一起的：主观主义的错误或客观主义的错误。只要有社会空间，就会有斗争，就会有争夺支配权的斗争，就会有支配的一极和被支配的一极，因而就会有对立的真理。无论人们要做什么，真理都是对立的。如果说有一点是真的，那就是真理是斗争中的要害。

我认为，在劳工运动中，总是存在集权的、科学主义的倾向和更为自发的倾向之间的斗争，而为了进行党内斗争，这两种倾向中的每一种都依赖于工人阶级自身内部的真正对立：前者向下层无产阶级、底层阶级呼吁；后者向工人阶级的精英呼吁。这种对立就是历史本身，试图取消这种对立的一元论主张是反历史的，因此是恐怖主义的。

我不知道我的论证是否正确。我在最后说的话并非信条。我认为它是从分析中流露出来的。

8 说意味着什么

1977年10月30日在利摩日法国法语教师协会大会上发表的论文，1978年刊载于《今日法语》(Le Français aujourd'hui)，第41期，第51-57页。

如果说社会学家可以发挥什么作用，那么与其说他们的作用是给人上课，不如说是为人提供武器。

我来这里是为了参与你们的讨论，并试图为那些在某些教育问题上有实践经验的人，提供社会学研究的工具，以解释和理解这些问题。

因此，如果我要说的话令人失望，甚至令人沮丧，那么这并不是因为我乐于让人们失望；恰恰相反，这是因为对现实的了解会将人们推向现实主义。社会学这门手艺的诱惑之一就是社会学家自己所说的社会学主义，也就是把历史规律或历史规则转化为永恒规律。这就是社会学研究成果难以传播的原因。人们必须不断地把自己置于两种角色之间，一种是扫兴之人——卡珊德拉[1]，另一种是乌托邦

---
1 卡珊德拉(Cassandra)，希腊、罗马神话中的特洛伊公主，阿波罗的祭司。（转下页）

思想的帮凶。

今天，在这里，我想把你们中的一些人为此次会议起草的问卷当作出发点。我想从这里开始，因为我想尽可能具体地谈话，并且避免出现这样一种情况（因为在我看来，这是所有真正交流的现实条件之一），即讲话者——有效垄断言论的人——完全把自己的探究的任意性、自身利益的任意性强加于人。如今，无论是话语权的垄断者还是遭受话语垄断的人，对强加言论的任意性的认识越来越普遍。为什么在特定的历史环境中，在特定的社会情境中，我们会对这种强加——总是隐含在某种权威情境，或某种授权情境（教师就是这种情境的模型）的"发言"中的强加——感到焦虑不安呢？

所以，为了化解我自己眼中的这种焦虑，我以你们中的一群人真实提出的、你们所有人都可能产生的一些问题为出发点。

这些问题围绕书面表达和口头表达的关系展开，我们可以将其表述为："口语表达可以教吗？"

（接上页）因神蛇以舌为她洗耳或阿波罗的赐予而拥有预言能力，又因抗拒阿波罗，她的预言不被人相信。因此，卡珊德拉即使拥有预言的能力，却不能改变未来发生的事，只能眼睁睁看着痛苦的事情一件件发生。这里用她来形容社会学家是不为人所信的预言家。——中译者注

这个问题是上千年前柏拉图提出的问题的现代重述："优秀可以教吗？"这是一个相当核心的问题。人们能教点什么？能不能教一些学不到的东西？能不能用口语（即用来教授的工具）来教别人口语？

这样的问题并不是在历史上任何时候都会出现的。如果，比如说，它出现在了柏拉图的对话中，那么在我看来，这是因为当教学受到质疑，教学问题就会出现在教学中。当教学陷入危机，对教学意义的批判性探究就会出现。在正常的时候，在所谓的有机统一阶段，教育是不会对自己提出质疑的。教育系统运作得太好——或太坏——的特性之一就是它极端自信，有一种自我确证（在法语中，我们谈论语言中的"确证"并非偶然），这种确证来自人们不仅肯定会听见它，而且肯定必须洗耳恭听，这种肯定是所有权威或授权话语的特征。所以，这种质疑不是无时间性的，而是历史性的。这种历史状况是我要反思的。它与教学关系的状态、与教育系统和整个社会——社会阶级的结构——的关系的状态、与语言的状态、与教育机构的状态有关。我会从语言在教育中的使用所产生的具体问题出发，尝试说明：人们可以解决语言社会学（或社会语言学）的最基本问题，也可以解决教育系统的社会学的最基本问题。因为，在我看来，如果社会语言学把课堂这个非常特殊但又相当典型的空间作为其思考和构成的场所，如果社会语言学把课堂语言这个非常特殊的语言使用方式作为其对象，那么社会语言学就会更快地从抽象中走出来。

我转向第一组问题：您是否尝试过教授口语表达？您遇到些什么困难？您遭遇过反抗吗？您碰见过学生的被动……

我马上想问："教授口语表达？哪种口语表达？"

就像在所有口语甚至书面活语中一样，这里有着一个隐藏的意图。在提出这个问题时，每个人都有一套前提条件。既然心理结构是内化的社会结构，那么人们完全可能参照书面表达和口语表达的对立，提出这样一个相当经典的对立：杰出者和庸俗者、正式之物和通俗之物、"精心的"符码和"限制的"符码等事物之间的对立，所以伴随着口语教学的很可能是整个民粹主义的氛围。教授口语表达，这就意味着要教授从街头巷尾学来的语言，而这已然让我们陷入了一个悖论。换句话说，难道不是这门语言本身的性质提出了一个问题吗？或者，换个说法，人们所想要教授的这种口语表达难道不是已经——非常不平等地，从某一教育机构到另一教育机构——被教授过的东西吗？比如我们知道，各个高等院校对学生的口试能力的培训很不对等。培养学生从政的教育机构——如巴黎政治学院或国家行政学院（École Nationale d'Administration）——比培养学生从事教学、工程的教育机构更多地教授口试，并在评估中更重视口试。例如，在巴黎综合理工学院，他们搞的是所谓的大口试，它完全就像客厅谈话一样，需要某种类型的语言、文化。谈论这种口语的"口语教学"一点也不新鲜；已经有很多人谈论过了。这种"口语"可能是资产阶级晚宴的语言，可能是国际座谈会的语言，等等。

所以，仅仅问"我们是否应该教授口语？"和"我们应该教授哪种口语？"是不够的。我们还必须问，是谁来定义教授哪种口语。社会语言学的一条规律是，在特定情况下所使用的语言不仅——像内部语言学所认为的那样——取决于说话者的（乔姆斯基意义上的）资格能力，而且还取决于我所谓的语言市场。根据我所拟定的模型，我们所产生的语言是说话者的资格能力和他的语言所供应的市场的"结果"；在一定程度上，语言取决于接受的条件，而这一点需要得到更严格的评估。

所以，每一种语言情境都作为一个市场发挥作用，讲话者把他的产品放入这个市场，他为这个市场生产的产品取决于他对市场价格的预期。不管愿不愿意，进入教育市场的时候，我们都对自己将获得的利润和处罚有一个预期。社会语言学要解决的一大谜团就是这种接受感。我们在学习语言的同时，绝不会不学习该语言的可接受性条件。换句话说，学习一门语言意味着同时学习这一点，即该语言会在如此这般的情况下有利可图。

我们学习说话，学习预先评估我们的言说将达到的价格，这两件事是同时进行的；在教育市场中——教育市场为此提供了一个理想的分析情境——这个价格就是所获得的分数，这个分数往往意味着物质奖励（如果你在巴黎综合理工学院的毕业考试中没有获得好成绩，你最终将只会成为法国统计局的一名行政人员，少赚三分之二的钱……）。因此，每一种语言环境都像一个交易市场那样运作。所交易之物当然是语言，但这些语言并不只是为了让人理解而说出来的，交流的关系从来都不只是交流的关系，它也是一种经济关系，在这种关系中，讲话者的价值成败在此一举：他讲得好不好？他是否聪明？有人会嫁给他吗？……

进入教育市场的学生们会对奖惩的时机有所预期，这种或那种语言会招来奖励或惩罚。换句话说，学术情境作为一种特殊类型的语言情境，对那些——鉴于他们所拥有的语言能力——能够不假思索、准确地预测自身所拥有的获利或受损的机会的人,施加了极严格的审查。有些人的沉默只是出于自身利益。

这张问卷提出的一个问题是想知道谁控制了课堂情境。教师真的是掌权者吗?教师真的会积极主动地去定义可接受性吗?教师控制着市场规律吗?

那些有从事口语表达教学经验的人遇到的所有矛盾都源于以下命题:事关界定其课堂这一特定市场的法则的时候,教师的自由是有限的,因为他永远无法创建"一个帝国中的帝国"——一个子空间,一个支配市场的法则被悬置的空间。在进行更深入的探讨之前,我们需要回顾一下学术市场极为特殊的性质。它被对法语教师的迫切需求所支配,如果每个人都有同等的拥有法语能力的机会,那么法语教师就可以合法地教授那些本不需要教授的东西,并且法语教师拥有这两个意义上的纠正的权利:语言的正确性(correction)(精练的语言)就是纠正(correction)的产物。在语言问题上,教师有点像少年法庭法官:他有权纠正和处罚学生的语言。

我们想象一下,比如说有位民粹主义的老师拒绝这种纠正的权利,他说:"谁想说就说吧,最美的法语是街头法语。"其实，不管他的意图是什么，这位老师依然处在一个通常不服从这个逻辑的空间里，因为在这个空间里很可能会有其他老师要求学生严谨、正确得当、有拼写能力……但是，即使我们假设，整个教育机构都这样被改造了，但对学生进入市场的机会的预期也会使他们提前进行审查，他们需要很长时间才能放弃正确性和矫枉过正（hypercorrection）[1]——它们出现在所有语言层面，或者说社会层面不对称的情境中（尤其是在调查情境中）。拉波夫（Labov）的所有工作都是通过一整套技巧才得以实现的，这套技巧旨在摧毁语言学上的假象，该假象仅因此而产生：让一个"有能力的"讲话者和一个"无能力的"讲话者面对面，前者感觉得到了授权，后者感觉得不到授权。同样，我们在文化方面所做的所有工作，都是为了克服合法性强加的影响，仅提出一些有关文化的问题便会产生这种影响。在调查情境（类似于学术情境）中，向那些认为自己没有文化的人提出有关文化的问题，这一做法会将他们真正感兴趣的一切都排除在他们的话语之外。然后，他

---

[1] 矫枉过正（或过于讲究）在社会语言学中指一种语言的不规范使用，它是因过度使用一种感知到的语言使用规则而导致的非标准的语言使用。矫枉过正的讲话者通常认为某种形式的语言更"正确"、更标准，或更可取。矫枉过正常常与想要表现出正式感或受过教育的愿望结合在一起。——中译者注

们就会寻找一切可能与文化相似的东西。所以当你问"你喜欢音乐吗?",你永远不会得到"我喜欢黛莉达(Dalida)"的回答,而会得到"我喜欢《施特劳斯圆舞曲》"的回答,因为对于大众的能力来说,这个回答最类似人们对资产阶级喜好的想法。在所有革命情境中,民粹主义者总是遇到这种市场规律的报复,当人们认为自己违反了市场规律时,市场规律似乎会发挥最强烈的作用。

回到这个话题的出发点:谁来定义可接受性?

教师可以自由地放弃自己"讲话大师"的角色,这一角色——通过制造某种类型的语言情境,或者仅仅让物的逻辑(讲台、椅子、话筒、距离、学生的惯习)自行演进,或者让生产出某种类型的话语的规律发挥作用——不仅在他自己那里,而且在他的对话者那里生产出了某种特定类型的语言。但是,只要接受性的一般规律不发生变化,教师能在多大程度上操纵接受性的规律而不陷入异常矛盾呢?这就是法语口语教学实验的魅力所在。若不对教育系统提出最具革命性的问题,人们无法触及这样一个如此关键而又自明的东西。人们能在不改变一切界定市场上不同阶级的语言产品之价值的规律的情况下,能在不改变语言领域的支配关系,也就是说不改变支配关系的情况下,改变教育系统中的语言吗?

我现在要谈一个尽管我认为是必要的,但仍对它有所迟疑的类比:法语教学的危机与宗教礼拜仪式的危机之间的类比。礼拜仪式是一种仪式化的语言,它是完全编排好的(包括动作和语言),其顺序完全可预测。拉丁文的礼拜仪式是一种语言的极端形式,它虽然不被理解,但却得到了授权,而且在特定条件下,作为一种语言,其功能是令发出者和接收者满意。在危机情境下,这种语言会停止运作;它不再发挥其主要效应,即引发信仰、尊重和接受——即使不为人所理解,也能使它自身为人所接受。

礼拜仪式的危机,这种不再发挥作用、不再有人听、不再有人相信的语言的危机提出了这一问题,即语言与制度的关系问题。一种语言陷入危机,出现了该用什么语言讲话的问题,这是因为制度陷入了危机,是因为授权的问题已经被公开——权威规定了如何讲话,并且授予了讲话的权威和许可。

在离题讨论了教会之后,我想提出以下问题:语言危机与教育制度的危机是两件事吗?语言制度的危机难道不就是教育制度的危机的表现吗?依据其传统定义,在法国教育系统的有机统一阶段,法语教学不成问题,法语教师对自己的角色有把握。他知道必须教什么、如何教,他遇到的学生愿意听他讲话、理解他,遇到的家长都善解人意,能够领会那种理解。在那种情况下,法语教师就是主持仪式的神父。他颂扬对法语的崇拜,捍卫并说明法语;强化了法语的神圣价值。这样做,他也捍卫了自己的神圣价值。这一点非常重要,因为信心和信仰是对自身利益的认识,而人们会将掩盖这种认识。如果说法语的危机引发了如此剧烈的个人危机——和我们在1968年五月风暴及后续事件中看到的危机同样强烈,那么这是因为,(由于法语作为一种市场上的商品,具有价值)有一部分人陷入了困境,他们在捍卫自己的价值、自己的资本。他们已经做好了为法语……或者为法语的拼写献身的准备!类似这种情况:当拉丁语突然贬值的时候,那些花了十五年时间学习拉丁语人就会像俄国债券持有者一样……

危机的影响之一是,它开启了对教育系统的隐性条件、预设条件的质疑。当危机把一定数量的预设条件暴露出来之时,我们就可以提出预设条件的系统性问题,并追问必须有什么样的学术语言环境,才不会出现危机状况中出现的问题。语言研究的首要对象是确定沟通的前提,在这一点上,最前沿的语言学现在正与社会学联合起来。沟通的本质部分并不在沟通过程中。例如,在教学沟通中所发生的事情,其重要部分在于沟通之可能性的社会条件。就宗教而言,为了使罗马礼拜仪式生效,一定类型的发出者和接收者必须被生产出来。接收者必须倾向于承认发出者的权威;发出者必须能够不代表自己说话,而始终以代表、受命牧师的身份说话,绝不能自作主张地界定什么是该说的,什么是不该说的。

教育同样如此。为了让教师的日常话语——不言自明地被说出、被接受的话语——发挥作用,必须存在一种权威和信仰的关系,一种经授权的发出者和准备就绪的接收者之间的关系,而产生这种关系的并不是教学情境。

用比较抽象的语言快速概括一下:在教育权威的情境中,沟通的前提是有合法的发出者、合法的接收者、合法的情境和合法的语言。

它需要一个合法的发出者,也就是说,需要一个承认系统的隐含规律的人,该人凭借这一点而受到认可、被收编到系统中。它需要发出者认为值得接收话语的对象,这就假定了发出者拥有一种淘汰权,能够排除那些"不应该在那里"的人。但这还不是全部：它还需要那些愿意承认老师是老师的学生，还需要为老师授予了一种信用、一张空白支票的家长。它还需要——在理想情况下——接收者在语言上（也就是在社会上）应该是相对同质的，在语言知识和对语言的认知上是同质的，需要群体结构不应该作为一种审查系统——一种能够禁止必须使用的语言的审查系统——发挥作用。

在工人阶级占多数的班级群体中，工人阶级的孩子可能会将自身所处环境的语言规范强加于人，并贬低拉波夫所称的"懦夫"的语言，"懦夫"说一种面向教师的语言，即一种非常柔弱，甚至有点讨好的语言。所以，在一些反规范的社会结构中,学术语言规范可能会与之发生冲突。(相反，在资产阶级占多数的结构中，同侪审查与教师审查的方向是一致的：不"正确"的语言会自我审查，无法在教育情境中产生。)

合法的情境既构建了群体的结构，也创造了群体运作的制度空间。例如，存在一整套重要性的制度标志，特别是重要性的语言（重要性的语言有自己的修辞，其功能是诉说所讲内容的重要性）。在某人占据显赫位置（例如，在讲台上，在某个神圣场所中，等等）的时候，这种重要性的语言会有效得多。在操纵群体的策略中，有一种对空间结构和重要性的制度标志的操纵。

合法的语言是具有合法的语音和句法形式的语言，即一种符合通常的语法标准的语言，一种不断说（连同它所说的内容也在表达）自己说得很好的语言。在这种情况下，它暗示了它所说的是真的——这就是以假代真的基本方式之一。支配的语言所产生的政治效果之一就是："他说得这么好，肯定是真的。"

这一系列的属性构成了一个系统，并在教育系统的有机统一状态下集合在了在一起，定义了社会可接受性，即语言"传递"的状态：它被倾听（即相信）、服从、听到（理解）。沟通甚至可以通过暗示、使眼色来进行。有机情境的特性之一是语言本身，即严格意义上的语言的沟通部分倾向于成为次要部分。

在司仪神父这一常常落在艺术或文学教师身上的角色中，语言不过是一系列感叹词。夸赞之词，例如艺术评论家的夸赞之词，除了"感叹"，并无其他。感叹是基本的宗教体验。

在危机情境中，这种相互的信用体系就会崩溃。就像货币危机一样：人们开始质疑他们得到的代币的价值。

矫枉不足（hypocorrection）是各种有利因素共同赋予发出者的非凡自由的最好例证。它是小资产阶级言语矫枉过正的特征的对立面，矫枉不足之所以成为可能，只是因为违反规则之人（例如，未能使用一致的过去分词的吉斯卡尔·德斯坦）借助他的发言的其他方面——如发音之类的，也通过他所是的一切、所做的一切——用另一种方式来表达了如下意味：如果他想的话，他就可以正确地说话。

语言学的情境从来都不是纯粹的语言学，问卷调查所提出的、被当作出发点的问题，实际上提出了社会语言学最基本的问题（带着权威讲话意味着什么？沟通之可能性的社会条件是什么？），也提出了研究教育系统的社会学的基本问题，这些问题都是围绕着授权（délégation）这个终极问题展开的。

不管他知道与否、愿意与否，尤其在他自认为激进的时候，教师仍然是一个被授权的权威者。教师参照市场规律，或消极或积极地定义他在教室里建立的小市场的相对自主的规则，只要市场规律不发生变化，教师就无法在重新界定自己的任务的同时避免陷入矛盾或让他的接收者陷入矛盾。例如，一个教师完全有权拒绝纠正学生的言语，但若这样做，他就可能会损害学生在婚姻市场或经济市场上的机会，因为在这些市场上，支配语言市场的规律仍然大行其道。所有这些都不应该导致一种放弃。

产生一个独立于市场规律的自主空间这一乌托邦观念，只要不同时提出这个乌托邦普遍化的政治条件问题，它就是一个危险的观念。

为了超越乔姆斯基理想的发出者和讲话者的模式，进一步推进语言能力的概念当然会有所帮助。但您对能力的分析——从一切使表达合法的事物的意义上说——有时是相当不稳定的，尤其是市场的观点。您有时似乎指的是经济意义上的市场，有时又把宏观情境中的交换认定为市场，在我看来，这是模糊的。除此之外，您没有充分考虑到您所说的危机是一种次危机，本质上，它是与一个我们都参与其中的系统的危机联系在一起的。我们需要细化对学术领域或广义上的教育领域中的所有语言交流情境的条件的分析。

我在这里提到能力的模型和市场是经过了一番犹豫的，因为很明显，要适当地为它辩护，我需要更多的时间，而且必须阐明一些非常抽象的分析，这可能不是人人都感兴趣的。我很高兴你的问题给了我澄清几个要点的机会。

我确实赋予市场一词非常广泛的含义。在我看来，用语言市场这个术语来描述两个家庭主妇在街上聊天的关系，或者教育领域，或者招聘高管的面试情境，都是非常合理的。

只要两个讲话者交换言论，他们的能力之间就存在一种客观的关系，不仅是他们的语言能力（他们或多或少掌握合法的语言），而且还有他们的整个社会能力、他们讲话的权利。他们讲话的权利客观上取决于他们的性别、年龄、宗教、经济和社会地位——所有这些都是可能事先被知晓的，或者通过不可察觉的线索（他很有礼貌，戴着徽章，等等）被预料到的信息。这种关系使市场有了结构，并界定了某一特定类型的价格形成的规律。有语言产品的微观经济学，也有语言产品的宏观经济学，当然，微观经济学相对于宏观经济规律从来都不是自主的。例如，在双语的情况下，讲话者会以一种并非随意的方式改变自己的语言。我在阿尔及利亚和一个贝阿恩村观察到，人们会根据主题，但也会根据市场、讲话者之间的关系结构而改变语言。采用支配性语言的倾向随着对话者在预期语言能力等级中的地位上升而增加。对他认为重要的人，讲话者会尽量选用最好的法语。占支配地位的语言越占主导地位，占支配地位的讲话者就越在这个特定的市场中占支配地位。占主导地位的讲话者越能支配市场，例如在官方场合中，讲话者就越可能采用法语来表达自己。教育情境属于官方市场系列。这种分析没有经济主义。我并不是说每个市场都是经济市场。但也不能说不存在或多或少涉及经济利益的语言市场。

至于后半部分提问，它提出了科学抽象权的问题。你抽象出一些问题，你就在你自己定义的空间里工作。

在您用那一套属性定义的教育体系中，您认为教师还有回旋的余地吗？如果有，那么是什么？

这是个非常困难的问题，但我认为答案是肯定的。如果不相信有回旋的余地，我现在就不会在这里了。

更严肃地说，在分析层面上，我认为，我所说的话的实际后果之一是，无论追求什么目标（为学生准备中学毕业会考、介绍现代文学或语言学，等等），对以特定课程为场所的语言市场的具体规律的认识和了解，可以彻底改变教学方式。

重要的是要知道，一种语言产品的主要属性源自其接收者的结构。你只需查阅一个班的学生的记录卡，就能看出这种结构。在一个四分之三的学生都是体力劳动者的孩子的班级里，你必须意识到有必要阐明你的预设。任何有效的沟通都预设了社会学家所说的同辈群体的知识。每个老师都有过这种课堂经历，即他的教学可能会遭遇一种反教学、反文化。考虑到他想要传授的东西，他可以在一定范围内尝试（这是另一种选择）与这种反文化作斗争，这种反文化预设教师也知道它。知道它意味着知道——比方说——不同形式的能力的相对比重。在法国学校系统发生的各种深刻变化中，存在量变引发的质变。在一个学校班级中，工人阶级子女的代表超过了一定界限，班级的整体氛围就会发生变化，无序形式就会发生变化，与教师的关系类型就会发生变化。这些都是可以被实际观察的、被纳入考虑的事情。

但这一切只涉及手段。而事实上，社会学家也无法回答终极问题（应该教授什么？）。这是由社会阶级之间的关系结构决定的。教育内容的变化，甚至为了让教师度过危机而许给他们的自由，都源于这一点：对合法内容的支配性定义也存在危机，而支配阶级目前成了关于什么值得教授的冲突的场所。

我无法定义教育的项目（试图这样做是一种僭越——我得表现得像个预言家）；我可以简单地说，教师需要知道他们是被委托、被授权的，他们的预言效果本身仍是以制度的支持为前提的。这并不意味着他们不应该去争取自己对教学内容的定义的发言权。

您把法语教师描述为合法话语的合法传播者，合法话语通过一种很大程度上为支配的意识形态所"渗透"的工具——语言——来反映支配的意识形态和支配阶级。

您不觉得这样的定义也还是带有很强的还原论倾向吗？另外，您的访谈开头和结尾是矛盾的，您说法语课和口语练习也可以是提高警觉性的场所，同样的语言，可以是支配阶级模型的载体，也可以为我们面前的人和我们自己提供使用那些不可或缺的工具的途径。

我之所以在这里，在法语教师协会（AFEF）里，是因为我认为，语言也是一种工具，仅当人们学会如何让它发挥作用时，它才会生效。正是因为我们相信这一点，所以我们要求用更科学的方法来研究我们的学科。您觉得呢？

您认为课堂上的口语交流仅仅是一种合法性（它同时也

是社会和政治合法性）的形象吗？学校教室不也是社会——政治斗争——中存在的矛盾的对象吗？

但你这是误解我了！我从未说过语言是支配的意识形态。我甚至不认为我曾经在这里用过"支配的意识形态"这个说法……对我来说，这是非常遗憾的误解之一。事实上，我的全部努力都是为了摧毁语言和心智上的自动性，比如支配阶级/支配意识形态的联系。

合法是什么意思？这是社会学词汇中一个专业术语，我故意用了这个词，因为专业词汇使我们言说、思考一些困难的事情（并且严谨地思考它们）成为可能。一种制度，或者一种行为，或者一种用法，当它占据支配地位，但未被识别出来的时候，换句话说就是当它被默许的时候，它就是合法的。老师用的语言，你跟我说话用的语言（一个声音：你也用它！当然，我也用，但我一直在解释我用它这件事！），我们在这个空间里使用的语言是一种未被识别出来的支配语言，因此它被默许为合法。这种语言看上去不似其本来面目，凭借这一点，它发挥出了其影响的核心部分。这就引出了一个问题：如果说我们说的是一种合法语言，那么我们用这种语言所能说的一切，是不是都会受到这种语言的影响,即使我们运用这种工具是为了传播力图进行批判的内容?

这里还有另一个根本性的问题:这种支配语言,就其本身而言未被识别为支配语言,因此被承认为合法语言,难道它不与某些内容有亲和性吗?难道它不发挥审查的作用吗?难道它不会让某些事情难以或无法说出口吗?难道这种合法的语言不是为防止直言不讳而设计的吗?(但我不应该说"为……而设计"。社会学的原则之一就是要挑战那种消极的功能主义。社会机制不是马基雅维利式的意图的产物。它们比最聪明的支配者还要聪明得多。)

举一个无可争议的例子。在教育系统中,我认为合法的语言和某种特定的与文本的关系具有亲和性,该文本否定(精神分析意义上的)与文本所谈论的社会现实的关系。有些人以不阅读文本的方式阅读文本,如果文本被这样一些人阅读,那么主要是因为人们被训练着去说这样一种语言:在这种语言中人们说话是为了表明,他们不是在说他们正在说的话。合法语言的特性之一正是它会使人们所说的东西去现实化。让-克洛德·舍瓦利耶(Jean-Claude Chevalier)一针见血地指出:"教法语口语的学校还是学校吗?学校里教的口语还是口语吗?"

我将从政治的角度举一个非常具体的例子。令我印象深刻的是，那些会在闲聊中对管理层和职工、工会及其地方分支机构之间的关系进行非常复杂的政治分析的对话者，一旦我向他们提出在民意调查和学校论文中提出的那种问题，他们就会完全丧失信心，只会给出平淡无奇的回答。也就是说，如果问题需要的是个人采取一种风格，那么问题的对错就不重要了。教育系统教给人们的不仅是一种语言，而且还有一种与语言的关系，这种关系与事物、众生、世界捆绑在一起，是完全"去现实化"的。

进阶阅读

皮埃尔·布迪厄，《语言拜物教》，载《社会科学研究学报》（Le Fétichisme de la langue, *Actes de la recherche en sciences sociales*, 4, juillet 1975, pp. 2-32）；《语言交换的经济学》，载《法语》（L'Économie des échanges linguistiques, *Langue française*, 34, mai 1977, pp. 17-34）；《授权语言：仪式话语的社会效力条件的注解》，载《社会科学研究学报》（Le Langage autorisé, note sur les conditions de l'efficacité sociale du discours rituel, *Actes de la recherche en sciences sociales*, 5-6, novembre 1975, pp. 183-190）。

9 场域的一些属性

1976年11月在巴黎高等师范学院面向文字学家和文学史家的演讲。

场域同时呈现为各种结构化的位置（或职位）的空间，其属性取决于它们在这些空间中的位置，人们可以抛开（在某种程度上由它们所决定的）其占有者的特征对它们进行分析。场域的普遍规律：政治场域、哲学场域或宗教场域，这些不同的场域都有不变的运作规律。（这就是为什么普遍理论的计划不是没有道理的，也是为什么即使是现在，我们也可以利用所了解到的每个特定场域的运作情况，来质疑和解释其他场域，由此超越专题式的研究和形式化的空洞理论之间的决然对立。）每当人们研究一个新场域时，无论是19世纪的文字学、当代的时尚，还是中世纪的宗教，都会发现该场域所特有的属性，同时也会推动我们对场域的普遍机制的认识，这些机制是通过辅助变量而得到具体说明的。例如，国家变量意味着普遍机制——如挑战者和既有的支配行动者之间的斗争——会采取不同的形式。但我们知道，在每一个场域，我们都会发现斗争，我们每次都要在试图突破壁垒的新手和试图捍卫垄断、阻止竞争的支配者之间，去寻找斗争的具体形式。

场域——甚至科学场域——（首先）通过界定特定的赌注与利益来定义自己，这些赌注与利益无法被还原为其他场域所特有的赌注与利益（你不可能让哲学家去争夺地理学家感兴趣的奖项），也无法为那些未能进入该场域的人所感知（每一类利益都意味着对其他利益、其他投资的漠视，因此，这些利益与投资必然会被认作荒谬的、非理性的，或者崇高的、无私的）。一个场域要发挥作用，必须有赌注和被赋予了惯习、准备参加游戏的人，惯习意味着对该场域的内在规律、利害关系等事情有所了解和认识。

文字学家的惯习既是一种"手艺"，又是一个技术、文献，还有某套"信念"的集合，例如对注释和文本给予同等重视的癖好。这些属性来自该学科的历史（国内和国际的历史）及其在学科等级中的（中等的）地位，它们既是该场域运作的条件，也是该场域运作的产物（但不完全是这样：一个场域可能只是接受和奉行了某一特定类型的惯习，该惯习或多或少是完全构成性的）。

场域结构是参与斗争的能动者或制度之间的权力关系的一种状态，或者换一种说法，是某种特定资本的分配状态，而这些资本是在以前的斗争中积累起来的，它指导着以后的战略。这种结构支配着旨在改造它的战略，它本身也总是处于危急关头。该场域内发生的斗争事关对合法暴力（特定权力）的垄断，这种垄断是那个受到质疑的场域的特征，斗争归根结底意味着保护或颠覆特定资本的分配结构。（当人们谈到特定资本，这意味着他们是在说，这种资本相对于某一特定场域而言是有效的，因此在该场域的范围内有效，它只有在一定条件下才能转化为另一种资本。你只需要想想这一点就够了，比如皮尔·卡丹在试图将他在高级时装领域中积累的资本转移到高级文化中时所经历的失败。每一位最新的艺术评论家——作为一个结构上更合法的场域的成员——都觉得自己应该声明自身的结构性优越，会说卡丹在合法艺术领域中的所作所为全都不值一提，从而为卡丹的资本施加了最不利的转化率。）

在某一确定的权力关系的状态下，那些或多或少完全垄断了特定资本——某一场域的特定权力或权威的基础——的人倾向于保守的战略，在文化产品的生产场域，这些战略倾向于捍卫正统，而那些最不具备资本的人（他们往往也是新人，因此通常也是最年轻的人）则倾向于颠覆的战略，即异端（hérésie）战略。异端、异念，作为与信念的关键决裂（而且往往与危机相关），使得支配者从沉默中走出来，迫使他们生产出捍卫正统性的话语——右翼思想——以恢复对信念的默许。

场域的另一个不那么明显的属性是，场域中的所有能动者共享了一定数量的基本利益，即与场域存在有关的一切。这就导致了一种客观的共谋，而这种共谋是所有对立的基础。人们往往会忘记，一场斗争的前提是对立者就什么值得我们为之斗争的问题达成一致；这些一致的观点被保留在了"不言而喻"的层面上，被留在了信念中。（信念，换句话说，就是一切构成场域本身、游戏和利益的事物，就是所有人们仅仅通过玩耍、进入游戏就默许甚至不知不觉地接受了的预设。）那些参与斗争的人——或多或少，取决于具体场域——有助于再生产对利益之价值的信仰，进而也有助于再生产游戏。新玩家必须支付入场费，入场费包括对游戏之价值的认可（选择和融入总是非常重视对游戏的投入和投资的指数）和对游戏运作原则的（实际）了解。他们注定要使用颠覆的策略，但如果他们不想被排除在游戏之外，这些策略就必须保持在一定界限内。

不断发生在各个场域中的局部革命并没有对游戏的基础、游戏的基本公理、整个游戏所依据的终极信仰基石提出质疑。相反，在文化产品——宗教、文学或艺术——的生产场域，异端的颠覆性力量宣称要回到游戏的源头、起源、精神和真正的本质，以反对游戏所遭受的平庸化和退化。（总体革命不仅可以摧毁支配者及其支配，而且可以摧毁游戏本身。而进入游戏所预设的在时间、精力等方面的投资规模，就是为了保护各种游戏免遭总体革命的要素之一。就像通过仪式中的折磨一样，这种投资有助于使纯粹而简单地毁灭游戏这件事在实际中变得不可想象。因此，整个文化领域（其受众为文字学家，我总是不禁想起文字学）因获得必要的知识所需的成本而得以保存，哪怕获取这些知识是为了以适当的形式摧毁它们。具备对游戏规则的实际了解是对新进入游戏的玩家的默认要求，这种了解使得游戏的整个历史、游戏的整个过去都现存于游戏的每一个行为中。这绝非偶然：出现了一批生活的保管者（传记作家）和作品的保管者（文字学家、艺术史和文学史家），他们着手将草图、草稿、手稿归档，并"纠正"它们（"纠正"的权利是文字学家的合法暴力），解读它们，等等；这样一群人的出现——连同存在于每部作品中的、它与其他作品的客观(有时甚至是有意识的)关系的痕迹一起——充当了场域形成的最可靠的指标之一。这些能动者的兴趣在于保护场域中产生的东西,并以此来保护自己。场域历史在个人作品中(甚至在生产者的生活中)的痕迹,这是另一个标志着某一领域开始发挥场域作用的指标。为了证明这一点,我们可以举出一组对立:可以分析一下那些所谓的"天真的"画家(几乎是偶然进入这个场域的人,没有支付入场费和通行费,例如海关关税员卢梭〔douanier Rousseau〕)和当代艺术家(如雅里〔Jarry〕、阿波利奈尔〔Apollinaire〕或毕加索)之间的关系史;后者和那些不懂得如何玩这个游戏的人玩(字面意义上的玩,对那些人玩各种多少带有善意的恶作剧),他们想像未来主义和立体主义时代的布格罗(Bouguereau)或博纳特(Bonnat)那样作画,不同于杜尚(Duchamp),甚至萨蒂(Satie)那样的熟谙游戏逻辑、可以藐视游戏、同时会利用游戏的画家,他们并非有意地打破了游戏。然后,人们还必须分析后世对作品的解读的历史,这些解读——通过过度解读——将作品推入了历史的行列,并努力将这个周末画家(他的绘画的美学原则,如其肖像画那毫不妥协的正面性,是工人阶级在他们的摄影中所注入的原则)转变成有意识的、有灵感的革命者。

如果不了解一部作品的生产场域的历史，就不可能理解这部作品（以及它被赋予的价值，即信仰），这就是场域效应。这就是注释家、评论家、解释家、历史学家、符号学家和文字学家作为唯一有能力解释作品并承认其价值的人存在的理由。艺术社会学或文学社会学直接将艺术作品与生产者或受众在社会空间中的位置（他们的社会阶级）联系起来，而不考虑它们在生产场域中的位置（严格地说，这种"还原"只对"天真的"的艺术家有效），酝酿出作品的场域及其历史——恰恰是这些构成了艺术、科学或哲学作品——都被抛在一边。哲学（或科学等其他领域的）问题是被哲学家（或科学家）（在两种意义上）承认为哲学问题的问题（因为它是刻在这个场域的历史逻辑和他们的性情倾向中的，而这些性情倾向是由/为这个场域的成员资格历史性地构成的），并且由于他们受到承认，拥有特定的权威，这个哲学问题完全可能被非常广泛地承认为合法的。在这里，"天真的"生产者的例子也很有启发性。他们是被强加了画家或作家（甚至革命者）身份的人，这种强加是以一种他们没有完全意识到问题域的名义发出的。让-皮埃尔·布里塞（Jean-Pierre Brisset）的词汇联想——他打算在学术社团和学术会议上发表那一长串词语等式、重音和失谐——犯了一个证明他天真的"场域错误";如果不是雅里的"荒诞玄学"、阿波利奈尔和杜尚的双关语,或超现实主义者的自动写作创造了问题域,那么他的联想将仍旧是人们最初认为的那样,即一个疯子的胡言乱语。这些客体诗人和客体画家、这些"客观的革命者"使我们能够孤立地观察转化场域的力量。这种力量同样作用于——尽管以一种不那么引人注目但却有更坚实的基础的方式——那些了解游戏和问题域、知道自己在做什么(这丝毫不意味着他们是愤世嫉俗的)的专业人员的作品,因此,神圣的阅读在他们身上发现的必要性,并没有那么明显地表现为一种客观偶然事件的产物(但该必要性也是一种客观偶然事件的产物,因为它预设了某种哲学性情倾向与某种刻在场域中的期望状态之间的奇迹般的和谐)。海德格尔常常是被置换进哲学场域的斯宾格勒或荣格。他有一些很简单的说法:"技术"是西方的衰落;自笛卡尔以来,一切都在走下坡路;等等。 场域,或者更准确地说,专业人员的惯习,会事先根据场域的要求(例如,根据合法问题的主流定义)进行调整,会起到翻译机器的作用:在哲学中做一个"革命的保守派",这意味着要表明在这个以批判形而上学自居的哲学的根基处,存在更多形而上学,借此彻底改变康德哲学的形象。这种对问题和主题的系统化改造并不是有意识的（和愤世嫉俗地算计出的）努力的产物，而是以下事情的自动效果：归属于场域和对场域所蕴含的它自身的特定历史的掌握。做一名哲学家意味着要知道这一点，即自己需要知道哪些哲学史，才能在一个哲学场域中以一名哲学家的身份行事。

我想再次强调，哲学（或文学）策略的原则不是愤世嫉俗的算计，不是有意识地追求特定利益最大化，而是一种惯习与场域的无意识关系。我所说的策略是客观上面向目标的行动，而这些目标未必是主观上的追求。惯习理论旨在建立一种实践科学的可能性，它可以让人们避免被迫在目的论和机械论之间作选择。（利益这个词我已经用过好几次了，它也是非常危险的，因为它容易暗示一种功利主义，而功利主义是社会学的零度。也就是说，社会学不能不考虑利益的公理——它被理解为对利害关系的特定投资，既是加入某一场域的条件，也是其产物。）惯习是一种性情倾向系统，通过隐性或显性学习而获得，作为一个生成性图式系统，它生成的策略可以在没有为此目的而进行精心设计的情况下，客观上与创作者的客观利益一致。我们必须学会避免被迫在天真的目的论（比如说，根据这种目的论，促使阿波利奈尔创作《朗迪街的克里斯蒂娜》

[*Lundi rue Christine*]和其他"现成"诗歌的"革命"的背后的动机是使他自己成为那场桑德拉尔[Cendrars]、未来主义者或德劳内[Delaunay]所开创的运动的领袖)和机械论解释(它将这种转变视为直接而简单的社会决定的后果)之间作选择。当人们只需让自己的惯习遵循其本性,以服从场域的内在必要性,以满足场域中所包含的要求时(这正是每一个场域中的优秀的定义),他们毫无履行职责的意识,更不知寻求自身(特定)利益的最大化。因此,他们享受着将自己视为、被视为完全无私的人所带来的额外好处。

进阶阅读

皮埃尔·布迪厄,《时装设计师及其签名:对一种魔法理论的贡献》,载《社会科学研究学报》(Le Couturier et sa Griffe. Contribution à une théorie de la magie, *Actes de la recherche en sciences sociales*, 1, 1975, pp. 7-36);《海德格尔的政治存在论》,载《社会科学研究学报》(L'Ontologie politique de Martin Heidegger, *Actes de* la recherche en sciences sociales, 5-6, 1975, pp. 109-156);《实践感》(*Le Sens pratique*, Paris, Éditions de minuit, 1980)。

10 语言市场

1978 年 12 月在日内瓦大学的演讲。

考虑到听众的多样性，他们所代表的学科的范围、这些学科的能力水平等因素，我会尝试逐步阐述我要说的内容。实际上，这种多样性几乎已丰富得不能再丰富了。有些人可能会觉得我说得有些简单；而其他人可能会觉得我说得过于仓促、过于含蓄。首先，我将提出一些我认为根本性的概念和原则，希望在今天的课程上，我们能够澄清、讨论并回到那些我可能过于仓促地提及的问题上。

我基本上是想阐明一个非常简单的模型，它可以被表述为：语言惯习 + 语言市场 = 语言表达、讲话。我将从惯习的概念开始，依次解释这个一般公式的各个项。和以往一样，我想提醒大家不要盲目崇拜概念。人们需要谨慎对待概念，对它们进行检查，最重要的是，让它们在监督、控制、研究中发挥作用。这样才能逐渐完善它们，而不是通过纯粹的逻辑控制，使它们趋于僵化。我相信一个好的概念（惯习是其中之一）会摧毁很多虚假的问题（比如机械论与目的论的困境),并提出其他真正的问题。当它得到了很好的构造和控制时,它往往能抵御自身的简化。

在这一点上,粗略定义下的语言惯习可以与乔姆斯基所使用的能力(compétence)区分开来:前者是社会条件的产物,不是简单的语句生产,而是适应"情境"的语句生产,或者说,适应市场或场域的语句生产。"情境"这个概念,作为对所有只强调能力而忽略能力实施条件的理论的纠正,很早就被提出来了——我想到的是普列托(Prieto),他在其《心智学原理》(*Principes de noologie*)中强调了这样一个事实,即一系列的语言行为不能脱离对情境的隐性参照而得到理解(当我说"我"的时候,人们需要知道是我在说"我";否则可能是别人在说;想想笑话中使用的"我"和"你"之间的混淆,等等)。它尤其被用来质疑索绪尔模型的隐性预设,在后者那里,言语(parole)(如乔姆斯基的述行)被简化为一种执行行为,就像演奏乐曲或执行命令一样。情境的概念提醒我们,执行是有特定逻辑的;执行层面上发生的事情,无法简单地从有关能力的知识中推导出来。但是,我不禁思索,在保留仍然非常抽象的情境概念时,人们是否没有在做萨特在趋势理论中所抱怨的事情:通过跨越两个抽象的概念,即此处的情境和能力,来再现具体的东西。

诡辩派(Sophistes)曾经提出一个在我看来非常重要的观点,即时机(kairos)。作为教授演讲的老师,他们知道,仅仅教人们如何说话是不够的,还必须教他们说到要点上。换句话说,讲话的技艺、讲得好的技艺、产生修辞或思想的技艺、操纵语言、掌握语言,如果没有把这些技艺运用到要点上,它们就什么都不是。"kairos"最初的意思是靶心。说到要点上,就是打中靶心,击中要害。为了做到这一点,为了让你的话算数、切中要领,你不仅要说语法正确的话,而且要说社会层面上可接受的话。

我在《法语》上的一篇文章试图表明,乔姆斯基学派重提的可接受性这一概念仍然不够充分,因为它将可接受性降低为符合语法。事实上,社会学定义的可接受性的含义实际只是正确地讲一门语言。在某些情况下,比如说,如果一个人想显得放松一点,那么过于完美的法语可能是不被接受的。从完整的定义来看,可接受性的前提是言辞不仅要符合语言的内在规则,而且要符合在某种"情境"中,或者说在某个语言市场中直观地掌握的规则。

这个语言市场是什么?我会先给出一个临时的定义,稍后我应该会将这个问题复杂化。每当有人为接收者——

能够对言辞进行评估、估价和定价的接收者——生产出一段言辞的时候，就存在语言市场。光是语言能力的知识并不足以使人能够预测语言运用在市场上的价值。某一既定的能力的产品在某一特定的市场上的价格，取决于该市场特有的价格形成规律。例如，在教育市场上，在我老师的时代，不完美虚拟语气有很高的价值，他们通过使用不完美虚拟语气——至少使用第三人称单数的不完美虚拟语气——形成了自身的职业认同。如今，这会引人发笑，而且不能在学生面前这样做，除非你发出一个元语言的符号来表明，你尽管使用了这种语气，但同样可以不使用它。同样，现今知识分子中那克制的矫枉不足倾向也源于对过度行为的恐惧，就像敞开的衣领一样，这也是对与市场效应有关的非控制形式的一种控制。语言市场是一种既十分具体又十分抽象的东西。具体地说，它是一种特定的社会情境，多少具有官方性和仪式性，是一组位于社会等级制度的特定层次的特定对话者，所有这些属性都以一种潜意识的方式被感知和领会，并不自觉地导向语言生产。从抽象的角度定义，它是一种特殊类型的（可变的）语言产品的价格形成规律。当我说存在价格形成规律时，我是在说明某种能力的价值取决于其实施的特定市场，更确切地说，取决于界定了为各种生产者的语言产品所设定的价值的关系状态。

由此,我不得不用语言资本取代能力的概念。语言资本的概念意味着存在语言上的利润:生活在巴黎第七区的人——就像现在统治法国的大多数人一样——他们一开口就会获得语言上的利润,而且不像初级马克思主义强加给人们的那种经济主义驱使人们认为的那样,这种利润并不是虚构的或虚幻的。他的言语的性质(可以从语音等方面进行分析)表明他是被授权讲话的,以至于他讲的内容几乎无足轻重。语言学家所提出的语言的主要功能,即沟通功能,可能根本没有实现,而其真正的功能——社会功能——却可能有增无减。语言上的权力关系的情境是有讲话而无沟通,弥撒是其极端案例。这就是我对礼拜仪式感兴趣的原因。在这些情况下,被授权的讲话者拥有如此大的权威,拥有制度、市场法则和整个社会空间对他的支持,以至于他可以讲话但却言之无物;那就是权威的声音。

语言资本是凌驾于语言的价格形成机制的权力,是使价格形成规律的运作利于某人,并榨取特定的剩余价值的权力。每一个互动行为,每一次语言沟通,甚至两人之间、两个朋友之间、男孩和女孩之间的语言沟通,所有的语言互动，这些在某种意义上都是一直被整体结构所支配的微观市场。

在民族斗争中，语言是利害关键（例如在魁北克），政治支配机制与（作为既有社会状况的特征的）语言的价格形成机制之间有着非常明确的依赖关系。例如，在一些曾经被法国殖民的阿拉伯国家，讲法语的人和讲阿拉伯语的人之间的斗争总是包含（在我使用这个词的意义上的）经济维度，即在此意义上的经济维度：特定能力的拥有者通过捍卫自己的语言产品的市场，来捍卫自己作为语言生产者的价值。面对民族主义的斗争，分析在经济主义和神秘主义之间犹豫不决。我所提出的理论使我们有可能理解，语言斗争可能没有明显的语言基础，或者只有经过置换后的语言基础，却涉及与狭义的经济利益同样重要，有时甚至更重要的利益。

所以，当我引入市场的概念时，我强调了一个简单的事实，即一种能力只有在有市场的情况下才会有价值。这就是为什么目前试图捍卫自己作为拉丁语的拥有者的人，不得不捍卫拉丁语市场的存在（这尤其意味着通过学校系统再生产拉丁语的消费者）。教育系统内的某种保守主义有时是病态的，我们只能用这个简单的规律来理解它，即没有市场的能力会变得一文不值，或者说，变得不再是语言资本，而仅仅是语言学家的意义上的能力。

所以，一种资本只有在特定市场上才能如此这般地存在、生效并带来利润。现在我必须把这个市场的概念具体化，并试着描述赋予了市场结构的客观关系。什么是市场？（这是边际主义的市场观）先是有个别生产者提供自己的产品，然后所有行动者的判断开始发挥作用，于是出现了市场价格。这种自由主义的市场理论对语言市场和经济商品市场来说都是不准确的。就像在经济市场上存在着垄断和客观的权力关系（这意味着所有的生产者及其产品一开始并不平等）一样，在语言市场上也存在着权力关系。因此，语言市场拥有价格形成的规律，这种规律使得语言产品的生产者、言辞的生产者并不平等。支配这个市场的、意味着某些生产者和产品从一开始就享有特权的权力关系预设了语言市场是相对统一的。大家可以参看我在《语言共产主义的幻觉》（L'Illusion du communisme linguistique）一文中转引的一份摘自贝阿恩地区的报纸的文件。据报道，在纪念一位贝阿恩诗人的仪式上，波城市长用贝阿恩语向听众发表讲话，记者指出："这一姿态大受赞赏。"听众由母语是贝阿恩语的人组成，一位贝阿恩市长用贝阿恩语向他们讲话令他们"感动"。他们被一种屈尊的姿态所感动。要想产生屈尊,必须存在客观的差距:屈尊是对客观权力关系的蛊惑性利用,因为屈尊者利用等级制度来否定等级制度。而他正是在否定等级制度的那一刻,利用了等级制度("共同的感动")。在这些情况下,一个小群体中的互动关系突然揭露出超越的权力关系。在贝阿恩市长和那些贝阿恩人之间发生的事情,并不能被还原为在他们的互动关系中发生的事情。如果市长可以被视作是在对他的贝阿恩同胞表示关注,那么这是因为他在把玩法国人和贝阿恩人之间的客观关系。而如果法语不是一种支配语言,如果没有统一的语言市场,如果法语不是合法的语言,不是在合法场合——官方场合、军队、邮局、税务局、学校、演讲,等等——使用的语言,那么讲贝阿恩语这件事情就不会有这种"感动"效果。

这就是我所说的语言权力关系:它们超越情境,不可化约为可以在情境中把握的互动关系。这一点很重要,因为当人们谈论情境时,人们认为,因为自己在回想互动,所以自己在回想社会性范畴。互动论对社会关系的描述本身是非常有趣的,但如果忘记了这些互动关系不是"帝国中的帝国";如果忘记了这一点,即两人——雇主和及其家佣,或者两个同事,或者一个讲法语的人和一个讲德语的同事——之间发生的事情中的两人之间的关系总是受相应语言之间的客观关系,即讲这些语言的群体之间的关系支配,互动论的描述就会变得十分危险。一个讲德语的瑞士人和一个讲法语的瑞士人交谈时,是瑞士德语和瑞士法语在交谈。

不过还是回到我开头讲的那则逸事:贝阿恩市长之所以能产生这种屈尊的效果,只是因为他是一个有教师学衔的人[1]。如果不是这样,他的贝阿恩语就会是农民的贝阿恩语,因此一文不值,而这种"上乘的贝阿恩语"无论如何不是面向农民的(他们很少参加官方集会),农民们只想说法语。正是在越来越多农民放弃"上乘的贝阿恩语"而改说法语的时候,这种"上乘的贝阿恩语"却得到了恢复。人们不禁要问,在农民自觉有义务对他们的孩子说法语,以便他们在学校里取得好成绩的时候,谁还会对恢复贝阿恩语感兴趣呢?

---

[1] 在法国,拥有教师学衔的人(agrégé)指通过了教师资格国家会试(agrégation)的人,这项会试兼具取得教师资格及派任的职能,考试通过者可以根据其应考科目取得相应的中等教育教师资格或高等教育教师资格。通常该项会试只对拥有五年制大学文凭(硕士学位)及以上学历的人开放,因此是一项有难度且具有高度竞争性的考试。——中译者注

贝阿恩农民解释了为什么尽管他在选举中赢得了大多数选票,但他从未想过当市长,他说他"不知道怎么说话",他对合法能力的定义是完全现实的、社会学的;对合法能力的主导定义确实是这样的,以至于他那真实的能力是不合法的。(这应该是分析"发言人"[porte-parole]这一现象的出发点,对那些谈论语言和言语的人来说,这是一个有趣的词。)为了产生资本和语言支配的效果,语言市场必须是相对统一的,也就是说,所有讲话的人都必须服从同样的语言产品的价格形成规律。具体地说,这意味着,最卑微的贝阿恩农民,无论他是否知道这一点(他确实知道,因为他说自己不知道如何讲话),都要以"标准巴黎法语"作为客观标准来衡量。即使他从未听过"标准巴黎法语"(事实上,"多亏了"电视,他越来越常听到这种法语了),贝阿恩语者也总是被巴黎语者所支配,在他的所有交往中,在邮局、在学校,等等,他都与巴黎语者有着客观的关系。这就是市场的统一或语言支配关系的含义。语言市场是支配形式的场所,这些支配形式具有特定的逻辑,就像在每一个符号商品市场中一样,语言市场中的特定的支配形式——无论是在其运作方式上,还是在它们所保证的利润上——也完全不能还原为严格的经济支配。

　　这种分析的结论之一涉及调查情境本身。作为一种互动，它是语言和文化的权力关系、文化支配得以实现的场所之一。很难想象人们"清除"了某一调查情境中的一切支配的影响（正如一些社会学家有时假设的那样）。如果不想把人为现象当作事实，那么最好的办法就是对"数据"进行分析，分析产生数据的社会决定因素，分析被分析的事实所处的语言市场。

　　大约十五年前，我调查了最广泛意义上的人们的喜好和品味，涉及食物、音乐、绘画、服饰、性伴侣等方面。大部分材料都是在口头交流中收集的。经过一系列分析，我开始思考在确定喜好的过程中，以资格证书、社会出身为标准的文化资本和社会出身的相对权重，以及这两个因素的相对权重如何根据特定实践场域的变化而变化，例如，就电影而言，品味似乎与社会出身联系更紧密，就戏剧而言，品味与教育联系更紧密。我本可以继续无休止地计算相关系数，但方法上的矫枉过正会阻碍我对收集的材料的情况提出质疑。在解释性的变量中，最重要的、隐藏在材料本身背后的难道不是调查情境本身的特征的影响吗？从调查开始，我就已经意识到，在语言问题上也起着重要作用的合法性效应，它导致工人阶级成员在调查情境中被问及自己的文化时，会有意或无意地倾向于选择在他们看来最符合他们眼中的主流文化形象的那一面，因此，要让他们简单地说出自己真正喜欢的东西是不可能的。值得称赞的是，拉波夫强调，严谨的社会语言学分析需要变换的变量之一就是调查情境。他对哈莱姆区的语言研究的最创新之处在于注意到了调查情境的影响，看看当调查者不是白人盎格鲁-撒克逊新教徒，而是在贫民区与他人交谈的一员时，会产生什么结果。如果调查情境不同，就可以看出，控制的张力越是放松，人们越远离最受控制的文化区域，人们的表现与社会出身的联系就越紧密。反之，控制越严，人们的表现与教育资本的联系就越紧密。换句话说，研究者不能绝对地，参照某种中性的、不变的情况来解决这两个变量的相对权重问题。只有引入一个变量，即提供这些语言或文化产品的市场的性质，把它用作这两个变量的因素，才能解决这个问题。（认识论常常被认作一种科学实践之外的元话语，在我看来，认识论是一种反思，它能真正改变实践，引导人们避免犯错，引导人们在衡量一个因素的功效时，不要忘记了诸因素中的因素，即人们衡量因素时所处的情境。索绪尔说："人们需要知道语言学家是做什么的。"认识论就是为找出自己在做什么的努力。)

文化或语言调查所记录的并不是能力的直接表现，而是能力与市场的关系的复杂产物，这种产物不存在于这种关系之外。它是一种情境中的能力，一种针对特定市场的能力（很多时候，社会语言学家倾向于忽略市场的影响，因为他的数据是在一种在他的立场看来不变的情境中收集的，他的立场是他与他自己，即访谈者的关系）。控制这种关系的唯一方法，就是通过改变市场情境来改变这种关系，而不是在其他市场情境中赋予某一市场情境以特权（例如，就像拉波夫所做的那样，让一个哈莱姆黑人去和其他哈莱姆黑人讲话），然后从那些条件下产生的语言中看出语言的真实，本真的大众语言。

支配效应，即语言市场的客观权力关系在所有的语言情境中都发挥着作用。在与巴黎人的关系中，来自南方省份的资产阶级"无所适从"；他的资本崩溃了。拉波夫发现，在调查中，所谓的大众语言是指在市场情境中出现的、被主导价值观支配的大众语言，即一种紊乱的语言。在语言支配关系发生作用的情境中，即在正式的官方情境中，实际建立的关系和互动完全符合市场的客观规律。我们再来看看贝阿恩农民这句"我不知道怎么说话"。他的意思是：

"我不知道作为一个必须在正式场合发言的人,该如何说话;如果我当了市长,我就成了官员,需要发表正式讲话,因此得遵守正式法语的官方规则。因为我不会像吉斯卡尔·德斯坦那样说话,所以我不会说话。"情境越正式,讲话者本人就越需要得到授权。他必须有资格,有纯正的口音,因此他必须出生在正确的地方。情境越正式,该情境就越受价格形成的一般规律所支配。

相反,当人们说"不,但坦率地说……"时,他们可以随心所欲,就像在乡村酒吧里一样。他们在说:"我们要在语言的法则之外创造一个自由的天堂,我们知道,这些法则还在继续运作,但我们将采取自由的方式。"他们感觉可以自在地讲话。当市场规律被悬置的时候,这种"率性之言"是大众情境中的大众语言。但是,如果说大众语言的"真实"就是这种"率性之言",那就错了。它并不比其他语言更"真实":大众能力的全部真理同样在于这一事实,即它在面对官方市场的时候就会崩溃,而它在自己的地盘上、在自己家里、在自己熟悉的关系中、在自己人中间的时候就能率性而言。重要的是要知道率性之言是存在的,但它是作为一座独立于市场规律的岛屿,作为一座人们通过许可自己说话来定义的岛屿存在的(有迹象表明，人们是在设置一个特殊的、人们可以自在地讲话的游戏）。市场还在继续发挥作用，并且还在对工人阶级发挥作用；他们总是可以潜在地被市场规律所要求。这就是我所说的合法性。语言合法性这个短语的作用是提醒我们，对语言规律的无知并不是辩护理由。这并不意味着工人阶级能认识到吉斯卡尔的风格之美。这意味着，当他们面对吉斯卡尔这类人时，他们会不知所措；事实上，他们的言语会支离破碎，他们会闭嘴，陷入沉默，陷入被称作尊重的沉默。对那些只有在率性而言的情境下（即他们能明确表示必须暂时悬置日常需求的时候）才能说话的人，对那些在涉及重大政治、社会和文化利益的正式场合注定会保持沉默的人，市场法则施加了非常沉重的审查效应。（比如婚姻市场就是一个语言资本起决定性作用的市场：我认为它是维持阶级同质性的中介之一。）对率性之言实施了审查的市场效应是一种更为普遍的、会导致委婉化的审查效应的特例：每个专门领域——宗教、文学、哲学，等等——都有自己的规律，都倾向于审查不符合这些规律的语句。

在我看来，语言和身体的关系是紧密相连的。例如，简单地说，资产阶级与身体或语言的关系，就是那些在自身感到舒适的环境中的、有市场规律站在他们一边的人的轻松关系。轻松的体验是一种准神圣的体验。感觉自己是得体的、模范的、"就是如此",这是绝对性的体验,这正是人们期待的宗教体验。感觉自己是其应所是,这是支配群体获得的绝对利润之一。相比之下,小资产阶级与身体及语言的关系则被描述为胆怯、紧张、高压;他们不是做得太多,就是太少,始终对自己不放心。

您在气质(ethos)、惯习,以及您使用的其他比如素性(hexis)之类的概念之间,建立了怎样的关系?

我跟随其他许多人的脚步,使用气质这个词,与伦理(éthique)相对,我用这个词来指定一套客观的、系统性的、具有道德维度的性情倾向,一套实践原则(伦理是一个有意识地保持连贯的、有着明确原则的系统)。这是一个有用的区别,特别是对控制实践错误而言。例如,如果人们忘记了我们在实践状态下可能有原则,而没有系统的道德、伦理,那么人们就会忘记,仅仅是提问、质询就会迫使人们从气质走向伦理;在请人对已建立的口头规范进行判断时,人们就会假定这种转变已经完成。或者,从另一种意义上说，研究者可能忘记了，人们可能无法对道德问题作出回应，但在实践中却很有能力应对提出了相应问题的情况。

惯习的概念包含了气质，这也是为什么我越来越少使用气质这个词。构成了惯习的分类的实践原则离不开逻辑和公理，离不开理论和实践。因为实践逻辑是面向实践的，所以它不可避免地要实现价值。这就是为什么我已经放弃了理念（eidos）与气质之间的区别，我曾有一两次试图诉诸这种区别，即理念是一个逻辑图式系统，气质是一个实践的、价值论的图式系统。（通过划分惯习的不同维度，人们倾向于支持在各种不同的能力层面上进行思考的现实主义观点；因此我更要放弃这个区分了。）此外，所有的选择原则都是"具身化的"，变成了身体的姿势、性情倾向。价值观是姿势，是手势，是站立、行走、说话的方式。气质的力量在于，它是有血有肉的道德。

所以你会发现我如何变得几乎只使用惯习的概念。惯习这一概念背后有着悠久的传统。经院哲学家用它来翻译亚里士多德的素性。你也可以在涂尔干那里找到它，他在《教育思想的演进》一书中指出，基督教教育必须解决因需要用异教文化来塑造基督教惯习而产生的问题。它也出现在了马塞尔·莫斯那篇关于身体技术的著名文章中。但这些作者都没有让它扮演决定性的角色。我为什么要重提这个旧词呢？因为有了惯习的概念，你就可以指代一些与习惯（habitude）所暗示的东西相近的，但在一个重要的方面与它不同的东西。惯习——正如这个词所暗示的那样——指一个人后天获得的东西，但它已经以永久的性情倾向的形式，持久地融入身体了。所以，这个术语不断地提醒我们，它指的是历史性的、与个人历史相关联的东西，而且它属于一种遗传性的思维模式，而不是本质主义的思维模式（如乔姆斯基的能力概念）。此外，经院哲学家的惯习也有类似财产、资本的意思。事实上，惯习也是一种资本，但因为它是具身性的，所以看上去好像是先天的。但是为什么不说"习惯"呢？人们理所当然地认为习惯是重复的、机械的、自动的、再生产性的而非生产性的。我想坚持这一观点，即惯习是一种强有力的生成方式。简而言之，惯习是条件的产物，它倾向于在转化条件时再生产这些条件的客观逻辑。它是一种转化机器，引导我们"再生产"自己生产的社会条件，但以一种相对不可预测的方式，一种人们无法简单机械地从生产条件的知识跳转到产品的知识的方式去"再生产"。虽然这种生产实践、言语或作品的能力绝不是天生的，而是历史地形成的，但我们不能完全将它还原为生产条件，这尤其是因为它以一种系统的方式在运作。例如，只要人们记得语言惯习只是惯习——被理解为一个生成和感知实践的图式系统的惯习——的一个方面，只要人们不对比审美选择、手势或任何其他可能的实践的生产，把语言的生产自动化，就能谈论某种语言惯习。惯习是一个由历史生产出来的，但相对脱离历史的发明的原则：它的性情倾向是持久的，这导致了各种滞后效应（时间滞后效应，堂吉诃德是这一效应的典例）。我们可以通过类比计算机程序来理解关系（尽管这是一个机械主义的，因此是危险的类比），它是一个自我修正的程序。它由一套系统的、简单的、某种程度上可互换的原则构成，从这些原则出发可以发明无穷无尽的解决方案，这些解决方案不能从其生产条件中直接推导出来。

所以，惯习是一套真正的自主性的原则，它涉及对"情境"的即刻决定。但这并不意味着它具有某种非历史的、其存在仅为发展——简言之，一种一劳永逸地被决定的命运——的本质。惯习必须适应新的不可预见的情境，因此惯习需要不断进行调整，这可能会使惯习发生持久的转变，但这些转变会保持在一定的限度内，这尤其是因为惯习定义了对情境的感知，而后者又决定着惯习。

从某种意义上说，"情境"是实现惯习的许可条件。当实现的客观条件不存在时，不断被情境阻挠的惯习就可能成为爆发性力量（怨恨）的场所，这些力量可能在等待（甚至寻找）爆发的机会，而一旦为它们提供了客观条件（如权威领头人的权力），这些力量就会表现出来。（社会世界是日积月累的暴力的巨大容器，当这些暴力遇到其表现条件时，它们就会显现出来。）总之，在对抗瞬时机制的过程中，人们被引导着坚持惯习的"同化"能力；但惯习也是一种适应性的力量，它不断地适应外部世界，而只有在例外的情况下，这种适应才会采取激进的转变形式。

您如何区分场域和机器？

我想，这是一个根本性的问题。"机器"的概念重新引入了悲观的功能主义：它是一台"令人憎恶的引擎"，一台为达到某些目而被设计出来的引擎。教育系统、国家、教会、政党都不是机器，而是场域。然而，在某些条件下，它们可能会作为机器开始运作。我们需要对这些条件进行检视。

在某一场域中，能动者和制度拥有的能量不尽相同，它们依据构成该游戏场域的规则加入斗争，以获得该游戏中的特定利益。场域的支配者有办法让它发挥对自身有利的功能；但他们必须考虑到被支配的能动者的抵抗。当支配者有办法使被支配者的抵抗和反对无效时，换句话说，当下层的教士，或草根活动家，或工人阶级等群体只能忍受支配时，场域就成了一台机器；一切运动都在向下，并且支配的效果如此之大，以至于构成场域的斗争和辩证法都走到了尽头，此时，场域就成了一台机器。只要有人反抗，有人制造麻烦，就有历史。戈夫曼所描述的"总体性"或极权性制度、庇护所、监狱、集中营，或极权主义国家，都试图设定历史的终结。

在革命中，我们可以清楚地看到场域和机器之间的区别。革命者的行为，看似只是要夺取"国家机器"的控制权，并对机器进行重新编程，从而建立一个完全不同的社会秩序。事实上，政治意志必须对付社会场域的逻辑，这些社会场域是极其复杂的世界，在其中，政治意图可能会被劫持、颠覆（同样适用于支配群体的行动和颠覆行动，正如用"恢复"这一不恰当的语言描述的一切所表明的那样，这仍然是天真的目的论）。只有在与机器打交道的时候，即被支配者沦为执行者、沦为"至死不渝"的命令执行者(活动家、士兵,等等)时,所有的政治行动才能确保达到预期的效果。因此,机器只是场域的一种状态、一种病态的状态。

进阶阅读

皮埃尔·布迪厄,《语言拜物教》,载《社会科学研究学报》(Le Fétichisme de la langue, *Actes de la recherche en sciences sociales,* 4, juillet 1975, pp. 2-32);《语言交换的经济学》,载《法语》(L'Économie des échanges linguistiques, *Langue française,* 34, mai 1977, pp. 17-34);《授权语言:仪式话语的社会效力条件的注解》,载《社会科学研究学报》(Le Langage autorisé, note sur les conditions de l'efficacité sociale du discours rituel, *Actes de la recherche en sciences sociales,* 5-6, 1975, pp. 183-190);《海德格尔的政治存在论》,载《社会科学研究学报》(L'Ontologie politique de Martin Heidegger, *Actes de la recherche en sciences sociales,* 5-6, novembre 1975, pp. 109-157)。

11　审查制度

1974年5月，里尔，以"科学作品"为主题的学术讨论会上的会议论文，发表于《社会科学信息》(*Information sur les sciences sociales*)，1977年，第16卷，第3/4期，第385–388页。

我想简单谈谈审查制度。审查制度在每件作品中都有迹可循，在这次会议上也发挥了作用。发言时间是一种稀缺资源，我将尽量不因"发言"时间过长而独占它。

我想说的内容可以用一个生成性的公式来概括：每一种表达都是表达兴趣与审查之间的调适，审查是由提供了表达的场域构成的。而这种调适是一种委婉化过程的产物，该过程甚至可能会导致沉默，即审查话语的极端情况。这种委婉化会导致潜在"作者"生产出一种折衷形式，一种在特定场域结构下，应该说什么、"需要"说什么和能够说什么的结合。换句话说，在某一特定场域中什么可以说，这是一个所谓的赋形过程［une mise en forme］的结果：讲话意味着观察形式。我的意思是，不仅是讲话的内容，还有话语的具体属性、其形式的属性均源自其生产的社会条件,即决定了要说些什么的条件,决定了该要说的东西将被听到的接收场域的条件。这样才能超越作品或语句的内部分析与外部分析之间相对天真的对立。

社会学家有自己的针对性原则,即有自己的构成研究对象的原则,从他们的角度看,表现的兴趣会是广义上的可以被称作政治兴趣的东西,可以将它理解为每个群体都有的政治兴趣。因此,在某一限定的场域内(例如这个群体所构成的场域),礼貌是将要说的话和构成了场域的外部约束之间的交易的结果。借用莱考夫(Lakoff)的一个例子,当来访者注意到主人的新地毯时,他不会说:"哇,好漂亮的地毯,花了多少钱?"而会说:"我能问问你买它花了多少钱吗?"这里的"我能吗?"就对应一种委婉化的工作,它包括应用适当的形式。由于要表达某种意图,人们可以运用也可以不运用形式,形式使人们认识到了——例如——一种哲学话语,这种哲学话语本身也以同样的方式宣布自己需要在适当的形式中被接受,即作为形式而不是作为内容被接受。"形式良好"的话语的一个特征是它强加了自身认识规范;它说"以应有的形式对待我",也就是说,按照我给自己的形式来对待我,最重要的是,不要通过采取这些形式把我还原为我所否定的东西。换句话说，我在这里争取的是执行"还原"的权利：委婉的话语行使一种象征暴力，其具体效果是禁止那唯一的、它应得的暴力，这种暴力在于将委婉的话语还原成它说出的内容——但以一种声称并没有在说这个内容的方式说出的内容。文学话语是一种话语，它说："按照我的要求来对待我，也就是说，在符号学层面，将我视作一种结构。"如果说艺术史和艺术社会学如此落后，那是因为艺术话语在强加自身的认识规范方面太成功了。这是一种话语，它说，"把我当作无目的的目的性"，"把我当作形式而不是实质"。

我说场域具有审查功能，是指场域是某种资本的分配结构。这种资本可能是学术资本、知识威望、政治权力、体力，等等，视特定场域而定。被授权的发言人是制度性的权威资本的持有者——要么本人亲自持有（克里斯玛［charisme］），要么授权持有（如果他是牧师或教师的话）——这意味着他被赋予了信用、信誉，他被赋予了讲话的权力。本维尼斯特（Benveniste）在分析希腊文 skeptron 一词时说，这是一个传递给即将发言的演说家的标记，用来表示他的发言是得到授权的，是人们哪怕只是听到也会服从的发言。

所以，如果一个场域具有审查功能，那是因为进入场域的人会立马置身于某一特定结构，即资本的分配结构。群体给不给他发言权；给不给他信用（授权他讲话）。场域便以这种方式对他可能想说的话、可能想发泄的反常话语和特殊逻辑（idios logos）进行了审查，并迫使他只说出适当的、可说的东西。审查排除了两样东西：不可说之物——在既有表达方式的分布结构下不能说的东西、不可名状之物——可以几乎过于轻而易举地说出来的，但却遭到审查的东西。

委婉化的工作看似是一个简单的赋形过程、一个在形式上下功夫的过程，但最终它所产生的东西与其表现形式是分不开的。在另一个场域，也就是在另一种形式下会说些什么，这个问题严格来说没有意义。海德格尔的话语只有作为哲学话语才有意义。用"本真的"和"非本真的"来代替"卓越的"（或"独特的"）和"普通的"（或"庸俗的"），这带来了一个巨大的变化。首先，起着委婉化作用的是整个系统。我使用"委婉化"这个词时有些犹豫，因为委婉化是用一个词替代另一个词（禁忌词）。事实上，我在这里所描述的委婉化是由整个话语系统执行的。例如，海德格尔那篇著名的关于"常人"（Das Man）的文本，一方面是"关于"公共交通的，另一方面是"关于"人们所说的"大众媒体"的。这是两个完全真实的参照物，是日常话语的可能主体，但它们被构成哲学话语的关系体系所掩盖。这不仅是一个词被用于表示另一个词，而是一种作为审查工具运作的话语和穿过这种话语的整个场域。

这并不是全部：例如，如果我们想确定在我们所在的地方、所说的话的结构，仅仅对话语进行分析是不够的，我们必须把话语理解为针对群体（受邀者、非受邀者，等等）的工作的整个过程的产物。简而言之，人们需要对由群体构成的、话语产生于其中的社会条件进行分析，因为在那里人们才能找到什么能说、什么不能说的真正原则。更为深刻的是，一个群体所拥有的使人们陷入沉默的最有效的方法之一，就是把他们排除在可以讲话的位置之外。反过来说，一个群体控制话语权的方法之一，就在于用那些只会说场域授权的、要求的话语的人去填补可以讲话的位置。要了解在一个教育系统中能说什么，就必须了解教师队伍的招聘机制，如果认为在教师的话语层面就能理解那里能说什么、为什么能说这些话，那就太天真了。

每一种表达都是一种象征暴力，它不能为它的施加者所施加，也不能为它的承受者所承受，除非人们将它误识为如此这般的。如果人们将它误识为如此这般的,那么在某种程度上是因为它是在一个委婉化过程的调解下施加的。昨天,有人提到了接受的问题(与意识形态的效力问题一并提到的);我所说的内容包括生产和接受两个方面。例如,福楼拜在《情感教育》中投射了他对支配阶级结构的全部"表征",或者更准确地说,他以不可能用另一种眼光看待那个阶级的形式,投射了他与他在自身所处支配阶级中的地位的关系,在这种时候,他就投射出了他自身也不知道的东西。或者更确切地说,他之所以否认和误识,是因为他应用于该结构的委婉化工作有助于向他隐瞒这一结构,而评论者也否认和误识了这一点(因为他们是控制着该作品的生产的同一结构的产物)。换句话说,为了用解释学的方法解读福楼拜,人们需要整个系统,而人们自己的话语本身就是该系统的产物之一。因此,当人们谈论某一艺术作品的科学时,这一点十分重要,即必须知道,仅仅通过自主地对待作品,人们就会赋予作品它们想要的东西,即一切。

进阶阅读

皮埃尔·布迪厄,《海德格尔的政治存在论》,载《社会科学研究学报》（L'Ontologie politique de Martin Heidegger, *Actes de la recherche en sciences sociales*, 5-6, novembre 1975, pp. 109-156）。

12 "青年"只是一个词

安妮-玛丽·梅泰利(Anne-Marie Métailié)对布迪厄的采访，发表于《青年及其第一份工作》(*Les Jeunes et le premier emploi*, Paris: Association des Âges, 1978)，第520-530页。

社会学家如何处理青年的问题？

职业的反思就是要指出，年龄之间的划分是任意的。这就是帕累托(Pareto)指出的悖论，他说，我们不知道老年何时开始，就像我们不知道多少开始算富裕。事实上，青年与老年的边界是所有社会都在争夺的东西。例如，几年前，我读到一篇论及16世纪佛罗伦萨青年与长辈的关系的文章；它论证了这座城市的长辈是如何向青年提供阳刚之气(virilité)——德性(virtù)——和暴力的意识形态的，这是一种为自己保留智慧和权力的方式。同样，乔治·杜比(Georges Duby)也证明了，在中世纪，家产持有者如何为了使青年贵族保持青年状态，即无责任的状态（否则青年贵族会渴望继位),而操纵青年的边界。

我们可以在俗语格言中,或仅仅在对青年的刻板印象中,或在从柏拉图到阿兰(Alain)的哲学中找到完全相同的东西,它将特定的激情分配给每个年龄段的人——从爱情到青春期,从野心到成熟。青年和老年之间的划分这一意识形态表征授予了最年轻的人某些东西,这意味着作为回报,他们必须把许多东西留给他们的长辈。这一点在体育运动中看得非常清楚,例如在橄榄球运动中,温顺、善良的猛兽会被称颂为"强悍的青年球员",得到经理和评论员的提拔,被分配到粗暴的前锋游戏中("闭上嘴,不要思考,只要用你的力量就好了")。我们在其他地方(比如在两性关系中)也能找到这种结构,它提醒我们,青年和老年之间的逻辑划分也是一个权力的问题、一个(均分意义上的)权力划分的问题。按年龄(但也按性别,当然还有阶级……)分类总是意味着施加限制,制定每个人都必须遵守的秩序,使其留在自己的位置上。

您所说的"老年"是什么意思?成年人?参与生产的人?领取养老金的人?

当我说青年／老年时，我是以最普遍的形式来看待这种关系的。一个人总是某人的长辈或晚辈。这就是为什么无论是年龄组的划分还是代际的划分都是完全可变、可操纵的。例如，人类学家南希·芒恩（Nancy Munn）就表明，在澳大利亚的一些社会中，人们认为老妇人用来恢复青春的再生魔法是极其邪恶的，因为它颠覆了年龄之间的界限，以至于没有人再知道谁是青年，谁是老年。我的观点很简单，青年和老年并不是一堆不言自明的数据，而是青年和老年的斗争中的社会建构。社会年龄和生物年龄之间的关系非常复杂。如果比较来自支配阶级的不同部分的年轻人，比如所有同年进入高等师范、国家行政学院、综合理工学院等高等院校的学生，我们就会发现，越接近权力极点，这些"青年"就越具有成人、老人、贵族、名流等群体的特征。从知识分子到总经理，所有一切给人"青年"感的长发、牛仔裤等特征都消失了。

正如我在谈到时尚或文艺作品时所表明的那样，每个场域都有其特定的老化规律。要想了解代际是如何划分的，就必须了解那个场域的具体运作规律，了解人们争夺的具体奖项，了解斗争中出现的分化（"新浪潮"、"新小说"、"新哲学家"、"新裁判"，等等）。这些都是相当平常的事情，但它们表明，年龄是一个被社会学所操纵的且可被操纵的生物学数据；而仅仅把"青年"当作一个有着共同利益的社会单位和构成的群体来谈论，并把这些利益与生物学定义的年龄联系起来，这本身就是一种明显的操纵。至少，我们应该分析不同类别的"青年"之间的差异，或者简而言之，至少分析两种类型的"青年"。例如，我们可以系统地比较已经参加工作的"青年"与处于同样（生物）年龄的学生青年，比较他们在生存条件、劳动力市场、时间管理等方面的差异。一边是现实经济世界的约束，家族团结勉强能缓解这种约束；另一边是基于补贴、低价的餐饮和住宿、影剧院的打折票等优惠的人为的依赖性的世界。你会发现，在所有生存领域都存在类似差异：比如，那些骑着破旧摩托车带女友兜风的邋遢长发小子，正是被警察抓走的人。

换句话说，用同一个概念把几乎没有任何共同点的社会世界归入同一个术语之下，这是对语言的严重滥用。曾经，你拥有一个真正意义上的青春期世界，换句话说，一个临时的不用负责任的世界：这些"青年"身处一个社会的无人区，他们在某些事情上是成年人，在另一些事情上是孩子，这两种方式他们都有。这也是为什么许多资产阶级青少年梦想着无限期延长自己的青春期：这就是福楼拜《情感教育》中的弗雷德里克的情结，他永远地延长了自己的青春期。说到这里，"两种青年"只是对立的两极，是向"青年"提供的可能性空间中的两个极点。泰弗诺（Thévenot）的著作中出现的趣事之一就是，它表明，如今人们可以在这两个极端立场——一端是资产阶级学生，另一端是连青春期都没有的青年工人——之间找到所有的中间立场。

难道不是教育系统的变革产生了这种连续性吗？而以前的阶级之间存在着更明显的差异。

不同阶级青年之间的对立变得模糊的一个原因是，在所有阶级中，接受中等教育的比例都较高，因此，一部分其父母没有经历过青春期的（生物学上的）青年人发现了这种暂时的状态，即童年和成年之间的过渡时期。我认为，这是一个非常重要的社会事实。即使是在与19世纪的学生境况最不相关的环境中，即小村庄里（现在即便是在小村庄里，农民和手工业者的孩子都会去当地的中学上学），青少年也在一段相对较长的时期里被置于了那些几乎在社会世界之外的位置上，这些位置定义了青少年的境况，而以前的人在他们这个年龄时已经开始工作了。这种分离的存在使青少年无法在社会上发挥作用，似乎青少年境况的最大影响之一就源自这种分离的存在。"有权力的学校"，特别是高等专业学院，将青年安置在与世界隔离的封闭空间、准修道院的空间里，在那里他们遁入自己的世界，过着与世隔绝的生活，全心全力为"最高职位"做准备。他们在那里做的事情完全是无偿的，就像在学校里做的那些事情一样，用空弹进行练习。这种情况的出现已经有好些年了，即所有的青年都有了获得某一版本的这种经验的途径，这种经验或多或少得到了充分的发展，最重要的是，它或多或少会持续一段时间。无论这种经验有多么短暂和肤浅，它都是决定性的，因为在某种程度上，它足以产生与不证自明之事的决裂。有一个经典的案例，矿工的儿子想尽快下矿，因为这是他进入成人世界的途径。即使在今天，工人阶级青少年想很早离开学校开始工作的原因之一就是他们希望尽快获得成人地位，以及相关的经济能力。对一个男孩来说，挣钱是非常重要的，这样他就可以跟上同龄人的脚步，和伙伴们、女孩们一起玩乐，被人看作且自视为一个"男人"。这也是工人阶级的孩子抵制提高离校年龄的原因之一。尽管如此，他们被置于"学生"情境中这一事实会引发各种构成学校情境的东西。他们用绳子把书捆在一起，坐在踏板车上和女孩聊天，课下和同龄的男女交往，在家里，他们以学习为由免除了物质性工作（这是一个重要因素：工人阶级赞同这一默许的契约，导致学生被设定成了"无法发挥作用"的人）。

我认为，这种象征性的拒绝有一定的重要性，这尤其是因为它伴随着教育制度的基本效应之一，即操纵愿望。人们总是忘记，学校不仅是一个学习东西、获得知识和技能的地方：它同样是一个授予资格——从而赋予权利——的机构，因此也是一个赋予愿望的机构。旧的学校系统产生的混乱比现在要少，因为现在的系统有着复杂的路径，这导致人们的愿望与他们的实际机会不相称。过去的路径相当明确：如果你获得了小学文凭，你就去上附加课程，或"高小"，或初级中学，或高级中学；这些路径之间有着明确的等级制度，谁也没有任何疑问。现在，这个系统中存在一系列难以分辨的路线，你必须非常警惕，以免碰壁或走进死胡同，还要避免课程和文凭的贬值。这在一定程度上加剧了人们的愿望与实际机会的脱节。先前的系统状态意味着限制在很大程度上被内化了；因此，人们接受失败或限制,将其视为公正的或不可避免的……例如,小学教师是——或有意或无意地——被选拔和培训出来的人,因此,他们与农民和工人分道扬镳了,同时又与中学教师截然不同。现在,这套系统给了社会各阶级的儿童进入中学的身份——尽管这种身份被贬低了,而先前这些儿童是很难接受到中学教育的,这鼓励了这些儿童及其家庭去期待系统为中学生提供曾经一度与他们无缘的东西。进入中学教育,就是进入在系统早期阶段被铭刻在进入中学教育这件事上的愿望;进入中学意味着,就像穿上一双靴子一样,穿上成为中学教师、医生、律师或公证人——一切在战争期间由中学教育所开启的职位——的愿望。之前——工人阶级的孩子尚未进入系统的时候——的系统与现在的系统不同。因此,通货膨胀导致贬值,同时文凭持有者的"社会素质"也发生了变化。教育通货膨胀的影响比人们通常所暗示的要复杂得多:文凭的价值总是与其持有者的价值一致,因此,如果一个文凭变得更加普及,那么其价值当然就会贬值,不过尽管如此,它还失去了更多的价值,因为"无社会价值"的人也有了获取文凭的途径。

这种通货膨胀的后果是什么?

我刚才所描述的现象意味着，这种就像在系统早期阶段那样被客观地铭刻在系统中的愿望是令人失望的。学校系统通过我所提到的一系列效应，鼓励了愿望之间的不匹配，这种不匹配就是集体失望和集体拒绝的原则，这与前一时期的集体坚持（我提到了矿工儿子的例子）和预先对客观机会的屈从（这是经济运行的默认条件之一）形成鲜明对比。这是恶性循环的某种断裂，矿工的儿子在甚至不知道自己是否有其他选择余地的情况下，便想要下井。当然，我所描述的并不是对所有青年都有效：仍有大量的青少年，特别是资产阶级青少年，他们仍在圈子里，像以前一样看待事物，想进入高等研究学院、麻省理工学院或哈佛商学院，想参加你能想象到的所有考试，就像以前一样。

工人阶级的孩子最终会不适应工作世界吗？

在学校系统中，人可以足够自在地与工作世界隔绝，但还不足以凭借文凭成功地找到工作（在1880年代的保守主义文学中这已经是一个主题了，那时的保守主义文学已经在谈论失业的业士[1]，表达对机会、愿望以及与之相关的

1　业士（Bachelier）指法国中学毕业会考通过者。——中译者注

不证自明之事的圈子被打破的担忧)。在教育体系中,人可能会十分不开心,觉得自己完全不适应,但仍然参与到学生亚文化中,加入那帮在舞厅里晃荡的中学生。这帮人发展出了一种学生的风格,并且为了远离家庭而充分地融入了这种生活方式(他们不再理解家人,家人也不再理解孩子——"他们有这么多优势,为什么还要这样!"),同时他们对工作有一种混乱、绝望的感觉。事实上,在这种打破圈子的效果之外,无论如何,他们还有一种对这一问题的混乱的认识,即教育系统为某些人提供了什么,有一种——甚至是通过失败而获取的——对这一事实的混乱的认识,即这种系统有助于特权的再生产。

我认为——而且我在十年前就写过——工人阶级必须通过教育系统,才能发现教育系统是作为社会再生产的工具而发挥作用的。只要他们——除了读小学的时候——与这个系统毫无关系,他们就很可能会接受旧的共和主义意识形态,即"学校教育是一种解放力量",或者实际上,不管发言人说什么,他们都没有意见。现在,在工人阶级中,无论是成年人还是青少年都发现教育制度是特权的工具(即使他们还没有找到表达这一发现的语言)。

但是您如何解释,我们在过去三四年中看到的明显更大规模的去政治化?

对工作、学校等事情的质疑是一种综合性的、混乱的反抗;它对整个教育体系提出了挑战,它完全不同于系统在早期状态中的失败经历(当然,这种情况并没有完全消失,你只要听听访谈就知道了:"我的法语不好,我在学校不上进,等等")。"或多或少的失范和无政府形式的反抗所催生的事情,并不是通常被理解为政治化的事情,即政治机器准备登记和强化的事情。它是一种更广泛、更模糊的质疑,是一种工作中的不安,它不是既定意义上的政治性的事情,但可以是政治性的事情;它十分类似某些政治意识的形式,这些形式对它们自身来说是模糊的,因为它们还没有找到自己的声音,但它们却有一种非凡的革命力量,能够压倒政治机器,人们在下层无产者或农民出身的第一代产业工人中也能发现这种力量。为了解释自己的失败,为了使自己的失败变得可以忍受,这些人不得不质疑整个系统,质疑教育系统,也质疑与其捆绑在一起的家庭,质疑所有的制度,把学校与军营、军营与工厂等同起来。存在一种自发的极左主义,这让人在很多方面想起了下层无产者的语言。

这对代际之间的矛盾是否有影响?

人们没有想过一件非常简单的事情,即历代父母和子女的愿望是根据不同的商品分配状态和获得不同商品的机会而形成的。对父母来说是一种格外优越的特权的事情(例如,在他们20岁的时候,在他们的年龄和环境中,每千人中只有一个人拥有一辆汽车),从统计学上看,已经变得十足平常了。很多代际之间的冲突是不同时期的愿望体系之间的冲突。第一代人用一生来争取的东西,第二代人刚出生就已经拥有了。对处于下降阶段的阶级来说,这种差异尤其明显,他们甚至没有他们在20岁时——一个所有的特权(滑雪、海滨度假,等等)都已经变得普遍的时期——拥有的东西。反青年的种族主义(这在统计数字中非常明显,尽管遗憾的是我们没有按阶级划分对其进行分析)是衰落的阶级(如手工业者或小店主)或衰落中的个人和普通老年人的特征,这绝非偶然。当然,并不是所有老年人都反青年,但老年也意味着一种社会衰落,是社会权力的丧失,这样一来,老年与青年人的关系也是衰落阶级的特征。自然地，衰落阶级的老年人——老手艺人、老店主，等等——以一种极端的形式结合了所有这些症状：他们反对青年，反对艺术家，反对知识分子，反对抗议，反对一切世事激变，这正是因为他们的未来已然在他们身后了，他们没有未来，而青年人被定义为有未来的人，是将定义未来的人。

但是，教育系统能把在相同社会位置上，但在不同学校系统下培养出来的人聚集在一起，难道这样的教育系统不才是代际冲突的根源吗？

我们可以从一个具体的案例说起。目前，在许多可以通过在职学习而获得的中级公务员职位上，你会发现，在同一个办公室里并排坐着这些人：直接从教育系统获得业士学位，甚至学士学位的青年人；三十年前就着手获取初级证书的五十多岁的人，在那时的教育系统的发展阶段中，那样的证书还是一个比较罕见的资格，他们通过自学，凭着自身的资历，获得了管理职位，而这些职位现在只向持有业士学位的人开放。这里的对立不是青年和老年之间的对立，而实际上是教育系统的两种状态之间的对立，是稀有度各异的资历的两种状态之间的对立；这种对立的形式表现为分类上的冲突。因为老年人不能因为自己年龄大就说自己是负责人，他们会引用与资历相关的经验，而青年人则会引用资格证书所担保的能力。在工会主义领域，（例如在邮局"工人力量"工会内部）我们也可以发现同样的对立，这种对立表现为蓄着胡子的托派青年和工人国际法国支部（SFIO）那些同情旧式社会党的老活动家之间的紧张形势。你还会发现，在同一个办公室里，在同样的工作岗位上并肩作战的工程师们有的来自高等工程技术学校，有的来自综合理工学院。表面的地位同一性掩盖了这样一个事实，即正如俗话所说，一个群体的前方有一个未来，他们只是匆匆路过了一个对其他人来说已是终点的职位。在这种情况下，冲突很可能会采取其他形式，因为"老－青年"（"老"是因为他们已经完成）很可能已经将对学历的尊重内化为了本性差异的标志。这就是为什么在许多情况下，被视为世代冲突的冲突实际上是由那些与教育系统有着不同关系的人或年龄组来表现的。一代人的统一原则之一（如今）在于他们与学校系统的某一特定状态的共同关系，在于特定的利益，而这些利益不同于由与系统的不同状态的关系所定义的那代人的利益。总而言之，所有青年，或至少所有在某种程度上受益于学校系统的、至少从中获得了某种基本资格的人，他们的共同点是在某一特定工作中，这一代人比上一代人更有资格。（顺便提一下，值得注意的一点是，经受了某种歧视、通过某种过度挑选而进入工作岗位的女性，她们经常处于这种情况，即她们几乎总是比同等职位的男性更有资格。）可以肯定的是，除了所有阶级差异，青年还有集体性、代际性的利益，因为除了"反青年"歧视的影响，仅仅是他们遭遇了教育系统的不同状态这一点，就意味着他们在文凭上的收获总是比上一代人要少。这一代人面临结构性的去技能化。这可能对试图理解在这一整代人中较为普遍的祛魅十分重要。即使是当下资产阶级中的一些冲突也很可能可以为这个原因所解释：继承的时间间隔在拉长，正如勒·布拉（Le Bras）在《人口》（*Population*）杂志上的一篇文章中明确表明的那样，继承或传位的年龄越来越晚，而支配阶级的后辈们却等不及了。这大概与我们在专业领域（建筑师、律师、医生，等等）和大学中看到的争夺不无关系。正如老年人有兴趣把青年推回青年时代一样，青年也有兴趣把老年人推向老年时代。

有些时期，人们对"新"的追求愈演愈烈（在这种追求的驱使下，"新人"［通常也是生物学上最年轻的人］

会将现任者视作"过时者",将其推向社会死亡),同样地,代际间的斗争也愈演愈烈。在这些时期,最年轻的人和最年长的人的轨迹有所重合,年轻人渴望"过早"继承。只要年长者能够调节年轻人崛起的节奏,引导他们的事业,对那些不能自控的人、那些拼命追求晋升的"雄心大志者"施加压力,这些冲突就可以避免。其实,大多数时候老人们是不需要踩刹车的,因为可能五十多岁的"年轻人"已经内化了界限,也就是众数年龄(âges modaux),即一个人可以"合理地向往"某个职位的年龄,在"自己的时代到来"之前,他们甚至不会想到提前索取。"界限感"丧失后,就会出现年龄界限的冲突和年代之间的界限的冲突,这些冲突事关权力和特权在代际之间的传递。

13 音乐爱好者：类属的起源和进化

希利尔·俞维（Cyril Huvé）对布迪厄的采访，发表于《音乐世界》（*Le Monde de la musique*），第6期，1978年12月，第30-31页。

您似乎有点不愿意谈论音乐。这是为什么？

首先，关于音乐的讨论是最受知识分子欢迎的粉饰门面的场合之一。谈论音乐是炫耀自身文化广博的绝佳机会。例如，我想到了广播节目《自我音乐会》（*Le Concert égoïste*）：所选的作品清单、为证明这一选择而发表的评论、亲切而自信的语气，这些都是多样的自我展示策略，旨在赋予自身一个最讨人喜欢的形象、一个最接近"有教养的人"——社会规范界限之内的"有独创性的"人——的合法定义的形象。没有什么比音乐更能展示一个人的"阶级"，也没有什么比音乐更能让人不可避免地被分类。

但音乐文化的展示并不像其他文化展示。音乐是最有灵性的艺术，对音乐的热爱是"灵性"的保证。你只要想想现在宗教语言的世俗化版本（比如精神分析）对"听"这个词赋予的非凡价值就会明白这一点；或者想想在音乐的公开表演中，听众感觉自己被要求摆出专注、冥想的姿势和姿态。音乐与灵魂携手共进：音乐的灵魂和灵魂的音乐（"内在音乐"）有无数的变化。每一场音乐会都是一场神圣的音乐会……"对音乐漠不关心"是一种极为可耻的野蛮状态：精英与"大众"，灵魂与身体……

但这并非全部。音乐是无与伦比的"纯艺术"。音乐超越了语言，它什么也不说，也没什么要说的；它与戏剧截然相反，没有表现功能，戏剧即使在其最简化的形式下，也仍然是社会信息的载体，只有在与观众的价值观和期望达成直接、深刻的一致性的基础上，才能被"接受"。戏剧在分化的同时，也经历着被分化：（巴黎的）右岸戏剧和左岸戏剧之间的对立、资产阶级"林荫大道"戏剧和先锋戏剧之间的对立同时也是审美与政治上的对立。音乐中则完全不是这样的（除开最近的几个例外）。音乐代表了一种最激进、最绝对的否定世界，尤其是否定社会世界的形式，这是任何艺术形式都不可比拟的。

只要记住，没有什么活动比听音乐会或演奏一种"高雅"乐器（在其他条件相同的情况下，这些是比参观博物馆甚至当代艺术馆更珍稀的活动)更具分类性、更具区隔性,也就是说,没什么活动比它们更紧密地与社会阶级和教育资本联系在一起,这样人们就能理解为什么音乐会注定会成为资产阶级的伟大庆典。

但您要如何解释为什么音乐品味会有如此深刻的启发性呢?

音乐体验植根于最原始的身体体验。除了饮食的品味,可能没有什么比音乐品味更深地植根于身体。所以,正如拉罗什富科(La Rochefoucauld)所说:"我们的自尊心比我们的意见更焦躁地遭受着我们的品味的谴责。"我们的品味确实比我们的判断更能——例如在政治上——表达我们或背叛我们。也许没有什么比别人那"差劲的"品味更让人难以忍受。审美上的不宽容可以是可怕的暴力。品味与厌恶(dégoûts)密不可分:对不同生活方式的厌恶也许是阶级之间最大的障碍之一。这就是为什么我们需要"品味无争辩"。想想这个吧:所谓的文化广播电台的例行工作稍有改变就会引起骚动。

对于那些有一定品味,即康德所说的某种"有区别和欣赏能力"的后天性情倾向的人来说，最不能容忍的是流派的混合、领域的混淆。广播或电视制作人把一个古典提琴家和一个小提琴手（或者更糟糕，一个茨冈[1]小提琴家）并列在一起，把对亚诺什·斯塔克（Janos Starker）的采访和同一位阿根廷探戈导演的谈话并列在一起，等等，他们是在——有时有意地，有时无意识地——执行仪式性的野蛮行为、亵渎行为，把本应被区分开的、神圣的东西和世俗的东西混在一起，把具身性的分类和品味要求区分开来的东西糅在一起。

这些根深蒂固的品味与特定的社会经验有关吗？

没错。例如，罗兰·巴特在一篇非常精美的文章中，把审美享受描述为阐释者的"内在"身体与听众的身体之间的直接交流，前者呈现在"歌手的声音纹理"中或"钢琴家的指尖"上，他这个说法指的是一种特殊的音乐体验——一种由早期的家庭知识所赋予的、从实践中获得的音乐体验。顺便说一句，巴特把普鲁斯特所说的"灵魂的

---

[1] 茨冈人又称罗姆人或吉普赛人。——中译者注

交流"归结为身体的交流,这是非常正确的。记住这一点十分重要,圣女大德兰(Thérèse d'Avila)和十字若望(Jean de la Croix)用人类之爱的语言谈论神圣之爱。音乐是一种"身体的东西"。它让人着迷、感动、激动、失控;它并非超越了语言,而是在语言之下,在四肢和身体的运动、节奏、兴奋和舒缓、紧张和放松之中。艺术中最"神秘"、最"灵性"的东西或许是最肉身的东西。也许这就是为什么人们除了用形容词或感叹词否则很难谈论音乐的原因。卡西尔(Cassirer)曾说过,宗教体验的关键词——曼纳(mana)、瓦坎达(wakanda)、奥伦达(orenda),等等——都是感叹词,也就是说,这些词表达的是狂喜。

但回到依据社会条件而产生的品味差异,我的这一说法不会让任何人感到惊讶:我们可以从一个人喜欢的音乐(或仅从他收听的广播电台)中——正如从他喝的开胃酒(潘诺、马丁尼或威士忌)中一样——准确无误地识别出其社会阶级或"风度"(就如"他风度翩翩"中的"风度")。但调查显示,在描述和解释品味差异时,我们可以更进一步,而不是简单地区分"有教养的"品味、"流行的"品味和"主流的"品味。"主流的"品味结合了最"高贵的"流行作品——如歌手中的布雷尔(Brel)和布拉森斯

(Brassens)的作品——和最流行的古典作品——如《施特劳斯圆舞曲》或拉威尔(Ravel)的《波莱罗》(Boléro)。在每个时代,"杰出"的作品都会因为"大众化"而落入"庸俗"境地:阿尔比诺尼(Albinoni)的《慢板》(Adagio)就是一个很好的例子,几年内它的地位就从音乐学家的发现变成了典型的"主流"短歌;维瓦尔第(Vivaldi)的一些作品也是如此。

在公认曲目的创作或解释这件事情上,将美学家和业余爱好者区分开来的最细微的差异并非(或不仅)来自最终的、不可言说的偏好,而是来自音乐文化的获得方式,即最早的音乐经验的差异。例如,在同一篇文章中,巴特在唱片业的专业人士费雪·迪斯考(Fischer Dieskau)和将业余者的素质发挥得淋漓尽致的潘泽拉(Panzera)之间建立了对立关系,这种对立关系就是某种与音乐的特定关系的典型代表,这种特定关系指向了特定的获得条件,使人对高保真唱片时代所特有的新主流文化的"缺点"特别敏感、特别清楚(这同样是品味/厌恶的联系)。一方面,有一种表现力强、戏剧性强、情感清晰的"无纹理"的声音艺术;另一方面,存在随着梅丽桑德之死——那过于有说服力的、过于戏剧性的鲍里斯之死的反题,在法国旋律中,在迪帕克(Duparc)、晚期福莱(Fauré)与德彪西(Debussy)的音乐中得到实现的一种言辞的艺术。

在确定了这种对立背后的生成图式之后,人们可以无休止地列举出各种品味和厌恶:一方面是管弦乐队富有表现力的声音和愤怒,另一方面是钢琴这种典型的母性乐器的亲昵,以及资产阶级居室的亲密。

在这种分类、品味的基础上,有两种获得音乐文化的方式:一种是亲密的、早期的熟悉,另一种是黑胶唱片收藏家那被动的、学者式的品味。有两种与音乐的关系,它们是在相互联系中自发地发展出来的:品味总是区隔性的,对过去某些艺术家(潘泽拉、科尔托[Cortot],他们的不完美之处唤起了业余爱好者的自由,他们甚至因此而受到人们的喜爱)的推崇意味着对现代表演者及他们那无可挑剔的大规模制作的唱片的蔑视。

广播节目《唱片评论论坛》(*La Tribune des critiques de disques*)几乎总是遵循这样的三角模式:一个老派的著名艺术家,例如施纳贝尔(Schnabel);一些现代的表演者,没有灵魂的专业人员,他们因技术的完美而变得不完美,无法令观众信服;一个新人,他结合了灵感丰富的业余爱好者的古老美德和无可挑剔的专业技术,如波利尼(Pollini)

或阿巴多（Abbado）。

正因为品味是区隔性的，所以它才会发生变化：无数78转唱片或广播唱片的重新发行，证实了对过去艺术家的推崇，这无疑与基于唱片而非基于乐器演奏或音乐会的音乐文化的出现有关，也与人们越来越熟悉唱片业对乐器的完美性提出的要求有关，与艺术家和制作人之间的经济和文化竞争有关。

换句话说，音乐创作的演变是音乐品味变化的间接原因之一？

毫无疑问。在这里，生产同样有助于促进消费。但音乐制作的经济学仍有待研究。如果我们不是要简单地从神秘的庆祝活动转入最粗暴的经济还原论，那么我们就需要描述一整套的媒介，通过这套媒介，唱片业设法将一种曲目，有时甚至是一种解释和一种风格强加给艺术家，甚至强加给最伟大的艺术家（到目前为止，卡拉扬［Karajan］一定至少已经录制过三遍完整的贝多芬交响曲了），这有助于唱片业强加某种合法品味的特定含义。

在文化产品领域，使描述媒介这项工作变得如此困难的是这一点：生产意味着生产消费者，更确切地说，生产对音乐的品味、需求和信仰。要对这一点作出充分的说明，即最基本的说明，意味着要分析竞争和互补、竞争中的共谋的整个关系网；竞争和互补、竞争中的共谋把所有相关的能动者、著名和无名的作曲家和表演者、唱片制作人、评论家、广播制作人、教师等人聚集在一起，简言之，就是把所有对音乐有兴趣的人和靠音乐、音乐投资（经济和心理双重意义上的投资）获取利益的人聚集在一起，这些人都是卷入这场游戏并被游戏所吸引的人。

14 品味的变形

1980年5月在纳沙泰尔大学的演讲。

品味是如何变化的？能否科学地描述品味转变的逻辑？

在试图回答这些问题之前，我必须说明品味的定义是什么。它们是在实践（运动、消遣，等等）和财产（家具、帽子、领带、书籍、照片、配偶，等等）中作出的选择，品味，即这些选择背后的原则，就是在这些选择中得到表现的。

想要有品味，就必须存在分门别类的商品，品味"好的"或"差的"、"高贵的"或"庸俗的"商品，这些商品被分类，因此也执行分类，被划分了等级也执行等级划分；人们被赋予了分类、品味的原则，借此他们能够在这些商品中识别出适合自己的、"符合自己品味的"商品。事实上，可以有品味而无商品（分类的原则、分化的原则、区隔的能力的意义上的品味），也可以有商品而无品味。例如，人们可能会说："我去了纳沙泰尔的每一家商店，没有发现任何符合我品味的东西。"这就提出了一个问题，即在商品能够满足品味之前存在的品味是什么（与格言"不知则不欲"［ignoti nulla cupido］相矛盾）。

但也会有这样的情况：商品找不到认为它们符合自身品味的"消费者"。这些先于消费者品味的商品的典型例子是先锋绘画或音乐，自19世纪以来，这些商品在它们被生产出来很久以后，有时甚至在生产者去世很久以后才找到它们所"呼唤"的品味。这就提出了这样一个问题：先于品味的商品（当然除了生产者的品味之外）是否有助于品味的产生；商品供应的象征效力问题，或者更准确地说，以商品形式体现的某一艺术家的特殊品味的具身影响问题。

因此，我们得出了一个临时的定义：品味是商品和某种品味相遇（一种预先确定的和谐）的产物（当我说"我的房子符合我的品味"时，我的意思是，我有适合我品味的房子，我的品味在其中有在家的感觉），它被理解为一个人或一个群体的一系列实践或属性。这些商品必然会包括所有选择的对象、选择的亲密关系，如同情、友谊或爱的对象，而这可能会让某些人感到震惊。

刚才我以一种省略的方式提出了一个问题：实现了我的品味（我的品味即其得到实现的潜力）的商品在多大程

度上创造了那种置身于该商品中感到自在的品味？对艺术的热爱常常和浪漫爱情说着同样的语言："一见钟情"是一种期待和实现的奇迹般的相遇。这也是一个民族与其先知或代言人之间的关系："如果你们没有发现我，就不会寻找我"（帕斯卡尔）。被代言的人是一个内心潜藏着一些话的人，而在有人告知他之前，他对此并不知情。从某种意义上说，先知什么也没有带来，他只是向皈依者传道。但向皈依者传道仍意味着要做一些事情。它意味着进行典型的社会性的，也是准魔法性的操作，即已经客观化了的话语与隐含的期望的相遇、某种语言与某些只存在于实践状态中的性情倾向的相遇。品味是这两种历史的相遇的产物：一种是存在于已客观化的状态中的历史，另一种则是融入身体的状态的历史，客观上，这两种历史是相互适应的。因此，毫无疑问，与某件艺术品的奇遇有着这样一个维度：发现符合自己品味的东西就是发现自己，发现自己想要什么（"这正是我想要的"），发现自己必须说，却不知道如何说，因此也不得而知的事物。

在一件艺术品与消费者的相遇之中，有一个缺位的第三方，即创作者，他通过自身能力——将他的品味转化为某个对象的能力、将他的品味从一种心智状态或身体状态转化为符合他的品味的可见之物的能力——取得了一些品味。艺术家就是这种将隐性转化为显性的专业实践者,这种转化就是将品味转化为一个实现了自身潜能的客体的客观化过程,换句话说,就是一种只有通过实现自己才能认识自己的实践的美感。事实上,这种实践的美感是纯粹消极的,几乎仅由拒绝构成。品味的客观化者和他的客观化的产品的关系,与消费者和后者的关系一样:他会发现产品可能符合他的品味,也可能不符合。人们承认他拥有使某种品味客观化的必要能力。更确切地说,艺术家是这样一个人,观众通过他的作品、通过他所创作的那些如果观众知道如何创作的话也会创作的作品来认识他本身。他是一个"创造者",这是一个神奇的词,一旦人们把艺术活动视为神奇的,也就是典型的社会活动,就可以使用这个词。(为了打破艺术家作为创造者的惯常表述——这意味着否定"创造者"这个术语必然会引起的"创造者"和消费者的所有直接共鸣〔在阅读作为再创造的主题下,消费者喜欢把自己当作"创造者"〕——我们必须谈论艺术的"生产者";当我们谈论艺术的"生产者"时,我们很容易忘记,艺术行为是一种相当特殊的生产行为,因为它必须赋予已经存在的东西完全的存在,使它以人们所预期的面貌出现,同时使它以相当不同的方式存在——作为一种神圣的东西、一种信仰的对象存在。）

因此，品味——被定义为特定之人所做的一系列选择的品味——是艺术家所客观化的品味和消费者的品味相遇的产物。我们现在要澄清的是，在特定时刻，为什么会有适合所有品味的商品（即使也许不是所有商品都有与之对应的品味），各种各样的客户都能在里面找到符合自己品味的商品。（在我的整个分析中，我们可以在心智上用"宗教物品或服务"代替"艺术品"。因此，与天主教会的类比表明，相当仓促的现代化［aggiornamento］已经用非常多样化的供应取代了统一的产品，因此，现在有适合各种品味的东西：用法语或拉丁语主持的弥撒，身着长袍或裤子主持的弥撒，等等。）为了解释这种供求之间准奇迹般的调适（除一定程度的供过于求之外），人们可以和马克斯·韦伯一样，唤起对调适的自觉追求，这是牧师与世俗之人的期望之间的一种计算交易。这就等于假设，前卫的牧师为工人阶级郊区居民提供"解放的"弥撒，而传统主义者则用拉丁语主持弥撒，他们与客户之间的关系是愤世嫉俗的，或至少是经过计算的，由此他进入了一种相当有意识的供求关系，他被告知需求——但不清楚这是怎样发生的，因为需求不能明确表达自身，它只有通过在自身的客观化过程中认识自己才会变得可感——并努力满足需求（人们总是对一个成功的作者抱有这种怀疑：他们的书之所以成功，是因为他们走出去满足了市场的需求，这也就是在暗示市场的需求是最肤浅的、最不值得满足的）。因此，人们假设，由于某种或多或少的愤世嫉俗或真诚的"敏锐"或"商业意识"，生产者适应了需求：成功的人是能在市场上找到利基[1]的人。

为了解释特定时刻的品味世界，我将提出一种较为不同的假设，即使有意识的意图和交易当然从未被排除在文化生产之外。（生产空间的某些部门——这是其特有属性之一——相当犬儒地遵循经计算的利润追求，因此也遵循"市场利基"：你给出一个主题、六个月时间和六百万法郎，而"作家"必须生产一部行将畅销的小说。）所以，我提出的模型象征着与自发接受的模型的决裂，后者把文化生产者——作家、艺术家、牧师、预言家、巫师或记者——看成一个理性的经济计算者，这些人设法通过某种市场调查去感知和满足那些几乎未被阐明的，或甚至不为人知的

---

[1] 利基（niche），指针对企业优势细分出来的市场。利基市场通常不大，针对性、专业性较强，但它的需求没有被服务好，因此有盈利的空间。——中译者注

需求，以便抢先于竞争对手，并从自身能力中汲取最大利润。事实上，在有些生产空间里，生产者工作时更少关注客户，即所谓的目标受众，更多关注其竞争对手。（但这是另一种目的论的表述，它过于依赖有意识的策略。）更确切地说，他们在一个空间里工作，在这个空间里，他们所生产的东西非常依赖于他们在生产空间里的位置（我必须向那些不习惯于社会学的人道歉；我不得不提出一个分析，但又无法用简单的语言来证明它）。就新闻业而言，《费加罗报》的评论家并非着眼于他的公众，而是参照《新观察家》（*Le Nouvel Observateur*）的评论家来写作（反之亦然）。为此，他不需要咨询对方写了什么；他只需要遵循自己的品味、爱好，以此将自己定义为对方阵营的评论家的想法或言论的反面，而对方阵营的评论家也在做同样的事情。他站在《新观察家》的评论家的对立面进行思考，而他甚至没有意识到这一点。我们可以从他的修辞，即预期的矛盾的修辞中看出这一点——你要因为我批评阿拉巴尔（Arrabal）而说我是保守的平庸之辈，但我很了解阿拉巴尔，所以可以向你保证，没有什么再需要了解的事情。在安慰自己的同时，他也安慰了公众，后者担心那些令他们感到担心的作品，因为它们是无法理解的——尽管公众总是足够充分地理解了它们，感觉到了这些作品表达的东西都是他们烂熟于心的东西。用有点客观主义和决定论色彩的说法，生产者在生产中受他在生产空间中所占据的位置的支配。生产者没有追求区隔，他们按照物的逻辑生产多样化的产品。（显然，我所试图说明的内容与所有关于炫耀性消费的论述截然相反，后者把自觉追求差异看作文化生产和消费变革的唯一原则。）

所以，存在一种生产空间的逻辑，这种逻辑促使生产者——无论他们是否有此目的——生产出不同的商品。当然，客观上的差异可能会在主观上得到强化，长期以来，客观上有所区别的艺术家们也一直在寻求区别自身的特殊之道——特别是与主题和功能相对的、专属于他们的方式（manière）和形式。我有时说，知识分子和音素一样，仅通过差异而存在，而这并不意味着所有的差异都来自对差异的追求：幸运的是，为了寻找差异而寻找差异是不够的，有时，在大多数人都追求差异的世界中，不去寻找差异也足够与众不同……

在消费者那边，人们会如何选择呢？基于他们的品味。他们的品味多半是否定性的（一个人总能说出自己不喜欢的东西，而这往往指的是别人的品味）。这种品味通过与已经实现的品味对抗而形成；它通过从已经被客观化了的品味中识别自己，从而实现自我教育。

因此，要理解品味，要从社会学角度分析人们所拥有的东西、他们的特性和实践，这首先意味着，一方面要了解所提供的产品的生产条件，另一方面要了解消费者"自我生产"的条件。例如，要了解人们所做的运动，不仅要了解他们的性情倾向，而且要了解供给，而供给是历史发明的产物。这就意味着，同样的品味，在另一种供给状态下，可能会表现为现象上截然不同，但结构上对等的实践。（正是我们对这些现象上不同，但实践上可以互换的对象在结构上的对等的实践直觉，致使我们说——例如——罗伯－格里耶（Robbe-Grillet）之于20世纪，就如同福楼拜之于19世纪；这意味着从当时的供给中选择福楼拜的人，与如今选择罗伯－格里耶的读者所处的位置是类似的。）

既然我已经概述了品味如何在供求之间，或者更准确地说，在分类对象和分类系统的相遇中产生，现在我们可以研究这些品味是如何变化的了。首先在生产、供应方面：艺术场域是永远在变化的场所，以至于正如我们所看到的那样，要取消一个艺术家作为艺术家的资格，只需证明他的风格仅仅是复制了已在过去得到证明的风格，这样就足以把他归入过去，表明他是陈腐之人或假冒者，是一个完全没有价值的模仿者，因为他完全没有独创性。

艺术场域是局部革命的场所，它动摇了场域的结构，却没有对场域本身和其中进行着的游戏提出质疑。在宗教场域，有正统与异端的辩证法——或称"改革"，一种特定的颠覆模型。艺术创新者和宗教改革者一样，都在是对场域内的支配者说："你们已经背叛了，我们必须回到源头、回到上帝的启示。"例如，文艺斗争是围绕着某些对立而组织起来的，从 19 世纪一直到今天，这些对立归根结底可以追溯到年轻人（即新来者、后起之秀）与老人（既存者、当权者）之间的对立。晦涩／清晰、困难／简单、深刻／肤浅，等等，这些对立终究都是各个艺术时代和世代之间的对立，也就是说，是艺术场域中的不同位置，该场域的原生语言是先进／过时、前卫／后卫等一系列对比。（顺便提一句，我们可以看出，对一个场域的结构的描述、对构成这个场域的具体权力关系的描述包含了对这个场域的历史的描述。）进入生产的游戏、在智识层面存在就是"创造一个时代"，同样也是把那些在另一个时期也"创造了一个时代"的人贬入过往。（"创造一个时代"就是创造历史，历史是斗争的产物，甚至是斗争本身；若不再有斗争，就不再有历史。只要有斗争就有历史，因此就有希望。只要没有了斗争、没有了被支配者的反抗，支配者就取得了垄断地位，历史就停止了。所有场域的支配者都把自己的统治看作历史的终结，这个"终结"既是结论也是目标，它没有"超越"，因此成为永恒。）

于是，创造一个时代就意味着把那些曾经占支配地位的人抛向过去，让他们成为过去时。那些被这样推入过去的人，可能仅会成为过时的人，但他们也可能成为"经典"，成为永恒（这种"永恒化"的条件，以及教育系统在创造"经典"中发挥的作用，都值得分析）。我所描述的模型在高级时装场域最清晰可见，在那里，它是如此清晰可见，以至于人们很可能会过于快速、简单地，但仅部分地理解它（这种情况经常发生在社会科学领域——时尚是那些人们永远不会停止试图去理解的机制之一，因为它们太容易理解）。例如，迪奥的继承者博昂（Bohan），他用高雅、谨慎、节制、清醒的语言谈论他的衣着，隐晦地谴责一切来自那些在场域中比他偏左的人的引人注目的挑衅；他谈起自己的"左"，就像《费加罗报》记者在谈论《解放报》一样。至于那些前卫的服装设计师，他们用政治的语言谈论时尚（我们的调查是在1968年事件刚爆发时做的），说时尚要"走上街头"，"应该让每个人都能接触到高级时装"。可见，这些自主场域之间存在着等价关系，以至于语言可以从一个场域传递到另一个场域，这些语言表面上看是相同的，但实际上具有不同的意义。这就提出了一个问题：当人们在某些相对自主的空间里谈论政治时，他们的作为是否和温加罗（Ungaro）谈论迪奥有所不同。

这为我们提供了第一个变化的因素。事情的另一面会不会随之而来呢？我们可以想象一个生产场域成功了，它的消费者在"增长"。自19世纪以来，文化生产领域，或至少是其中的某些部门就是这样的。但最近在宗教领域中也出现了这种情况。供给先于需求；消费者并没有提出要求……在这种情况下，该场域的逻辑是"中性"的，它证实了我所提出的中心思想，即变化并不是因产品根据需求进行的调整而产生的。不要忘记这些不匹配的情况，我们可以总结说，商品生产空间和品味生产空间这两个空间的变化速度大致相同。决定需求变化的因素之一无疑是随着教育水平（或受教育时间）的提高，需求水平在数量和质量上都有所提高。这意味着将有越来越多的人加入文化商品的竞争。教育水平的提高——除开其他因素——还通过我所说的根据地位分配职责（即位高则任重〔Noblesse oblige］）的效应来体现其影响。这使得拥有特定学历的人——就像拥有贵族头衔的人一样——以参观博物馆和画廊、购买唱片机、阅读《世界报》等方式行事，这些方式都是铭刻在他们的社会定义中的，几乎可以说是他们的"社会本质"。这样一来，教育的普遍延长，特别是已经是教育系统深度使用者的阶级对教育系统的更深度的使用，就可以解释所有文化实践的增长（就博物馆而言，我们在1966年提出的模型就预测到了这一发展）。[1] 而从这个逻辑来看，随着人们将目光转向最年轻一代，说自己会看乐谱或会弹奏乐器的人的比例大幅上升，这也就不足为奇了。需求变化对品味变化的促进作用，在音乐唱片这一案例中可以看得很清楚，需求水平的上升与供给水平的降低是一致的（同样的事情在阅读领域的平装书的例子中也可以看到）。需求水平的上升诱发了品味结构（一种等级结构）的转化，从如今最少见的贝尔格（Berg）和拉威尔的作品到最常见的莫扎特或贝多芬的作品的转化。简单地说，随着越来越多的消费者倾向于并能够购买它们，所有供应的

---

[1] 参见 P. 布迪厄、A. 达贝尔和 D. 施耐伯，《艺术之爱：欧洲艺术博物馆及其观众》（P. Bourdieu, A. Darbel and D. Schnapper ［1966］, *L'Amour de l'Art: les musées d'art européens et leur public*, Paris: Éditions de Minuit）。——英译者注

商品会失去一些相对稀缺和独特的价值。大众化意味着贬值。低级的(déclassés)商品不再划分阶级;属于"少数幸福人"(the happy few)的商品变得司空见惯。那些曾经以阅读《情感教育》或普鲁斯特来标志自己的文化精英成员身份的人,现在必须转而阅读罗伯-格里耶,或者更进一步,阅读克劳德·西蒙、托尼·杜弗特(Tony Duvert)等作家。产品的稀有性和消费者的稀有性同步下降。这就是为什么唱片和唱片收藏家会"威胁"到了音乐爱好者的稀有价值。如果后者再将潘泽拉与费雪迪斯考(黑胶唱片行业无可挑剔的产品)相提并论,就像其他人将门格尔贝格(Mengelberg)与卡拉扬加以比较一样,他们将设法重新引入失去的稀有性。对"复古"唱片和现场录音的崇拜也可以从同样的角度来理解。在所有这些例子中,这是一个让稀缺性重现的问题:没有什么比《施特劳斯圆舞曲》更普通的了,但当指挥者是富特文格勒(Fürtwängler)时,这首曲子的魅力是如此之大;门格尔贝格的柴可夫斯基同样如此!再举一例,肖邦,作为一名女子精修学院的钢琴曲作曲家,长期以来受到人们的质疑,现在则轮到他获得年轻音乐学家们的热情支持了。(如果我有时会为了简洁起见,使用意向性和策略性的语言来描述这些过程,那么大家务必记住，这些复兴是完全真诚的、"无私的"，并且在很大程度上源于这样一个事实，即那些与取消事物资格的人相对立的复兴者，他们并没有经历过取消肖邦的资格的那些人所经历过的状况。）所以，稀有性可以来自听觉世界（唱片、音乐会或亲自表演），来自诠释者，也来自作品本身。当它在某一方面受到威胁时，人们可以从另一个角度出发把它找回来。而至高无上的优雅可能要通过冒险才能寻得——要么通过将最难的音乐品味与最容易接受的流行音乐形式（最好带有异国情调）结合起来，要么通过乐此不疲地极度克制地表演最"容易接受的"、可能最庸俗化的作品。毋庸讳言，消费者的游戏回溯了马勒（Mahler）或斯特拉文斯基（Stravinsky）之类的作曲家的游戏，这些作曲家喜欢冒险，他们从音乐厅或舞厅二度借用流行的甚至"粗俗的"音乐元素。

这些通常只是消费者不自觉地采取的一些策略，他们利用这些策略来捍卫自己所消费的产品或消费方式的稀有性。事实上，最基本、最简单的策略就是回避那些已经被大众化、被贬低、不够格的作品。1979年法国人口统计研究所的一项调查显示，随着人们将目光投向年龄最大和受教育程度最低的受访者，他们对有些作曲家——比如阿尔比诺尼或肖邦——的"消费量"稳步上升。他们提供的音乐既"过时"又低级,换句话说,既庸俗又普通。

在抛弃过时的"普通"音乐的同时,人们还在无休止地寻找当下最稀有的音乐——这当然是指最现代的音乐。而且我们还会发现,用具有代表性的听众样本所给出的平均评分来衡量,更现代的音乐更具稀有性,仿佛这些作品的客观难度随着它们所含有的历史积淀的量(对音乐历史的引用程度)、获取作品所要求的能力所需要的时间(换句话说就是这种能力的稀有性)的增加而增加。分数在此区间内上下变动:蒙特威尔第(Monteverdi)、巴赫和莫扎特3.0分(满分5分),勃拉姆斯(Brahms)2.8分,普契尼(Puccini)2.4分,(稍有反转)贝尔格2.3分(但作品是《露露》),拉威尔1.9分(《左手协奏曲》)。总之,我们能够预测,最"知情"的公众会不断走向现代音乐(音乐会节目也证实了这一点),而且会越来越现代。但也有逆转,我们已经看到了由哈农库特(Harnoncourt)或马古瓦(Malgoire)所指挥的肖邦和翻新的巴洛克音乐的例子。因此,出现了完全可以与时装行业的周期相媲美的周期,只是音乐的周期更长。这会是理解接连出现的巴赫演绎者的风格的关键,从布施(Busch)经慕辛格(Münchinger)

到莱昂哈特(Leonhardt),每个人都在反抗前一种风格。

可见,生产者的区隔"策略"和最知情的消费者,也就是最优秀的消费者的区隔"策略"是不需要互相寻找就能相遇的。这就是为什么与艺术品的相遇往往会给人带来奇迹般的、"一见钟情"的体验;也是为什么艺术之爱是用爱的语言来表达的,是在爱的语言中被体验的。

进阶阅读

皮埃尔·布迪厄,《信仰的生产:对象征性商品经济学的思考》,载《社会科学研究学报》(La Production de la croyance, contribution à une économie de biens symboliques, *Actes de la recherche en sciences sociales* 13. 1977, pp. 3-40)。

15 一个人怎样才能成为运动员?

1978 年 3 月在国家体育研究所举办的"国际体育教育与体育历史大会"上发表的主题演讲。

我既不是以历史学家的身份发言的,也不是以体育史学家的身份发言的,所以我在专业人员中显得很业余,只能请求你们——通俗地讲——成为"优秀的运动员"……但我认为,由于不是专家而产生的天真有时会使人提出一些专家们往往会忘记的问题,因为他们认为自己已经回答了这些问题,而且他们认为一些可能是他们学科的基础的假设是理所当然的。我将要提出的问题是来自外部的;这些问题是一个社会学家的问题,他在他所研究的对象中遇到了诸如以这样的形式出现的体育和娱乐活动,即体育活动按教育水平、年龄、性别和职业的统计分布的形式,由此,他不仅要向自己提出有关实践和变量的关系的问题,而且要追问实践在这些关系中所具有的意义。

我认为,在不太违背现实的情况下,可以把一系列体育和娱乐活动视为一种提供给社会能动者的、旨在满足社会需求的供给，它们包括橄榄球、足球、游泳、田径、网球、高尔夫，等等。如果此模型被采纳，就会产生两组问题。首先，是否存在一个有其自身的逻辑和历史的生产场域，在这个场域中"体育产品"被制造了出来，也就是说，是否存在一个在某一特定时刻可供使用的、为社会所接受的体育和娱乐活动的世界？其次，由此产生的各种"体育产品"——打高尔夫或越野滑雪、阅读《体育报》或在电视上观看世界杯——为人所居有的可能性的社会条件是什么？换句话说，对"体育产品"的需求是如何产生的，人们是如何获得对体育——无论是将其视作一种活动还是一种娱乐——的"品味"、对某一种体育而不是另一种体育的"品味"的？更确切地说，能动者是根据什么原则在不同的、某一特定时刻提供给他们的可能的体育活动或娱乐项目之间进行选择的？

在我看来，我们应该首先考虑一种社会现象之可能性的历史和社会条件，我们太容易把"现代体育"视为理所当然。换句话说，是什么社会条件使得与体育活动和娱乐活动直接或间接相关的制度和能动者系统得以建立。该系统包括公共或私人"体育协会"，其职能是代表和维护某一特定体育项目的从业者的利益，制定并实施一系列标准，管理活动、商品（设备、仪器、特殊服装，等等）生产商和销售商，也管理从事该体育项目所需的服务（教师、教练、训练员、体育医生、体育记者，等等）和体育娱乐及其相关商品（T恤衫、明星照片、三重彩，等等）的生产者和销售者。这个直接或间接地以体育为生的专家群体是怎样逐步形成的（体育社会学家和历史学家也属于这个群体，但他们可能无助于这个问题的提出）？更确切地说，这个由能动者和制度组成的系统何时开始作为一个竞争场域——有着与他们在该场域中的位置有关的特定利益的能动者之间的对抗场所——发挥作用？如果真如我的问题所表明的那样，制度和能动者（他们利益与体育联系在一起）的系统往往是作为一个场域发挥作用的，那么由此可见，人们不能通过将体育现象与相应社会的经济和社会条件直接联系起来，去直接理解某一特定社会环境中的、某一特定时刻的体育现象是什么：体育的历史是一部相对独立的历史，即使它以经济和社会历史的重大事件为标志，它也有自己的节奏，有自己的演变规律，有自己的危机，简言之，有自己特定的年表。

因此，体育社会史最重要的任务之一很可能是通过建构体育社会史的对象出现的历史谱系，从而建立其自身的基础；体育社会史的对象的出现是一种特定的现实，无法被还原为其他任何现实。只有这样，我们才能回答一个与学术定义问题无关的问题，即从什么时候开始（并非一个准确的日期）人们谈论体育成为可能，也就是说，从什么时候开始它构成了一个竞争场域，在这个场域里，体育被定义为一种特定的实践，而不再能被简化为一种单纯的仪式游戏或节日娱乐。这就等于是在问，现代意义上的体育的出现是否与它同那些似乎是现代体育的"祖先"的活动之间的断裂（断裂可能是分几个阶段实现的）有关，这种断裂本身就与具有特定的奖励和自身的规则的特定实践场域的构成有关，在那里，一种整体的特定能力和文化获得了投资，并被生产了出来（无论是顶级运动员那融为一体的文化和身体能力，还是体育经理人或记者的文化能力）——这种文化在某种意义上是深奥的，因为它将专业人员和非专业人员区分开来了。这使我对所有这样的研究的有效性产生了怀疑：它们以一种本质上的时代错置，将欧洲或非欧洲的前资本主义社会的游戏与严格意义上的体育进行类比，后者的历史发生与"体育产品"生产场域的形成是同时进行的。这种比较只有在这种情况下才是合理的：研究者选择了与寻找"起源"截然相反的进路，其研究目的——如诺贝特·埃利亚斯(Norbert Elias)的著作所说——在于把握体育实践的特殊性,或者更准确地说,在于确定某些早先存在的体育运动或其他可能已经获得了崭新的意义和功能的运动(其崭新程度与排球或篮球这类完全是被发明出来的运动不相上下)是如何成为体育的,如何在它们的奖励、它们的规则及其参与者(选手或观众)的社会认同这些方面,为"体育场与"的特定逻辑所定义的。

因此,体育社会史的任务之一也许是通过讨论从什么时候开始,或者更确切地说,处于什么样的社会条件,我们才真正有了谈论体育的可能(而不是简单的玩游戏的体育,游戏这一含义仍然存于"sport"这一词中,但在盎格鲁-撒克逊世界外的国家那里,这个词的用法有所不同,在那些国家,这个词是与它所指示的那种全新的社会实践同时被引入的),从而为作为一个单独的科学对象的体育社会科学的合法性奠定基础。这一有着自身特定逻辑的领域是如何被构成为那些相当具体的社会实践的场所的,这些社会实践在特定历史过程中定义自身,并且只能从这一历史的角度为人所理解(例如,体育法的历史或体育纪录的历史,这是一个有趣的词,它使人想起历史学家们对场域及其神秘文化的形成所作的贡献,他们的任务是记录和庆祝值得注意的功绩）？

由于不具备回答这些问题需要的历史文化，我将试图调动我所知道的历史——尤其是足球和橄榄球的历史——以便至少尝试更好地阐述它们。（当然，没有理由假设场域的构成过程在所有情况下都采取相同的形式，甚至有可能——就像格申克龙［Gerschenkron］的经济发展模式一样——比其他体育项目出现得晚的体育项目因此经历了不同的历史，很大程度上借鉴了以往的体育运动，因而更为"先进"。）从严格意义上说，游戏到体育的转变似乎是不争的事实，它发生在为资产阶级社会存储"精英"的教育机构——英国公立学校——中。在那里，贵族或大资产阶级家庭的子弟接管了一些流行的，即粗俗的游戏，同时改变了它们的意义和功能，这与学术的音乐领域把它所引进的民间舞曲——布雷舞曲（bourrée）、萨拉班德舞曲（sarabande）、嘉禾舞曲（gavotte）等——转变为高级艺术形式完全相同，如利用组曲的方式。

为了简单地描述这种转变的特点，即就其原则而言的转变，我们可以这样说："精英们"的身体锻炼脱离了日常的社会场合，而民间游戏仍然与之相关（例如农宴），与此同时，他们的身体锻炼也剥离了一些社会功能（更不用说宗教功能了），而传统游戏仍与之相关（例如一些前资本主义社会在农耕年的某些转折时间点进行的仪式游戏）。学校——闲暇（skholè）、休闲的场所——是这样一个地方，在那里，实践被赋予了社会功能，同时被整合进了集体日历中、被转化为了身体锻炼，活动本身即是目的，是一种为艺术而艺术的身体艺术，它受特定规则支配，被插入特定的日历中，越来越不能被简化为任何功能上的需求。学校是所谓的免费练习的绝佳场所，在那里，人们获得了一种对语言和社会世界的疏远的、中立的性情倾向，而这正和资产阶级与艺术、语言和身体的关系中所隐含的性情倾向毫无二致：体操使用身体，就像学者使用语言一样，这种使用本身就是一种目的。人们从学校的经历——即某种意义上撤出世界和现实实践，精英的寄宿学校就代表了一种已得到完全发展的撤出的形式——中获得的是无目的活动的倾向，这是资产阶级精英精神的一个基本面向，这些精英总是以自己的无私为傲，并以在艺术和体育中表现出的自愿选择的与物质利益保持的距离来定义自己。"公平竞争"是一种游戏方式，这种方式是那些不会被游戏冲昏头脑以至于忘记这是一场游戏的人的特点，正如戈夫曼所说的那样，这些人保持着"角色距离"，这种距离隐含在为未来领导人指定的所有角色中。

正如韦伯所言,体育场域的自主化还伴随着一个合理化的过程,该过程旨在确保可预测性和可计算性,以便超越地方差异和特殊性:建立一套具体的规则,从公立学校的"老男孩"中招募人员组建专门的管理机构(至少最初是这样的),这两个过程是同时进行的。一旦在不同教育制度之间,继而在不同地区之间建立了体育"交流",人们就会感到需要一套固定的、普遍适用的规则。体育场域的相对自主性在自我管理和制定规则的权力中得到了最明确的确认,这些权力是基于历史传统或得到国家保障的,人们承认体育协会拥有这些权力:这些机构被赋权管理他们所组织的活动的标准,有权行使训诫的权力(禁止、罚款,等等)以确保他们颁布的具体规则得到遵守。此外,它们还颁发特定的头衔,如冠军头衔和英国那样的教练员身份。

体育实践场域的构成与体育哲学的发展有关,而体育哲学必然是一种体育的政治哲学。业余理论实际上是贵族体育哲学的一个维度,即体育作为一种无涉利益的实践,它有结局无目的,类似于艺术实践,但甚至比艺术更适合用来肯定未来领袖的男性美德:体育被设想为一种勇气和男子气概的训练,"养成性格"并灌输"胜利意志"(这是真正领袖的标志,但却是一种在规则之内的胜利意志)。这就是"公平竞争",它被构想为一种贵族式的性情倾向,完全反对平民式的不惜一切代价追求胜利的行为。(然后,人们就不得不探讨体育美德与军事美德之间的联系:还记得老伊顿公学或牛津公学对学生在战场或空战中的事迹的颂扬吧。)这种由贵族设计(第一届奥委会中有无数公爵、伯爵和领主,而且他们的家庭血统都很古老)并由贵族担保的贵族伦理(所有这些人组构了国际和国内组织中的自我存续的寡头)显然适应了时代要求,正如人们在皮埃尔·德·顾拜旦男爵(baron Pierre de Coubertin)的著作中所看到的那样,它包含了资产阶级私有制伦理那名为自助的最基本的假设(在英文中自助往往是一种委婉的说法)。体育被美化为了新型学徒制中一个重要组成部分,这种美化需要一种全新的教育制度——这在顾拜旦的著作中有所体现,又再次出现在了弗雷德里克·勒普莱(Frédéric Le Play)的另一位弟子德莫兰(Demolins)的作品中。德莫兰创立了奥诗学校(École des Roches),著有《盎格鲁-撒克逊人的优势是什么?》(*A quoi tient la supériorité des anglo-saxons*)和《新教育》(*l'Éducation nouvelle*),他在书中批评了拿破仑式的军营式中学(这一主题后来成为巴黎政治学院和哈佛大学"法国社会学"的共同主题)。在我看来,这场争论的关键——远远超出了体育的范围——在于资产阶级教育的定义,它与小资产阶级和学术界的定义形成了鲜明的对比:它是"精力"、"勇气"、"意志力"、"领袖"(军事或工业领袖)美德,以及最重要的也许是个人的主动性、(私人的)"事业心",而不是在重点中学及其学科中具有象征意义的知识、博学、"学术"的顺从,等等。简而言之,忘记这一点是错误的:常与顾拜旦的名字联系在一起的现代体育是"道德理想"的一个组成部分,这种道德理想是支配阶级中占支配地位那部分人的道德理想,它主要在一些面向私营企业老板的儿子的私立学校(例如奥诗学校,这类学校的理想范例)中得以实现。重教育而轻教学,重性格或意志力而轻智力,重体育而轻文化,这肯定了内在于教育界本身的一种学术等级的存在,这种等级制度不能简化为严格意义上的学校等级制度,而学校等级制度在这些对立中是次要的。正如它所说的那样,这意味着,取消或诋毁支配阶级的其他部分或其他阶级(特别是小资产阶级的知识分子和"教师之子",在纯学术能力的地盘上他们是资产阶级之子的有力挑战者)所承认的价值;它意味着提出其他的"成就"标准和其他使成就合法化的原则，以替代"学术成就"。（在最近对法国实业家的调查中，我能够证明，这两种教育观念的对立对应了两条坐上大公司管理岗位的途径，一条是奥诗学校或主要的耶稣会学校的法律学院，或近期更多是政治学院、金融审计学院或高等商业学院，另一条则是从省立中学到理工学院。）将体育美化为性格的训练场等场所意味着某种反智主义。支配阶级的支配部分总是倾向于从男性与女性、阳刚与阴柔的对立的角度来设想他们与"知识分子"、"艺术家"、"教授"等被支配部分的关系，而这种对立又因时代的不同而被赋予了不同的内容（如现在的短发与长发；"经济和政治"文化与"艺术和文学"文化，等等）。只要记住这一点，我们就会理解崇尚体育——尤其是崇尚橄榄球这样的"男性"运动——的最重要的含义，就会发现，体育和其他任何实践一样，是支配阶级各部分之间，也是社会各阶层之间斗争的对象。

体育实践场域是斗争的场所，在这一领域，最关键的是对体育实践和体育活动的合法功能强加合法定义的垄断性的能力：业余性与专业性、参与性体育与观赏性体育、独特的（精英）体育与流行的（大众）体育；这个场域自身也是更大的斗争场域的一部分，即合法身体的定义和身体的合法使用的斗争场域,这场斗争涉及教练、经理人、体操大师和其他所有体育用品和服务的提供者,除此之外,它还涉及道德家(特别是神职人员)、医生(特别是健康专家)、最广义上的教育者(婚姻指导顾问、营养师等)、时尚和品味的仲裁者(时装设计师等)。对这种权力——对这一类特殊的身体使用和体育用途强加合法定义的垄断性的权力——的争夺无疑呈现出一些不变的特征。例如,我想到了这一对立,即(从合法运动的定义的角度看的)体育教育的专业人员(体操运动员、体操教师等)与医生之间的对立,即两种特定的权威形式("教育学的"与"科学的")之间的对立是与两种特定资本相联系的;或想到了这一反复出现的对立,即两种对立的身体使用哲学之间的对立,一种是比较禁欲的哲学,在身体文化(culture physique)这一矛盾的表达中,它强调文化、反身体、反自然、直率、正直、努力,另一种则是比较享乐的哲学,强调自然、身体的优先权,将身体文化还原为一种放任自流或一种向放任自流的回归——就像现在身体表达(或反体育)所做的那样,教它的信徒解除多余的规训和约束,特别是日常的体育锻炼所施加的规训和约束。由于身体实践场域的相对自主性——按其定义——意味着相对的依赖性,因此，在这个场域内，实践的发展——朝向禁欲主义或享乐主义两极的发展——在很大程度上取决于，在合法身体和身体的合法使用的垄断定义的斗争场域内，支配阶级和社会各阶级之间的权力关系状态。因此，被称为"身体表达"的一切所取得的进步只能与这种进步联系起来理解，即与亲子关系有关的、（以及更广泛地）与教育学有关的一切方面的进步，这种进步是资产阶级（和小资产阶级）中的某些新兴群体所宣扬的资产阶级道德的新变体，在抚养子女、等级关系和性行为方面，它赞成用自由主义取代严厉的（被斥为"压抑"的）禁欲主义。我们有必要对这第一阶段，这个我眼中的决定性阶段进行勾勒，因为在这个场域的那些不尽相同的状态中，体育仍然带有其起源的痕迹。贵族意识形态认为体育是无利害的、无偿的活动，这种意识形态在仪式性庆祝话语的主题中继续存在，它有助于掩盖日益增加的体育活动的真实性质，不仅如此，网球、骑马、帆船或高尔夫等体育活动，从始至终，它们的部分"利益"无疑源自其区隔功能，更确切地说，源自它所带来的区隔收益（大多数最精挑细选的，即选择性的俱乐部都是围绕着体育活动组织的，体育活动成为选拔性聚会的焦点或借口，这并非偶然）。如果高贵的——尊贵的、区隔性的——运动(如"聪明"的运动)与一些原本只属于"精英"但由于大众化而变得"庸俗"的体育项目(例如足球,以及在较小的程度上,橄榄球,也许在未来一段时间内橄榄球还会保有双重地位和双重社会招募)之间的区别,与参与体育和单纯的体育娱乐消费之间的更尖锐的对立凑在了一起,那么这种区隔收益就会更显著。我们知道,随着社会阶层的下移,在青少年时期之后(更不用说成年或进入老年之后)实践体育运动的概率明显下降(加入体育俱乐部的概率也同样如此),而随着社会阶层的上升,在电视上观看足球或橄榄球等据说最受欢迎几种的体育赛事(作为观众到体育场观看比赛要遵守更复杂的规则)的概率则明显下降。

因此,无论参加体育运动——特别是足球等团队运动——对工人阶级和中下层青少年的重要性有多大,我们不能忽视的一点是,所谓的大众运动——自行车、足球或橄榄球——也主要是作为景观而存在的(人们对它们的部分兴趣可能源自想象性的参与,这种想象性的参与的基础是过去的实际参与经验)。它们是"大众的",但这一说法是就这个形容词应用于大规模生产的物质或文化产品——无论是汽车、家具还是歌曲——时的意义而言的。

简言之,从"大众"游戏(即人民生产出来的游戏)中萌生出来的体育就像"民间音乐"一样,以为民众生产的景观的形式回到了人民身边。如果集体赋予练习体育的价值(特别是由于体育竞赛已经成为衡量国家相对实力的标准,从而成为政治利益的标准)无助于掩盖实践与消费之间的隔膜,因此也无助于掩盖简单的被动消费的功能,那么作为景观的体育就会更清晰地出现在大众商品中,而体育娱乐产业的组织也会成为演艺事业的一个分支。

顺便说一句,人们可能会想,体育实践中最近的一些发展——如兴奋剂的使用,或球场和看台上暴力事件的增多——是否在一定程度上不是我匆匆描述的演变的结果。我们只需想想诸如此类的现象的含义就好了:橄榄球这样的运动(在法国,但美国足球同样如此)通过电视变成了一种大众景观,远远超出了现在或过去的"从业者"的圈子,也就是说,它被传播给了不完全具备充分解读能力的公众。"内行"有自己的感知和鉴赏图式,由此他能够看到外行看不到的东西,能够在外行只看得见暴力和混乱之处看到必然性,因此他能够从一个动作的敏捷性、一个成功组合不可预见的必然性或一个团队战略近乎奇迹般的协调中,发现一种与音乐爱好者从一部特别成功的作品的演奏中获得的一样强烈的习得的乐趣。感知越肤浅，人们就越无法从自己和自己所想象的景观中找到乐趣，就越喜欢寻找"轰动效应"和对显而易见的技艺和可见的技巧的崇拜，最重要的是，就越专注于体育景观的另一个层面，忐忑不安地对结果抱有悬念，从而鼓励运动员，特别是鼓励组织者不惜一切代价争取胜利。换句话说，似乎一切都表明体育和音乐一样，将观众扩大到业余爱好者的圈子之外有助于加强纯专业人员的统治。罗兰·巴特在一篇题为《声音的种子》（Le Grain de la voix）的文章中，对比了战争时期的法国歌手潘泽拉与他所认为的中产阶级文化的典型产物——费雪迪斯考，他让人想到了那些拿多热（Dauger）或博尼法斯（Boniface）的灵感橄榄球与贝济耶队（Béziers）或弗罗（Fouroux）率领的法国队（这两支队伍宛若"上好了油的机器"）对比的人。这就是过去或现在的"实践者"的观点，与单纯的消费者、沙发上的音乐家或运动员相反，他们认识到一种卓越的形式，而这种形式——甚至它的不完美也证明了这一点——仅仅是普通业余爱好者的能力的上限。简言之，我们完全有理由认为，在音乐和体育中，唱片或电视最近赢得的公众的纯粹被动的能力（这种能力无须任何个人表现就能获得）至少是生产演变中的一个消极的，即被允许的因素（顺便提一下，人们发现了某种"极左的"批判风格的模糊性：对体育和音乐中的大规模生产的弊端的谴责往往与对业余主义时代的贵族式的怀旧结合了起来）。

除了助长沙文主义和性别歧视，体育还在专业人员、高深的技术能手与沦为单纯消费者的普通人之间进行了划分，这种划分往往成了集体意识的深层结构，毫无疑问，正是通过这种划分，体育产生了其最具决定性的政治影响。体育并不是普通人沦为"粉丝"的唯一领域，粉丝是激进分子的极端滑稽形式，这种形式被判定为一种虚构的参与，而这种参与只是对他们所遭受的来自专家的剥夺的虚幻补偿。

事实上，在进一步分析其影响之前，我们必须尽力更仔细地分析这种转变——体育从一种专供业余爱好者使用的精英活动变成了一种由专业人员生产、供大众消费的景观——的决定因素。仅仅援引体育产品和服务的生产场域的相对独立的逻辑，或者更准确地说，该场域内的体育娱乐产业发展的相对独立的逻辑是不够的，后者受制于盈利规律，旨在在最大限度地提高效率的同时，将风险降到最低。（因此，它特别需要能够合理组织专业运动员体能资本的训练和保养的专业执行人员和科学管理技术:人们会想到——比方说——美式橄榄球,在美式橄榄球中,教练员、医生和公关人员的队伍比运动员的队伍还要庞大,而且美式橄榄球几乎总是被用作体育器材和配件行业的宣传工具。)

实际上,体育活动本身的发展——甚至在工人阶级的年轻人中的发展——无疑部分源于这样一个事实:体育注定要在更大的范围内履行那种使它在19世纪末的英国公立学校中被发明出来的功能。甚至在他们按照维多利亚时代的信念将体育视为"改善品格"的手段之前,必须全天候地执行监督的公立学校——戈夫曼意义上的"总体性制度"——就已经将体育视为"一种消磨时间的手段"、一种经济的控制青少年(它们的职责所在)的方式。学生们在运动场上的时候很容易被监督,他们在进行"健康的"活动,他们在互相发泄自身的暴力,而不是破坏建筑物或对老师大喊大叫。这无疑是体育得到传播、体育协会增多的因素之一,体育协会最初是在自愿的基础上组织起来的,后来逐渐得到政府当局的承认和支持。这种极其经济的动员、占有和控制青少年的手段,注定会成为所有或总体或部分地组织起来的机构之间的斗争的工具和利害关键,这些机构旨在动员和象征性地征服群众，从而为象征性征服青年而竞争。这些机构当然包括政党、工会和教会，但也包括家长式的老板，他们为了确保完全、持续地控制劳动人口，不仅为其雇员提供医院和学校，而且还提供体育场和其他运动设施（一些体育俱乐部是在私人雇主的帮助和控制下建立的，今天以雇主名字命名的体育场的数量仍然证明了这一点）。我们很熟悉在各种政治舞台上从未停止过的就体育问题而进行的竞争——从乡村层面（世俗或宗教俱乐部之间的竞争，或最近关于优先考虑体育设施的辩论）到国家层面（例如，由天主教会控制的法国体育联合会与由左翼政党控制的体育和运动联合会之间的对立）的竞争。事实上，随着国家承认和补贴的提高，以及随之而来的体育组织及其官员表面上的中立，体育以一种越来越隐蔽的方式成为政治斗争的对象。这种竞争是社会发展最重要因素之一，也就是说，社会构成了对体育活动和所有相关设备、工具、人员和服务的需求。因此，体育需求的增加在农村地区最为明显，那里的设施和队伍的出现——就像现在的青年俱乐部和老年俱乐部一样——几乎总是乡村小资产阶级或资产阶级努力的结果，他们在这里找到了一个这样做的机会：把组织和领导的政治服务强加于人，并且积累或维持一种名声和荣誉的政治资本（这种资本总是有转化为政治权力的可能）。

不言而喻，从精英学校到大众体育协会，体育的普及必然伴随着运动员及其组织者所赋予这种实践的功能的变化，也伴随着体育实践逻辑的转变，这种转变与观众的期望和要求的转变并行不悖，而观众的期望和要求现在已经远远超出了以前的实践者。与橄榄球运动相关联的"男子气概"的提升和对"团队精神"的崇拜——更不用说"公平竞争"的贵族理想——对于英国公立学校的资产阶级或贵族青少年和法国西南部的农民或店主的儿子来说，有着非常不同的意义和作用。这只是因为，例如，体育事业——撇开网球或高尔夫——实际上是被排除在资产阶级儿童可接受的人生轨迹之外的，但它代表着向被支配阶级的子女开放的为数不多的向上流动的道路之一；体育市场之于男孩的身体资本，就像选美系统之于从事这一职业的女孩的身体资本一样；而工人阶级对运动员的崇拜无疑部分地解释了这样一个事实：这些"成功的故事"象征着通往财富和名声的唯一公认的途径。一切都表明，来自工人阶级和中下阶层的从业者，在进行体育活动时所抱持的兴趣和价值观念与这样的要求是一致的，即相应的职业化（当然，它可以与业余主义的表象共存）要求，以及追求特定效率最大化（以"胜利"、"头衔"或"纪录"来衡量）、最大限度地减少风险（我们已经看到，这本身就与私人或国家体育娱乐业的发展有关）所强加的体育活动的准备和表现的合理化要求。

在这里我们遇到了一个供给的情况，在某一时刻对体育实践和娱乐给出的特定定义满足了这样一个需求，即场域之中的能动者的期望、兴趣和价值，现实的实践和娱乐则因两者之间的长期对抗和调整而不断发展。当然，在每一个时刻，每一个新进入者都必须考虑到体育活动和娱乐活动的分工及其在社会各阶级中的分配的限定性状态，这种状态是他无法改变的，它是此前全部历史的结果，是进入"体育场域"的能动者和机构之间的斗争和竞争。但是，虽然在这里和其他地方一样，生产场域确实有助于产生对其自身产品的需求，但是，除非将能动者对体育的性情倾向（这些倾向本身就是与身体的特定关系的一个方面）重新纳入作为生活方式的基础的性情倾向系统，即惯习的统一体中，否则就无法理解能动者据以倾向于这种或那种体育实践的逻辑（例如，我们很容易证明与身体的关系和与语言的关系的同源性，这种同源性是某个阶级或阶级的某个部分的特征）。

换句话说，面对我一开始提到的，根据社会阶层划分的各种体育活动的分布情况的统计表，我们必须首先考虑不同社会阶层赋予不同体育活动的社会意义和功能。不难看出，不同社会阶层对身体锻炼的预期效果并不一致，无论是就身体的外表（身体素性）——如一些人喜欢发达的肌肉、肉眼可见的力量，另一些人喜欢优雅、轻松和美丽——而言还是就身体的内在——健康、心理平衡，等等——而言，都是如此。换句话说，这些实践中的阶层差异不仅来自决定了他们是否能承担其经济或文化成本的因素的差异，而且还来自对不同的体育实践应该带来的或即时或延迟的利润的认识和评价的差异。因此，不同的阶层对身体本身的"内在"利润的关注度是十分不平等的（这些"内在"利润是真实的还是虚构的，这并不太重要，因为只要它们的确是人们所期望的，它们就是真实的）。雅克·德弗朗斯（Jacques Defrance）举例说，人们可以要求体育运动制造一个强壮的、带有外在力量标志的身体——这是工人阶级的要求，通过健身来满足；或者要求体育运动制造一个健康的身体——这是资产阶级的要求，通过体操或其他运动来满足，其功能主要是保健性的。在很长一段时间里，"大力士"是最典型的流行娱乐项目之一（还记得著名的戴德拉·布朗热[Dédé la Boulange]吗？他在艾维斯广场上表演，用街头卖艺或举重的形式交替展示力量）；举重据说可以增加肌肉，多年来，特别是在法国，这是工人阶级最喜欢的运动；奥林匹克当局花了这么长的时间才正式承认举重，在现代体育的贵族创始人看来，举重象征着单纯的力量、野蛮和智力上的贫乏，简而言之，就是象征着工人阶级。这些都并非偶然。

同样，不同阶层对从事某些体育运动所获得的社会利润的关注也截然不同。例如，可以看出，高尔夫除了具有明确的使人健康的功能，还具有分配的意义，而这种分配的意义是大家一致承认并认可的（每个人都对各阶层从事各种运动的概率有实际的把握），它与地掷球运动完全相反，也许在纯粹使人健康的功能上地掷球运动和高尔夫没什么不同，但它的分配意义却非常接近潘诺酒和各类食物，这些食物不仅经济，而且强烈（在辛辣的意义上），人们认为它们会给人以力量，因为它们重口、多脂、辛辣。事实上，我们完全有理由认为，在某种像地掷球运动一样的实践（这种实践几乎不需要经济或文化资本，甚至不需要身体资本）在各阶层之间的分配中，区隔的逻辑和闲暇时间起着决定性的作用。这种实践的频率稳步上升,在中下阶层——特别是在小学教师和医疗服务部门的文职工作者——那里达到最频繁的点,然后逐渐减少,随着将自己与普通人区分开来的关切越来越强烈,这种实践越来越少;在艺术家和专业人员那里也是如此。

这些体育运动也同样如此,它们只需要"身体"素质和身体能力,在可利用的时间范围内,其次,在可利用的体力范围内,获得这些素质和能力的条件似乎或多或少是平等分配的。如果不是按照在其他领域(例如摄影)观察到的逻辑,对区隔的关注和对这些运动缺乏兴趣使支配阶级的成员远离了这些运动,那么随着社会等级的提高,从事这些体育运动的可能性无疑会增加。事实上,调查显示,大多数集体运动,如篮球、手球、橄榄球、足球等,这些体育运动在文员、技术员和店主中最受欢迎,另外,毫无疑问,最典型的流行运动,如拳击和摔跤,都结合了所有排开支配阶级成员的原因。其受众的社会构成奠定了大众化过程中所隐含的庸俗性的基础,奠定了该运动所涉及的价值观——如竞争性——的基础,并且奠定了该运动所要求的美德——比如力量、耐力、暴力倾向、牺牲精神、温顺、服从集体纪律(这些都是资产阶级角色中所隐含的"角色距离"的完美对立面），等等——的基础。

因此，这一切表明，从事不同体育运动的可能性主要取决于经济资本，其次取决于文化资本和闲暇时间（每种运动在不同程度上取决于此）；这种可能性是通过伦理、审美的性情倾向与利润之间的亲和性来实现的，前者与社会空间的特定位置有关，而后者似乎是在这些性情倾向的基础之上由不同的体育运动所提供的。不同的体育运动与年龄的关系更为复杂，因为它只是在某一运动与某一阶级的关系之中——通过所需的体力上的努力的强度和朝向这种努力的性情倾向（它是阶级气质的一个方面）——得到确定的。"大众运动"最重要的特性是，它们心照不宣地与青年联系在一起，青年自发地、隐秘地被赋予一种临时性的许可，这种许可的首要表现是对充沛的体力（和性）的挥霍；"大众运动"的另一个重要特征是它们很早就被抛弃了（通常是在进入成年生活的时候，以婚姻为标志）。与此相反，各种"资产阶级"的体育运动主要是为了维持身体机能并带来社会利益而进行的，其共同点是年龄界限远远超出了青年，而且很可能年龄越大越有声望、越有排他性（如高尔夫）。

实际上，除开各种对区隔的追求，与自己身体的关系——惯习的一个基本方面——也将工人阶级与特权阶级区分了开来,正如在后者内部,它区分了被整个生活方式的世界隔离开来的各个部分。一方面,在所有以身体为中心的实践中,无论是节食、美容,或是与疾病、药物有关,工人阶级都表现出与身体的工具性关系,这种工具性的关系同样表现这一点上,即他们选择需要投入大量精力的运动,这些运动有时需要忍受疼痛和折磨(如拳击),有时则是用身体本身去赌博(如摩托车、跳伞、各种形式的杂技,以及在某种程度上所有涉及争斗的运动,我们可以将橄榄球包括在里面)。另一方面,特权阶级有将"生活风格化"的倾向,这一点在他们把身体当作目的本身的倾向中得到了证实,他们强调身体作为一个有机体的内在功能(这导致了对健康长寿的崇拜),或强调身体的外观是一种可感知的构型,"体质",即为他人的身体(corps-pour-autrui)。

一切似乎都表明,对修身的关注——就其最基本的形式,即作为对健康的崇拜而言——仿佛在中下阶层中往往意味着对节制和苦行僧式的严格饮食的崇尚,他们特别沉迷于体操这项苦修的运动,因为它相当于一种为训练而进行的训练。体操或完全以健康为导向的运动(如散步或慢跑)与球类运动不同,它们不提供任何竞争性的满足感,是高度理性和合理化的活动。这首先是因为它们预设了对理性、对理性所许诺的延迟的且往往难以察觉的好处（如防止衰老，这种抽象的、消极的好处只有参照一个彻底的理论参照物才会存在）的坚定信念；其次是因为它们一般只有参照一个彻底理论的、抽象的关于某种运动的效果的知识才有意义，而该运动本身往往——就像体操一样——被简化为一系列抽象动作，通过参照某个具体的、技术上确定的目的（如"腹肌"）而得到分解和重组，这些动作与日常情境中的一切动作相对立，是以实践目标为导向的，就像军士长手册中被分解开来的、与普通的步行相对立的基本动作。因此，我们可以理解这些活动符合并满足了向上流动的个体的禁欲性情，这些个体预备在努力中找到满足感，并且接受这就是他们存在的全部意义，即延迟的满足感，这将会是对他们目前的牺牲的奖励。在社会等级较高的阶层那里，给人健康的功能与可能被称作审美的功能的联系越来越紧密，它甚至从属于审美功能（特别是，在其他条件相同的情况下，不仅在身体的可感知的型构〔configuration〕上，而且在身体运动、步态等方面，女性都更需要服从界定了身体应该是什么的规范）。毫无疑问，在专业人士和成熟的商业资产阶级中，使人健康的功能和审美功能与社会功能的结合是最为明确的；在他们那里，体育与客厅游戏和社交应酬（招待会、晚宴等）一起，在使社会资本得以积累的"无偿的"、"无关利益的"活动中占有一席之地。这一点可以从以下事实中看出：在最典型的高尔夫、射击和马球一类的高档俱乐部中，体育活动往往只是挑选邂逅对象的借口，或者换一种说法，是一种社交技巧，就像桥牌或舞蹈一样。

最后，我只想指出，我们必须从供给和需求的变化关系中去寻找体育实践和消费的变化原则。供给的变化（随着新运动项目的诞生、新设备的发明或进口，旧运动项目和游戏被重新解释，等等）是通过竞争性的斗争而产生的，包括不同运动项目之间的斗争，每个运动项目中不同流派或传统之间的斗争（如滑雪就包括赛道滑雪、非赛道滑雪和越野滑雪，等等），参与这一竞技的不同类别的能动者（顶级运动员、教练员、体育教师、器材制造商，等等）之间的斗争，这些斗争的目的在于强加合法的体育实践并赢得普通从业者的忠诚（劝导人们改行体育）。需求的变化是生活方式的转变的一个方面，因此服从生活方式的转变的一般规律。在这两个系列的变化之间所观察到的对应关系——无论是在这里还是在其他地方——无疑可以归结为这样一个事实：生产者空间（即能够促进供应变化的能动者和机构的场域）在其划分中，倾向于再现消费者空间。换句话说，那些能够生产或强加（甚至销售）新实践或旧实践的新形式（如加州体育运动[1]或各种身体表达）的品味制造者，还有那些捍卫旧实践或实践旧方式的人，他们将构成"惯习"的性情倾向和信念付诸实施，通过"惯习"来表达专家领域和社会空间中的特定立场。因此，他们倾向于说出或多或少有意识的期望，即相应的那部分外行公众的期望，并通过客观化这些期望，来实现它们。

---

[1] 美国加利福尼亚州因其得天独厚的地理条件，体育运动的种类远超于其他州，除了橄榄球、棒球等常规的项目，加州还有冲浪炫技、沙漠网球、越湾长跑(Bay to Breakers)等各色各样的非传统体育项目。——中译者注

16　高级时装和高级文化

1974年11月在阿拉斯为《西北风》杂志所做的谈话，载《西北风》，第192期，1974年11月，第1-2、7-11页；《西北风》，第193-194期，1974年12月—1975年1月，第2-11页。

我的标题不是玩笑。我的确想谈谈高级时装与文化的关系。在社会学传统中，时尚是一个久负盛名的课题，同时也是一个明显比较轻浮的课题。研究领域的等级制度被认为是知识社会学最重要的领域之一，而社会审查运作的方式之一正是通过设定客体的等级制度，从而认定其是否值得研究。这是哲学传统中非常古老的主题之一；然而巴门尼德的古训———一切事物都有理念，包括污垢和体毛——并没有被哲学家们推进多少，他们通常是这种社会界定的客体等级制度的第一个受害者。我想，这个开场白并不是多余的，因为，如果说今天晚上我想传达一件事的话，那就是，从"不值得"科学研究的对象中可以获得科学利润。

我的论点基于两种奢侈品的生产场域的结构同源性，

一种是特殊的奢侈品,即时装;另一种奢侈品是音乐、诗歌、哲学等合法的文化产品。因此,当我谈到高级时装时,我将永远不会停止谈论高级文化。我将谈论对马克思或海德格尔的评论的生产、绘画的制作或关于绘画的话语的生产。你可能会说:"为什么不直接谈论它们呢?"因为这些合法的产品受其合法性的保护,不受科学凝视的影响,不受对神圣客体的科学研究所预设的去神圣化影响(我认为,文化社会学就是我们今天的宗教社会学)。在谈论一个不那么严密的主题时,我希望我也能更有效地表达这个问题,即我在谈论更神圣的事情时,哪些东西可能会遭到拒绝。

我的目的是对智识生产的社会学,也就是知识分子的社会学,以及对恋物癖和魔法的分析作出贡献。你可能会说:"为什么不去研究'原始'社会中的魔法,而要在巴黎研究时尚界的魔法呢?"我认为,民族学话语的功能之一就是,尊重地说一些只有将其运用于遥远的人群才能为人所忍受的东西,但若说出的东西与西方社会有关,就不那么容易被人接受了。马塞尔·莫斯在他关于魔法的文章的最后,自问自答道:"在我们的社会中,(魔法的)等价物在哪里?"我想表明的是,我们可以在时尚杂志《她》(*Elle*)或《世界报》——尤其是文学版——中去寻找等价物。第三个需要考虑的话题是:"社会学的功能是什么?社会学家不就是破坏魔法仪式的麻烦制造者吗?你们听完我的话,就会对这些问题有所判断了。"

我会先快速地描述一下高级时装生产场域的结构。我所说的"场域"指的是一个领域,一个竞技场,一个个人或机构为同一利害关系而竞争的客观关系的领域。在高级时装这个特殊场域中占据支配地位的玩家是那些拥有最高权力的设计师——那些拥有最高价的标签的设计师,他们用自己的签名、标签来定义物品的稀有性。在一个场域里(并且这是场域的普遍法则),占据支配地位的人、那些最拥有特定资本的人以各种方式反对新来者,即新进入这个场域的没有多少特定资本的人。资深人物采取保守策略,旨在从逐步积累的资本中获取利润。而新来者则采取颠覆策略,旨在积累特定的资本,积累特定资本的前提是或多或少彻底颠覆价值表,或多或少对产品的生产和欣赏原则进行革命性的颠覆,以及同样地,使资深人物的资本贬值。看过电视上巴尔曼[1]和雪莱[2]两位设计师的辩论,你就会明白,仅仅从他们的措辞

---

[1] 皮埃尔·亚历山大·克劳迪乌斯·巴尔曼(Pierre Alexandre Claudius Balmain, 1914—1982),法国时装设计师,也是著名时装公司宝曼(Balmain)的创始人。他将制衣艺术形容为"运动建筑",其设计以精巧优雅著称。——中译者注

[2] 让-路易·雪莱(Jean-Louis Scherrer, 1935—2013),巴黎的时装设计师,其设计在高贵优雅之外,还强调现代女性飞扬的个性和张扬的占有欲。——中译者注

中，人们就可以看出（在相对自主的场域空间里）谁的立场"右"，谁的立场"左"。（这里，我必须插一句：当我说"右"和"左"的时候，我知道，我们每个人都有一个实际的等价物——特别是在政治领域——来对应我所提出的理论建构，这将弥补口头陈述不可避免的不足。但同时，我也知道，这种实际的等价物可能会充当一个屏障，因为如果我只用左右的概念来理解这个问题，我就永远不会理解任何东西。社会学特有的困难来自这样一个事实：它教授一些每个人都以某种方式知道的事情，但这些事情是他们不想知道或不能知道的，因为这些正是系统法则意欲向他们隐瞒的事情。）再回到巴尔曼和雪莱的辩论：巴尔曼用长而浮夸的句子，为"法国品质"、创作等事物辩护；雪莱说话就像1968年五月风暴中的学生领袖，说未完成的句子，话语间有戏剧性的停顿，等等。同样，我也在女性杂志中找出了最常与不同设计师联系在一起的形容词。一方面，"奢华、高档、优雅、传统、经典、精致、上等、和谐、经久不衰"；另一方面，"超时髦、刻奇、风趣、吸引人、机智、放肆、闪亮、自由、热情、有型、功能性"。根据不同的能动者或机构在这个场域结构中所占据的位置（在这种情况下，这些位置与他们的资历相当吻合），我们能够预测或者至少能够理解他们将采取的审美立场，这些立场表现在用于描述他们的产品的形容词或任何其他指标上。你越是从支配一极向被支配一极移动，产品线中的裤子就越多；配件就越少；灰色地毯织料和字母组合图案就越让位于铝制品和穿迷你裙的女售货员；人们就越是从右岸移向左岸。为了对抗新来者的颠覆策略，合法性的拥有者，也就是那些处于支配地位的人总是会说出模糊、浮夸、不可言状、"不言而喻"的话语。就像阶级关系场域中的支配群体一样，他们有保守的、防御性的策略，可以保持沉默，因为这些人只用做出他们为了得体而做出的举动。

相比之下，左岸设计师的策略旨在推翻游戏原则，但他们总是以游戏、游戏精神的名义这样做。他们回归本源的策略包括反对支配者的原则（支配者们以这些原则的名义来证明他们的支配）。当权者与年轻的自命不凡者、挑战者之间的斗争就像拳击比赛一样，后者必须"全力以赴"，承担所有的风险，这项斗争就是高级时装场域发生变化的基础。

但是，进入这个领域的先决条件是承认关键价值，因此就是承认那个不能超越的限度，否则就会被排除在游戏之外。由此可见，内部斗争只能带来局部革命，可以摧毁等级制度，但不能摧毁游戏本身。有人想在电影或绘画领域实现革命，他说："那不是真正的电影"或"那不是真正的绘画"。他表达的是一种诅咒与厌恶，但却是以对原则——那些支配者借以实现支配的原则——更纯粹、更本真的定义的名义表达的。

因此，每个场域都有自身的革命形式，因而也有其自身的周期；不同场域发生的断裂也不一定是同步的。同样，特定的革命与外部的变化也有一定的关系。库雷热为什么实现了革命，库雷热带来的变化与每年以"长一点，短一点"的形式出现的变化有什么不同？库雷热发表的言论远远超出了时尚的范畴：他所谈论的不再是时尚，而是现代女性，她必须是自由的、无拘无束的、运动的、轻松的。事实上，我认为，一场特定的革命、在某一场域中标志着"转折点"的东西是内部革命和外部更广阔的世界的同步。库雷热做了什么？他不谈时尚，他谈的是生活方式，他说："我想为现代女性设计的衣服必须既活泼又实用。"库雷热有一种"自发的"品味，即在一定的社会条件下产生的品味，也就是说，他只有"跟着自己的品味走"，才能回应新资产阶级的品味，这种品味正在抛弃某种礼仪、抛弃巴尔曼的风格——这种风格被描述为老太太的时尚。它放弃了这种时尚，而采用了一种让人看到身体、展示身体的时尚，因此，它预先假定了身体是晒得黝黑的、运动的。库雷热在一个特定的场域进行了一场特定的革命，因为内部的区隔逻辑将他领向了某种外部已经存在的东西。

场域内的永久斗争是场域自身的动力。顺便一提，我们可以发现，结构与历史之间并不存在矛盾，（就像我定义场域结构那样）定义了场域结构的事物也是其动力的原则。那些争夺支配权的人导致场域得到了改造，得到了持久地重组。右派与左派、后卫与前卫、神圣与异端、正统与异统的对立在内容上不断变化，但在结构上仍然是相同的。新来者之所以能够解除"建制"，只是因为这个场域隐含的法则是各种意义上的区隔。时尚是最新的时尚，最新的差异。一个阶级——所有意义上的阶级——的标志一旦失去了其独特的力量，就会枯萎。当迷你裙到达法国北部的矿区村庄的时候，人们就得重新再来一次了。

作为生产场域之变革基础的虚荣和区隔的辩证法，再次出现在了消费领域。它体现了我所说的竞争性斗争的特点：各阶级之间不间断的、无休止的斗争。一个阶级拥有某种特定的属性，另一个阶级就会赶上它，以此类推。这种竞争的辩证法意味着朝向同一目标的竞赛，也意味着对这一目标的隐性承认。虚荣总是必败无疑，因为根据定义，它允许人们把竞赛的目标强加给它，从而接受了它努力弥补的劣势。在怎样的有利条件下（因为如果没有意识的转换，就无法做到这一点），才能使一部分竞争者——特别是中产阶级，那些处于中间位置的人——停止奔跑，退出比赛？什么时候，通过继续参加比赛来满足自身利益的可能性不再大于通过退出比赛来满足利益的可能性呢？我认为，革命的历史问题就是这样产生的。

在这里，我必须插入说明一下一些传统的成对的选择，如冲突／共识、静态／动态，它们也许是社会世界的科学知识的主要障碍。事实上，存在一种斗争形式，它意味着对斗争中的利害关系达成共识，在文化领域中这种形式一目了然。这种斗争的形式是追逐（你有的我也要有，等等），它是综合性的；它是一种变化，倾向于确保持久性。我将以教育为例进行说明，因为正是在这个领域，我才弄懂了这个模型。你在 t 时间计算接受高等教育的概率，你发现一个分布，它为工薪阶层的孩子分配了这么多，为中下阶层的孩子分配了这么多，以此类推；你在 t+1 时间计算概率；你发现一个同源结构。绝对值增加了，但分布的整体形式没有改变。事实上，被观察到的结构转化并不是一种机械现象，而是许多小的个体竞赛（"现在我们可以送孩子上高中了"，等等）的总产物，是一种特殊形式的竞争结果，这意味着对利益的承认。在非常复杂的参考系统中发展出来的无数策略是转化这个机械隐喻所描述的过程的基础。人们经常以简单的二分法来思考："要么改变，要么不改变。""静态或动态。"奥古斯特·孔德（Auguste Comte）也是这样想的，但这不是借口。我试图表明的是，有一些不变的东西是变化的产物。

与社会阶级和生活方式的场域一样，生产场域也有一个结构，这个结构是它早期历史的产物，也是它后续历史的原则。它内部的变化原则是对区隔的垄断权——把最新的合法差异、最新的时尚强加于人的垄断权——的斗争，这种斗争的结局是失败者逐渐倒向过去。这就涉及另一个问题，即继承问题。我在《嘉人》（Marie-Claire）杂志上发现了一篇精彩的文章，题为《有人能取代香奈儿吗？》很长一段时间以来，我们都在思考戴高乐的继任者会是谁，这是一个值得《世界报》报道的问题。《嘉人》关注的问题是取代香奈儿，事实上，这也是同一个问题。这就是马克斯·韦伯所说的"克里斯玛的常规化"：如何将赋予了世界非连续性的独特性闯入变成一种持久的制度？如何能从非连续性中创造出连续性？"三个月前，加斯顿·贝特洛（Gaston Berthelot），一夜之间被任命（'任命'是一个相当官僚的术语，与'创造'这样的词语截然相反）为'艺术总监'（在这里，官僚主义的语言与艺术的语言被拴在了一起），1971年1月，香奈儿女士去世后，人们迅速地感谢了香奈儿的'艺术总监'，'感谢他的服务'。他的'合同'没有续签。有传言说，他无法'施展自己的权威'。不得不说，加斯顿·贝特洛天生的谨慎得到了公司信托管理人的大力鼓励。"这里也变得非常有趣，即他之所以失败，是因为他被置于必然失败的条件下："不接受采访，不进行自我宣传，不大惊小怪。"（这话看似是记者随口一说，但很关键。）还有他的团队对他每一个提案的评价："模特是否忠诚，是否令人尊重？这些事不需要设计师来做；只要把旧西装拿出来继续就可以了。但是为它们换一条新裙子，换一个口袋，香奈儿小姐是绝对不会同意的。"这就是克里斯玛继承的悖论。

时尚领域非常有趣，因为它占据了一个中间位置（当然是抽象的理论空间中的一个中间位置），介于一个旨在组织继承的场域（比如官僚行政场域，在这个场域中，能动者必须是可互换的）和一个个体不可被替代的场域（比如艺术和文学创作场域，或有预言性质的创作场域）。人们不会问"怎样取代耶稣？"或者"谁能取代毕加索的位置？"。这是不可想象的。在这里，我们有一个场域，它既肯定了创造者的魅力，也肯定了不可替代的可能性。加斯东·贝特洛没有成功，因为他被夹在了两种矛盾的要求之间。其继任者提出的第一个条件就是要准许他说话。如果你想想先锋绘画、观念艺术，你就会意识到，对创作者来说，能够通过制造认可他的创造力的表达方式，来把自己创造成一个创作者是至关重要的。

继承的难题表明，问题在于能否传递一种创造力。人类学家会说是一种曼纳。服装设计师进行的是一种改变实体的操作。就拿超市里的一款香水来说，它的价格是3法郎；标签可以使一款香奈儿香水价值30法郎。杜尚的小便池也含有同样的奥秘，小便池被构造成了一件艺术品，原因既在于它有画家的签名，也在于它被放在了在一个神圣的地方展出，在人们接受它的过程中，它成了一件艺术品，现在，它在经济和象征层面都发生了变化。创作者的签名是一个标记，它改变的不是对象的物质性质，而是对象的社会性质。但这个标志是一个专有名称，继承问题就随之出现了,因为你只能继承普通的名字或普通的功能,但不能继承专有名称。不过,这种专有名称的力量是如何产生的呢?人们曾思考过比如说画家是如何被赋予创造价值的力量的?有人给出了最简单、最显而易见的回答:作品的独特性。但事实上,其中涉及的不是作品的稀有性,而是创作者的稀有性。但这是如何产生的呢?

我们需要回到莫斯关于魔法的文章中去。莫斯以这样一个提问开篇:"魔法运作的特殊性质是什么?"他认为这个问题是行不通的。于是他又问:"魔法表征的特殊属性是什么?"最终,他发现,其动力是信念,这让他回到了群体。用我的语言来说,赋予创作者力量的是场域,也就是作为一个整体的关系系统。能量就是场域。迪奥所调动的是一些在场域之外无法得到定义的东西;他们所调动的都是场域所产生的东西,即基于对高级时装的信仰的力量。而他们在结构化场域的等级制度中的地位越高,能调动的力量就越多。

如果我说的是真的,那么库雷热对迪奥的批评,或者埃什特[1]对库雷热和雪莱的攻击,都有助于提高库雷热、雪莱、埃什特和迪奥的力量。场域内的两个极端至少一致认为,

---

[1] 丹尼尔·埃什特(Daniel Hechter, 1938—),法国时装设计师。——中译者注

复古风和穿任何旧式风格的女孩都很好,都非常漂亮,但他们仅在一定程度上达成了一致。在旧货市场买衣服的女孩们在干什么?她们是在时尚问题上挑战了对神圣性的合法操纵的垄断,就像异端挑战牧师对合法读经的垄断一样。如果人们开始挑战对合法读经的垄断,如果随便某个人都能读福音书或设计服装,那么专家场域就会被摧毁。这就是为什么场域内的反抗总是有其局限性。作家的争吵总是以尊重文学为界限。

是什么让这个系统运转了起来,莫斯认为是集体信念。我更愿意称之为集体误识。莫斯在谈到魔法时说:"一个社会总是用自己梦想中的假币来支付自己。"这就是说,在这个游戏中,人们必须玩这个游戏:制造误导的人往往是被误导的人,最大的误导制造者是最被误导的人,最大的神秘制造者是最被神秘化的人。要玩这个游戏,就必须相信创造的意识形态,你如果是一位时尚记者,就不应该拥有社会学的世界观。

标签的价值和魔力得益于神圣物品生产体系中所有能动者的合谋。当然,这种合谋是完全不自觉的。当神圣化的回路漫长且复杂,并且哪怕对那些参与其中并从中受益的人来说都很隐蔽的时候,它们就更加强大了。大家都知道拿破仑从教皇手中接过王冠,戴在自己头上的例子。那是一个很短的神圣化循环,它引出误认的力量非常有限。一个有效的神圣化循环是:A 神圣化 B,B 神圣化 C,C 神圣化 D……最后又神圣化 A。循环越复杂,越不可见,其结构越容易被误认,信仰的效应也就越大。(我们应该从这个角度来分析阿谀奉承的评论的循环流传或引文的礼节性交换。)对于一个"原住民"来说,无论他是生产者还是消费者,系统都发挥着屏障的作用。在香奈儿和她的标签之间,有着一个完整的系统,香奈儿比任何人都了解这个系统,也比任何人都不了解这个系统。

进阶阅读

皮埃尔·布迪厄,《时装设计师及其签名:对一种魔法理论的贡献》,载《社会科学研究学报》(Le Couturier et sa Griffe. Contribution à une théorie de la magie, *Actes de la recherche en sciences sociales*, 1, 1975, pp. 7-36)。

17 但是,谁创造了"创造者"?

1980年4月在巴黎国立高等装饰艺术学院的演讲。

社会学和艺术不是好伙伴。这是艺术和艺术家的错,他们对一切冒犯他们观念的东西都过敏:艺术的世界是一个信仰的世界,相信天赋,相信自存创造者的独特性,而试图理解、解释、说明他所发现的东西的社会学家的闯入,则是丑闻的来源。它意味着祛魅、还原论,总之,意味着庸俗或亵渎(这相当于同一件事):社会学家是这样的人,就像伏尔泰把国王从历史中驱逐出去一样,社会学家想把艺术家从艺术史中驱逐出去。但这也是社会学家的错,他们竭力确认关于社会学,特别是艺术和文学社会学的既定观念。

第一个被接受的观点是,社会学可以解释文化消费,但不能解释文化生产。大多数文化产品社会学的一般论述都接受这种区别,这是一种纯粹的社会区别。事实上,它倾向于为艺术作品及其自存的"创造者"保留一个单独的、神圣的空间和特权待遇,而把消费者,也就是智力和艺术生活中低级的，甚至被压抑的那一面（特别是在经济层面）丢给社会学。而旨在确定影响文化实践（参观博物馆、去剧院或听音乐会，等等）的社会因素的研究，显然证实了这种没有理论基础的区别。事实上，正如我将试图表明的那样，除非同时考虑生产者的空间和消费者的空间，否则就无法理解生产的最具体的特征，即价值的生产。

第二种被接受的观点：社会学——及其青睐的工具，即统计学——贬低和压制艺术创作，使其平淡、琐碎化；社会学把伟大的和渺小的人放在同样的地位上，无论如何它都无法掌握最伟大艺术家的天才之所在。在这里，社会学家也很可能更清楚地证明了他们的批评是正确的。我不打算过多谈论文学统计，因为文学统计这种方法的不足和其结果的贫乏都极有力地证实了文学殿堂守护者们最悲观的观点。我几乎不会讨论卢卡奇和戈德曼的传统，他们试图把文学作品的内容与被假定为作品的特权读者的那个阶级的社会特征联系起来。这种方法以其最讽刺的形式，将作家或艺术家的重要性置于环境的限制或客户的直接要求之后，这种方法屈从于一种天真的目的论或功能主义，直接从据说是社会所赋予的功能中推导出作品。利用某条捷径，它取消了艺术生产空间的特定逻辑。

事实上，在这一点上，"信徒们"反对还原论的社会学也是完全合理的，他们坚持艺术家的自主性，特别是源于特定艺术史的自主性。诚如马尔罗（Malraux）所言，"艺术模仿艺术"，艺术作品不能单纯地用需求来解释，即不能单纯地用各部分受众的审美和道德期待来解释。但这并不意味着人们被局限于艺术史内部——唯一得到授权的对艺术作品的内部解读的补充。

普通的艺术和文学社会学的形式实际上忘记了最基本的东西，即艺术生产的世界，这个社会世界有自己的传统、自己的运作和招募规律，因此也有自己的历史。在艺术作品是创造、艺术家是自存的创造者这种意识形态的名义之下，艺术和艺术家的自主性在这种理想化的传统中被视为不言而喻的事情，但这种自主性只不过是我所谓的某个场域的（相对的）自主性，这种自主性是在历史进程中、在特定条件下逐步建立起来的。文化作品社会学的特定对象既不是艺术家个人（或任何一组纯统计学意义上的艺术家个体），也不是艺术家（或艺术流派，二者相当于同一件事）与任何特定社会群体之间的关系——这种关系要么被设想为表达内容和形式的有效原因或决定性原则，要么被设想为在内容和形式的历史直接依附于支配群体及其为支配而进行的斗争的历史的情况下，艺术生产的最终原因，即被设想为一种需求。在我看来，文化产品社会学必须将艺术家与其他艺术家之间的一整套关系（客观关系和以互动形式产生的关系）、在这些关系之外的参与作品生产的一整群能动者，或者至少是参与作品的社会价值的生产的能动者（批评家、画廊经理人、赞助人，等等）当作其对象。它既拒绝对生产者的社会特征（早期成长、教育，等等）进行实证主义描述，也拒绝某种接受社会学（sociologie de la réception）（如安塔尔[Antal]对14、15世纪的意大利艺术的描述），它直接将作品与赞助人中的不同阶层受众的生活观念联系起来，即将作品与"从它对艺术的接受能力出发而设想的社会"联系起来。事实上，大多数时候，这两种观点是合二为一的，就像人们假设艺术家因其社会出身而先天具有感知和满足某种社会需求的能力一样（值得注意的是，就这种逻辑而言，对艺术作品的内容的分析优先于对形式的分析，即对属于特定生产者的东西的分析，甚至安塔尔也是如此）。

此外，我还可以指出这一点：这种捷径效应不仅存在于纯美学拥护者的标准鞭策者那里（如可怜的豪泽尔[Hauser]），甚至也存在于像阿多诺（当他论及海德格尔的时候）那样的关注区隔的马克思主义者那里，而且还存在于最急于谴责"庸俗社会学"和"决定论唯物主义"的人之一，即翁贝托·埃科（Umberto Eco）那里。在《开放的作品》（*L'Œuvre ouverte*）中，他显然是在一个时代所有文化作品之间存在着统一性这一想法的基础上，借助相当武断的类比，直接将他赋予"开放的作品"的那些属性——如公开的多元性、刻意的不可预测性，等等——与科学所呈现的世界的属性联系了起来。

我所设想的艺术作品社会学，拒绝接受这些不同的忽视生产本身的方法。它以文化生产场域为对象，由此，也以生产场域和消费者场域的关系为对象。艺术作品所带有的社会决定论痕迹，一定程度上是由生产者的惯习施加的，他的惯习指向的是他作为社会主体的社会生产条件（家庭，等等）和作为生产者的社会生产条件（学校教育、职业联系，等等），一定程度上，也是由社会要求和约束施加的，它们来自生产者在特定的、或多或少自主的生产场域中所占据的位置。所谓"创造"，就是社会地构成的惯习与文化生产的分工中已经确立或可能会确立的特定地位的相遇。艺术家通过这种劳动来创作，并与此密不可分的一点是，这种劳动使他自己成为一个艺术家（当这种劳动是场域需求的一部分时，则会使他成为一个原创性的、个体的艺术家），这种劳动可以被描述为他的"职位"与他的惯习之间的辩证关系，后者往往先于他且超越了他（意味着义务，如"艺术家的生活"、属性、传统、表达方式等），并且他的惯习或多或少事先决定了他要去占据那个职位，或者——这可能是刻在该职位上的先决条件之一——去彻底改造那个职位。简而言之，生产者的惯习从来都不完全是其职位的产物——除开这种情况，即也许在一些手工艺传统中，家庭训练（因而也是出身阶级的条件）和职业训练是完全相互融合的。反过来说，人们永远不可能直接从生产者的社会特征——他的社会出身——转向他的产品特征：与某一特定社会出身——平民或资产阶级——有关的性情倾向可能会以非常不同的形式表现出来，同时又会在不同的场域保持家族相似性。只要比较一下——例如——这两对平民和贵族的平行组合就知道了：卢梭和伏尔泰，或者陀思妥耶夫斯基和托尔斯泰。如果说职位（或多或少完全地）造就了惯习，那么，（通过决定天职和合作的机制）为职位提前（或多或少完全地）造就的惯习则有助于造就职位。这一点可能会越来越正确：其社会生产条件与职位所刻画的社会需求之间的距离越大，职位所明确刻画的自由度和创新空间就越大。有的人为占据现成的位置而生，有的人为创造新的位置而生。要解释这一点需要大段的分析，在这里我只想指出，尤其是在试图理解知识革命或艺术革命的时候，人们需要记住，生产场域的自主性是一种没有排除依赖性的部分自主性。推翻一个场域内权力关系的特定革命只有在这种情况下才可能：那些具有新性情倾向并想要强加新立场的人在场域外的新受众——既表达也生产其自身需求的新受众——那边寻求到了支持。

因此，一件艺术作品的原初主体既不是艺术家个人这一表面的原因，也不是一个社会群体（如安塔尔所说，在15世纪的佛罗伦萨崛起的银行业和商业资产阶级，或戈德曼理论中的穿袍贵族）。相反，它是作为一个整体的艺术生产领域（相对于其产品的消费者所来自的群体，即统治阶级的不同部分，这是一种相对自治的关系，它或多或少取决于时代和社会）。社会学或社会史无法理解任何关于艺术品的东西，尤其是当社会学孤立地把某位作者或某件作品当作其对象时，它无法理解其独特性是什么。事实上，所有试图超越圣徒传记和逸事的对单一作者的研究都被导向了这种思路，即将生产场域想成一个整体，但由于这些研究通常未能承担起将该场域建构为一项明确研究课题的任务，所以它们往往以一种不完美的、片面的方式在做这件事。而且，与人们所想的相反，统计分析也没有更好的办法，因为它在把作者归入预先构建的大类（学派、世代、类型，等等）时摧毁了所有相关的差异，而对场域结构的初步分析则会表明，某些立场（尤其是支配性的立场，如1945年至1960年萨特在法国知识场域所占据的地位）可能只容得下一个人，相应的类属可能只包含一个人，这对统计来说是一个挑战。

所以，作品的主体是一种与"职位"、位置，即场域相关的惯习。为了说明、证明（希望我能证明）这一点，我需要在这里重现我对福楼拜的分析，我在分析中试图说明，萨特极力、无休止地试图去理解的福楼拜计划的关键何以外在于福楼拜个人，而存于以下二者的客观关系中：一方面是在一定社会条件下形成的惯习（惯习由各种职业在支配阶级中的"中立"位置［即所谓的"能力"］所界定，就福楼拜的出身等级和他与教育系统的关系而言，惯习也由他作为一个孩子在家庭中的地位所界定），另一方面是文学创作场域（这个场域本身就在支配阶级场域中占据着特殊地位）中的特殊地位。

说得更具体一点：福楼拜作为"为艺术而艺术"的倡

导者，在文学场域中占据了一个中立的位置，该位置是由一种双重否定关系所界定的（这种关系被他体验为一个双重的拒绝）两方面的否定：一方面是"社会艺术"，另一方面是"资产阶级艺术"。这个领域本身就在支配阶级场域中处于被支配的位置（因此，对"资产阶级"的谴责和知识分子反复出现的愿望是当时艺术家们普遍赞同的），因此，它是按照与整个支配阶级的结构同源的结构来组织的（正如我们将会看到的那样，这种同源是某种自动的[而非愤世嫉俗地追求的]调整——为了适应各类消费者而对产品的调整——原则）。我们还需要进一步完善这一点。但很明显，在这样一种分析的基础上，人们就会理解福楼拜风格的某些最基本的属性的逻辑。例如，我想到了自由间接引语（discours indirect libre），巴赫金将其解释为与他所涉及的思想群体之间的矛盾关系的标志，一种在认同他们和与之保持距离的关注之间的犹豫。我还想到了在他的小说中着魔似的重现的交错结构，这在他的草稿中甚至更为清晰，福楼拜在其中以一种变形的、"否定"的形式表达了双重否定的关系，这种双重否定关系使他既作为一个艺术家反对"资产阶级"和"民众"，又作为一个"纯粹"的艺术家反对"资产阶级艺术"和"社会艺术"。这样,福楼拜的"职位",即他在文学劳动分工中的位置(因而也是在支配性工作分工中的位置)就确立起来了,我们可以再次回到惯习的社会生产条件,问福楼拜必须是什么人,才能占据并(同时)产生"为艺术而艺术"的"职位",并且创造福楼拜的位置。我们可以尝试确立福楼拜的生产的社会条件的相关特征(如萨特很好地分析过的"家庭白痴"角色),这将使我们得以理解他如何能够履行和创造福楼拜的职位。

与功能主义者的观点相反,生产对消费的调整主要是由生产空间(艺术场域)和消费者场域(即支配阶级场域)之间的结构性同源性所造成的。生产场域的内部分工在自动的(在一定程度上也有意识的)差异化供应中再现,这种差异化供应满足了各类消费者自动的(也有意识的)差异化需求。因此,除了任何对调整的追求或任何对明确提出的需求的直接服从(通过佣金或赞助),每一类顾客都能找到符合自己品味的产品,每一类生产者都有一定的机会为自己的产品找到消费者,至少从长远来看(有时可能意味着死后)是这样。

事实上,大多数生产行为都是按照一石二鸟的逻辑运作的。当一个作者——例如《费加罗报》的戏剧评论家——

写出符合观众品味的作品时（情况几乎总是如此——他自己这样说的），并不是他试图迎合读者的口味（他若这样说，我们可以相信他），也不是他服从了美学或政治指令，也不是他对编辑、读者或政府的警告作出了反应（所有这些都是以"资本主义的奴才"或"资产阶级的发言人"等公式为前提的，各个标准理论或多或少都是此等公式的委婉版本）。事实上，他选择《费加罗报》是因为它对他来说是合适的，该报的编辑们选中他是因为他对他们来说是合适的，他只需自由发挥自己的品味（在戏剧中，这种品味具有明显的政治含义），或者更确切地说，发挥他的厌恶（品味几乎总是对别人的品味的厌恶），发挥他对那些他的同事和《新观察家》的对手们肯定会喜欢的戏剧（他对此一清二楚）的厌恶，以便奇迹般地满足他的读者的品味（他的读者之于《新观察家》的读者，就如同他之于该报的戏剧评论家）。此外，他还会给他们带来一些专业人员应具备的东西，即一个知识分子对另一个知识分子的反驳，一种批判知识分子为自己的先锋派品味辩护时所采用的高度复杂的批判分析，这种分析会消除"资产阶级"的疑虑。

客观地建立在生产者（艺术家、批评家、记者、哲学家，等等）与受众之间的对应关系，显然不是对调整的有意追求的产物,不是自觉的、自利的交易,也不是经过计算的对受众需求的让步。将一件艺术作品直接与一个群体联系起来,这无法让我们理解艺术作品,甚至无法让我们理解它的内容、主题和论题,也无法让我们理解广义上所谓的"意识形态"。这种联系只是作为一种附加的、几近偶然的额外之物,通过生产者——基于他在构成生产场域的位置空间中的位置——与审美、伦理姿态空间的关系发挥作用,但鉴于艺术场域的历史相对自主,这些姿态只在某一特定时刻是有效的。这个审美和伦理立场的空间是历史积淀的产物,是所有进入这个场域的人被客观定义的共同参照系。造就了一个时代统一性的事物与其说是共同的文化,不如说是共同的问题,而这些问题无非是一套美学/伦理上的"立场"(它们依附于该场域中的一套标明的位置)。判断一个知识分子、一个艺术家或一个学派是否存在的标准莫过于他或它是否能够赢得承认,是否能够在这个场域中占有一个位置,这个位置与其他的位置有关系,其他的位置必须参照它对自己进行定位和界定;而时代的"问题域"无非是这些位置之间的一套关系,这些位置也必然是审美和伦理"立场"之间的关系。具体地说,这意味着,一个艺术家、一个学派、一个党派或一场运动作为场域中的位置出现（艺术场域、政治场域或任何其他场域），其标志是它的存在给其他位置的占领者"带来了问题"，它所提出的论题成为斗争的对象，这些论题提供了斗争所围绕的主要对立的术语之一（例如，左/右、明确/模糊、科学主义/反科学主义，等等）。

因此，艺术、文学或哲学的恰当对象，只能是这种由两个不可分割的空间组成的结构，即产品的空间和生产者（艺术家或作家，也包括评论家、出版商等）的空间，它们就像同一句话的两种翻译。作品的自主化，无论在理论上还是在实践上都无可厚非。例如，任何对某种局限于作品本身的话语进行社会学分析的尝试都被剥夺了这种必要的运动，即在作品的主题或风格特征与生产者的社会地位之间来回摇摆的运动，前者揭示了生产者的社会地位（他/她的利益、社会观等），后者则投射了生产者的风格"选择"，反之亦然。简而言之，要想充分理解甚至是最严格的作品的"内部"特征，就必须放弃（语言的或其他的）内部分析与外部分析之间的对立。

此外，结构与历史之间的学术对立也必须被取代。以作者和"关键作品"（即他人据以定位的标准）的形式在场域中构成一套"问题"，这是贯穿始终的历史。对过去的反对创造了历史,也创造了当下的历史性,后者被它所拒绝的东西否定性地界定。换句话说,作为变革原则的拒绝,假定并提出了它所反对的东西,从而通过反对这些东西,把它所反对的东西召回现在。例如,对反科学和个人主义浪漫主义的反对,使高蹈派诗人[1]重视科学并把科学成就融入他们的作品中,使他们在基内(Quinet)的《宗教的真谛》(*Le Génie des religions*)(或在比尔努夫[Burnouf]这位印度神话史诗的恢复者的作品)中找到夏多布里昂(Chateaubriand)《基督教真谛》(*Génie du Christianisme*)的反题和解药,正如它使他们倾向于古希腊的崇拜,即中世纪的对立面和完美形式的象征的反题,这种反题使他们认为诗歌近似科学。

我想在这里讲几句题外话。为了提醒那些相信在知识场域,特别是在知识分子和艺术家之间流传的是观念的观念史学家,我要简单地指出,高蹈派不仅把希腊与戈蒂埃(Gautier)所推崇的完美形式观念联系在一起,而且还把它与和谐观念联系在一起,这种和谐观念是时代精神的

---

[1] 高蹈派(Parnassians)是在19世纪实证主义的时代介于浪漫主义和象征主义之间的一个法国文学流派,或译为高踏派。高蹈派得名于杂志《现代高蹈诗集》(*Le Parnasse contemporain*),而这本杂志得名于希腊神话中缪斯的住处帕那索斯山(Mount Parnassus)。高蹈派代表人物有苏利·普吕多姆(Sully Prudhomme)、斯特凡·马拉美(Stéphane Mallarmé)、弗朗索瓦·戈贝(François Coppée),等等。——中译者注

一部分，我们也可以在傅立叶（Fourier）等社会改革家的理论中找到它。在一个场域里，特别是在不同艺术专家之间流传的是陈旧的观念，这些观念或多或少带有争论性和归纳性（它们也是生产者必须依靠的观念）；它们是每个人都在谈论的作品的标题（如《无言的罗曼史》[Romances sans paroles]，这是魏尔伦[Verlaine]从门德尔松[Mendelssohn]那里摘取的标题）；是时髦的词语和它们所传达的不明确的观念（如忧郁[saturnien]，或由龚古尔兄弟[Goncourts]所提出的《华宴集》[*Fêtes galantes*]的主题）。简而言之，人们可能会想，在某一时期，所有文化产品生产者的共同点是否就是这种文化俗套，即散文家、批评家和算半个知识分子的记者群体所生产和兜售的大量聪明的、与一种风格和情绪分不开的老生常谈。这种俗套显然是一个时代的生产中最"流行"、最陈旧、最易腐烂的一面，无疑也是其整个文化生产者群体最大的共同点。

我会再回到基内的例子，他展示了所有生产场域最重要的特性之一，即场域的过去永久存在，即使将它打发到过去的休息时间里，它也会被无休止地回忆起来。这些提醒——比如直接的召唤、引用、提及，等等——是不断地劝说其他生产者和那些通过证明自己能够读懂这些提醒来界定自己合法消费者身份的消费者，是不断地向他们使眼色。《宗教的真谛》也将自身定义为《基督教真谛》的对立面。区隔将过去推向过去，并以过去为前提，在与过去的差距中延续过去。文化生产场域最基本的属性之一在于，在那里进行的行动和生产的产品包含着对该场域历史的实际参照（有时包含着明确参照）。例如，将荣格（Jünger）或斯宾格勒（Spengler）关于技术、时间和历史的著作与海德格尔的同主题著作区分开来的是这一事实：海德格尔通过将自己置于哲学问题域中并因此将自己置于哲学场域中，重新引入了整个哲学史，而这些问题域正是哲学史的结果。同样，吕克·博尔坦斯基（Luc Boltanski）也表明，连环漫画场域是随着漫画史家群体的发展而建立起来的，也是随着"学术地"参考了这一体裁的历史的作品的出现而建立起来的。电影的历史也是如此。

诚然，"艺术模仿艺术"，或者更准确地说，艺术源于艺术，而且通常源于与之形成对比的艺术。艺术家的自主性不是建立在其创作天赋带来的奇迹上的，而是在一个相对自主的场域的社会历史的社会产物——方法、技术、风格，等等——中找到其基础的。通过界定可思考的方式和界限，场域的历史使得场域中发生的事情从来都不是外部约束或需求的直接反映,而是场域的特定逻辑所折射出的一种象征性表达。沉积在场域结构中的历史也沉积在能动者的惯习中,它是介入场域外部世界和艺术作品之间的棱镜,折射了所有外部事件——经济危机、政治反抗、科学革命。

最后,我想绕完这个圈子,回到起点,即艺术和社会学之间的矛盾,认真对待对科学的亵渎的谴责中所隐含的东西(而不是对科学的亵渎的谴责本身),即艺术和艺术家的神圣特征。我认为,艺术社会学不仅要把生产者的社会生产条件(即培养或选择艺术家的社会决定因素)作为对象,而且要把生产场域的社会生产条件当作倾向于(而不是旨在)把艺术家培养成神圣物、拜物教生产者的工作场所;或者,把它当作将艺术作品造就为信仰、爱情和审美愉悦的对象的工作场所。二者是同一码事。

为了让事情更清楚,我将以高级时装为例,它为绘画世界中所发生的事情提供了一个放大的意象。我们知道设计师标签的魔力,它们被贴在了任何物品上——香水、鞋子,甚至一个坐浴盆(这是一个真实的例子),能以一种非凡的方式使其增值。这的确是一种神奇的、炼金术般的行为,因为物的社会性质和价值被改变了,而它的物理性质或(考虑到香水）化学性质却没有任何改变。自杜尚以来，绘画已经提供了无数的例子，你们都有所了解，这些神奇的行为就像时装设计师的行为一样，它们的价值明显源于生产者的社会价值，所以要问的问题不是艺术家创造了什么，而是谁创造了艺术家，也就是艺术家所行使的转化力量。这是马塞尔·莫斯绝望地寻找巫师力量的所有可能基础后，终于问到的问题，即谁创造了巫师。你可能会提出反对意见，认为杜尚的小便器和自行车（从那时起，我们已经看到了更好的作品）是特殊的极端案例。但只要分析一下"真正的"原作和赝品、仿品或复制品之间的关系，或者再分析一下归属（传统艺术史的主要目的，如果不是唯一目的的话，它延续了鉴赏家和专家的传统）对作品的社会和经济价值的影响，我们就会发现作品的价值不是来自产品的稀有性（独特性），而是来自生产者的稀有性，它体现在签名上，签名相当于设计者的标签，也就是对生产者及其产品价值的集体信仰。我想到了沃霍尔，他从贾斯培·琼斯（Jasper Jones）及其百龄坛（Ballantine）青铜啤酒瓶的例子出发，在15美分的金宝汤罐头上签名，以6美元的价格出售。

这项分析还需得到更详细的阐述。在此，我只想指出，艺术史的主要任务之一是描述艺术生产场域的起源，该场域能够生产艺术家本身（而不是工匠）。这并不意味着我们要在艺术的社会史中再次不可避免地——就像以往那样——提出这个问题，即艺术家何时以及如何从工匠的身份中脱颖而出。这意味着要描述构成艺术场域——能够支撑信仰现代艺术家拥有准神般的力量的艺术场域——的经济和社会条件。换句话说，这不仅仅是摧毁瓦尔特·本雅明所说的"对大师之名的崇拜"。（这是经常使社会学受到诱惑的一种轻浮的亵渎行为。就像黑魔法一样，亵渎的倒置包含了一种对神圣的承认的形式。去神圣化的乐趣使人无法认真对待，因而也无法解释神圣化和神圣性的事实。）重点是要注意这样一个事实，即大师之名确实是一种拜物教，它意在描述艺术家作为大师，即艺术品崇拜的生产者这一形象之可能性的社会条件。一句话，它的目的是描述艺术生产场域的历史构成，这样的一种艺术生产场域生产了对艺术价值和艺术家的价值创造能力的信仰。这将为我一开始提出的观点奠定基础，即艺术生产及其产品的"主体"不是艺术家，而是参与艺术、对艺术感兴趣、对艺术和艺术的存在感兴趣、以艺术为生和为艺术而生的一整群能动者——被视作艺术品生产者的（无论大小，知名的还是无名的）批评家、收藏家、中间人、策展人、艺术史家，等等。

如此，我们又回到了原地。我们被困在里面了。

进阶阅读

皮埃尔·布迪厄,《对文学话语的批判》,载《社会科学研究学报》(Critique du discours lettré, *Actes de la recherche en sciences sociales*, 5-6, novembre 1975, pp. 4-8);《信仰的生产:对象征性商品经济学的思考》,载《社会科学研究学报》(La Production de la croyance, contribution à une économie de biens symboliques, *Actes de la recherche en sciences sociales*, 13, 1977, pp. 3-43);《致保罗·福萨蒂的关于意大利艺术历史的信》,载《社会科学研究学报》(Lettre à Paolo Fossati à propos de la Storia dell'arte italiana, *Actes de la recherche en sciences sociales*, 31, 1980, pp. 90-92);《权力场域、知识分子场域与阶级惯习》,载《评注》(Champ du pouvoir, Champ intellectuel et Habitus de classe, *Scolies*, 1, 1971, pp. 7-26);《艺术家生活的发明》,载《社会科学研究学报》(L'Invention de la vie d'artiste, *Actes de la recherche en sciences sociales*, 2, mars 1975, pp. 67-94);《海德格尔的政治存在论》,载《社会科学研究学报》(L'Ontologie politique de Martin Heidegger, *Actes de la recherche en sciences sociales*, 5-6, novembre 1975, pp. 109-156)。

18　民意不存在

1971年1月为《西北风》杂志做的谈话,发表于《摩登时代》(*Les Temps modernes*)第318期,1973年1月,第1292–1309页。

首先,我要明确指出,我无意机械、随意地谴责民意调查,而是要对民意调查的功能和作用进行严格分析。这样做的前提是质疑民意调查所隐含的三个假设。第一,每一项民意调查都假定每个人都可以有一个意见,换句话说,产生意见是所有人都可以做到的事情。冒着触犯天真的民主情绪的风险,我将对第一个前提提出质疑。第二,民意调查假定所有意见都具有同等价值。我认为可以证明这不是真的,拥有不同力量的意见的累积会导致无意义人工制品的产生。第三个隐含的假设:向每个人提出同样的问题,假设大家对问题是什么有共识,换句话说,假设大家对值得提出的问题有共识。在我看来,这三个假设会导致一系列扭曲,即使我们在收集和分析数据的过程中满足了所有严谨的方法条件,也会发现这些扭曲。

人们经常对民意调查提出各种技术性异议。例如，样本的代表性。我认为，以目前民调机构的工具来说，这种反对意见是没有根据的。有人埋怨他们的问题有失偏颇，或抱怨他们的提问方式使答案有失偏颇，这倒更有道理，很多时候，答案都是从提问方式引申出来的。例如，问卷设计的一个基本原则是要求人们为每个可能的答案"留有余地"，但如果在问题或建议答案中遗漏了一个可能选项，或者同一个选项可能以不同的名义被多次提供，就往往违反了这个原则。这种类型的偏误多种多样，探究这些偏误出现的社会条件是很有意思的。在大多数情况下，这些偏见是问卷设计者所处的工作条件造成的；但这往往是由于民意调查机构所确定的问题是从属于特定类型的需求的。例如，当我们着手分析一项关于法国人对教育系统的看法的全国性调查时，我们审查了一些民意调查机构档案中关于教育的所有问题。我们发现，自1968年五月风暴以来，关于教育的问题有两百多个，而1960年至1968年只有二十多个。这意味着，呈现在一个民调机构面前的问题域与当时的政治气候密切相关，并由某种特定的社会需求所主导。例如，在教育问题成为政治问题之前，民调机构是不会提出这个问题的。这些机构与学术研究中心的差异产生了它们的问题域，人们立马就会发现这些差异也许并不在一片明朗的天空中，而至少与直接而即时的社会需求有更大的距离。

对所提问题进行的快速统计分析表明，其中绝大多数问题都直接与职业政治家的政治关切相关。如果今天晚上我们玩一个客厅游戏，请你们写下你们认为在教育方面最迫切的五个问题，那么我们得出的问题清单肯定会与民意调查者实际提出问题后得出的清单截然不同。"政治应该引入学校吗？"这个问题经常被问到，而"应该改变课程吗？"或者"应该改变教学方法吗？"则很少被问到。"教师是否需要接受再培训？"这个问题也是如此。这些都是重要的问题，至少从另一个角度来看是这样。

民调机构的问题意识从属于政治利益，这一点非常强有力地控制着答案的意义和公布调查结果时赋予它们的意义。目前，民意调查是一种政治行动的工具：它最重要的功能也许是给人造成一种错觉，即在个人意见的纯算术总和意义上，存在一种被称为民意的东西；给人造成一种错觉，以为谈论意见的平均状态或平均意见是有意义的。报纸头版上表现出来的"民意"（"60%的法国人赞成……"）是一种纯粹的、简单的人工制品，其作用是掩盖这样一个事实，即某一特定时期的舆论状况是一种力量、张力的系统，百分比所表达的舆论状况是极其不充分的。

我们知道，每一种权力的行使都伴随着一种旨在使行使权力的群体的权力合法化的话语；我们甚至可以说，每一种权力关系的特点就是，只有当人们掩盖了它是一种权力关系的事实的时候，它才会发挥其全部力量。总之，政治家就是一个说"上帝站在我们这边"的人。"上帝站在我们这边"的现代说法是"民意站在我们这边"。这就是民意调查的根本效果：它制造了这样一种观念，即存在一致的民意，从而使一项政策合法化，并加强了作为其基础或使其成为可能的权力关系。

在开头说了我想在结尾说的话后，我将尝试快速地指出产生这种共识效应（effet de consensus）的操作。第一个操作是从每个人都必须有意见这个前提出发的，它包括忽略不回答和"不知道"——在法国被称为"无回答"。例如，你问人们"你支持蓬皮杜政府吗？"你记录的是30%的"无回答"，20%的"支持"，50%的"不支持"。你可以说，反对的人比赞成的人多，然后那30%就被剩下了。或者你可以重新计算"支持"和"不支持"的百分比，撇开"无回答"。这个简单的选择是一个十分有意义的理论操作，我想和大家一起研究一下这个操作。

消除"无回答"。这就是在选举中、在有空白或无效投票的情况下人们所做的事情。这意味着将选举的隐性哲学强加于民意调查。仔细观察可以发现，女性的"无回答"一般比男性多，而且随着问题变得更加直接地与政治相关，男女之间的差距也在加大。进一步观察：问题越与知识和信息问题有关，受教育程度较高的人和受教育程度较低的人之间的"无回答"差距就越大。相反，涉及道德问题时"无回答"与受教育程度的关系不大（例如："父母是否应该对孩子严厉？"）。同样，提出的问题越具冲突性，越触及矛盾点，越会让某类人产生紧张情绪（例如，在1968年后的捷克斯洛伐克为共产主义投票的人的处境），该类人的"无回答"数量就越多。因此，对"无回答"的简单统计分析既提供了关于问题含义的信息，也提供了关于成问题的类别的信息，后者的定义既取决于对其有意见的概率，也取决于赞成或反对意见的条件概率。

对民意调查的科学分析表明，实际上不存在一个包罗万象的问题：每个问题都会根据被调查对象的利益而被重新解释。因此，评价民调的第一要务就是要问清楚不同类别的人认为他们回答的是什么问题。民意调查最有害的影响之一是使人们处于一种必须回答他们从未想过的问题的境地。随着社会阶层的下移,与道德有关的问题——例如惩罚儿童、师生关系,等等——越来越被认为是道德问题,但对于上层社会来说,这些问题可能是政治问题。调查的一个扭曲效应是,通过简单地强加一个特定的问题,将道德反应转化为政治反应。

事实上,有几个可以用来产生一种反应的原则。首先,有一个可以被称为"政治能力"的概念,这个概念对应于政治的定义,它既是任意的,又是合法的,既是支配性的,又是隐藏的。这种政治能力不是普遍分布的。大致说来,它随着教育水平的不同而变化。换句话说,对所有以一定政治知识为前提的问题发表意见的概率,可以与去博物馆的概率相提并论。我们可以发现一些惊人的变化:一个参与极左运动的学生认为统一社会党(Parti Socialiste Unifié)的左派有 45 个不同的团体,而一个中层行政人员则根本一个也看不到。"政治学"民调所使用的政治尺度(极左、左、中左、中、中右、右、极右等)仿佛是不言而喻的,某些特定社会类别会大量利用这种政治尺度中的一小部分极左势力;其他类别只利用中间,而仍有一些类别利用整个范围。选举最终是完全不同的空间的集合;将以厘米为单位的人与以公里为单位的人加在一起,或用教师熟悉的形象来说明,将以 0 到 20 为单位的人与只用 9 到 11 的人加在一起。能力的衡量标准首先是一个人知觉的完善程度(美学也是如此。有些人可以区分出一位画家的五六个发展阶段)。

这种比较还可以再推进一步。在审美感知中,有一个前提条件:人们首先要把艺术品当作艺术品,而他们一旦把艺术品当作艺术品,就需要具备感性范畴,以便对艺术品进行建构和结构化,等等。现在,提一个如此表述的问题:"你支持指令性育儿还是非指令性育儿?"对有些人来说,这可以构成一个政治问题,亲子关系的表征被纳入了一个系统的社会视野;对另一些人来说,这纯粹是一个道德问题。在我前面提到的问卷中,我们问人们"对你来说,罢工、留长发、参加摇滚音乐节等行为到底是不是政治问题?",不同社会阶级的回答的差异非常大。因此,对一个政治问题作出充分反应的首要条件是,能够把它看作政治问题;第二个条件是,一旦这个问题被构成为政治问题,人们就能够把政治范畴应用于它,这些范畴可能或多或少是充分的或微妙的,等等。这些都是意见产生的特定条件,在民意调查首先假定每个人都能产生意见的情况下,这些条件就被认作是普遍的、一致的。

人们发表意见的第二个原则是我所说的"阶级气质"（而不是"阶级伦理"），我指的是人们从小就内化的隐性价值体系，对不同类型的问题的答案就出自这种价值体系。举个例子，我认为人们在鲁贝（Roubaix）和瓦朗谢讷（Valenciennes）之间的足球比赛结束后所交换的意见，在很大程度上源自阶级气质的一致性和逻辑性。许多被视为政治答案的答案实际上是由阶级气质产生的，当我们从政治角度出发去解释时，它们可能会具有完全不同的意义。

在这里，我必须提到一种特殊的社会学传统，这种传统在美国政治社会学家中特别普遍，他们通常谈论工人阶级的保守主义和专制主义。这些观点基于调查或选举的国际比较，而这些调查或选举则倾向于表明，在任何国家，当工人阶级每次被问及有关权威关系、个人自由、新闻自由等问题时，他们给出的答案都比其他阶级更"专制"。所以，一般的结论是，民主价值（我想到了李普塞特［Lipset］，这意味着美国的民主价值）与工人阶级内化的专制和压制性价值之间存在冲突。于是，这就引出了一种末世论的设想：既然压抑和专制之类的倾向与低收入和低教育水平等有关，那么我们提高生活水平和教育水平，这样就会培养出美国民主的好公民。在我看来，问题的关键在于某些问题的答案的含义。想象一下，有这样一组问题："你是否赞成性别平等？""你赞成已婚夫妇的性独立吗？""你赞成非压制性的教育吗？""你相信新社会吗？"。现在再想象另一种类型的问题，比如："当教师的工作受到威胁时，他们是否应该罢工？""在社会冲突时期，教师是否应该与其他公务员团结一致？"。这两组问题得到的回答与社会阶级成反比。第一组问题以社会关系的象征形式出现，涉及社会关系的某种变化，随着社会等级和教育水平的提升，引发的回答越来越肯定；反之，涉及阶级间权力关系的真正转变的问题，随着社会等级的提升，引发的回答越来越否定。

因此，"工人阶级是压制性的"这种说法非对非错。确实，在父母与子女之间或两性之间的道德问题上，工人阶级往往持有一种更加僵化和专制的观念。关于政治结构的问题涉及社会秩序的维持或改造，而不仅仅是个人之间的关系模式的维持或改造，在这方面工人阶级更倾向于社会结构的改造。你们会发现1968年五月风暴时，在共产党和极左派的冲突中提出的一些问题——而且往往是很糟糕地提出的问题——与我刚才试图提出的中心问题（即关于人们在回答提问时给出的回答的性质，也就是他们产生回答的原则）是密切相关的。我在这两组问题之间制造的对立实际上等于意见产生中的两个原则之间的对立，一个是真正的政治原则，一个是道德原则，而工人阶级的保守主义问题的产生，就是因为忽视了这种差别。

所有民意调查和（尤其是选举提出的）政治提问都会产生强加某一问题域的效果，这是因为民意调查提出的问题不是受访者自发产生的问题，而且调查者没有根据不同类别受访者的回答实际指涉的问题域来解释各种回答。因此，支配性的问题域——这可以从民调机构过去两年提出的一系列问题中看出——是那些真正让掌权者感兴趣的问题，他们希望了解组织政治行动的手段。不同的社会阶级所占有的问题域非常不平等，必须记住，他们在产生反问题域（counte-problématique）的能力上也有很大差异。继塞尔旺-施赖贝尔和吉斯卡尔·德斯坦的电视辩论主题之后，一家民调机构提出了这样的问题："教育的成功是天赋、智力、努力或个人优点的函数吗？"事实上，机构收到的回答提供了一些有关不同社会阶级对文化资本传承规律认识程度的信息（尽管回答者隐瞒了这些信息）。工人阶级对才能、通过学校系统实现的社会流动、制度的公正性、按资历分配工作的公平性等迷思深信不疑。反问题域可能存在于少数知识分子身上，但它即使被少数党派和团体所接受，也不具备社会力量。科学真理与意识形态一样都遵循传播规律。科学的主张就像教皇关于节育的通谕：它只对皈依者进行说教。

民意调查的客观性是指以最中立的方式提问，让所有可能的答案都有平等的机会。如果民意调查能够打破所有"客观"规则，给人们机会，让他们把自己置于真正的实践中，即让他们与既有的意见产生关联，那么民意调查无疑会更接近现实中发生的事情。例如，与其问人们"有些人赞成节育，有些人反对；你呢？……"，不如提供一系列被授权建立和传播意见的团体所采取的明确立场，这样人们就可以把自己与已经形成的回应联系起来。我们在法语中通常说的是"采取立场"；立场已经在那里，可以采取。但我们并不是胡乱地采取。我们根据自己在某一场域中的位置，采取我们所倾向于采取的立场。对意识形态进行严格的分析，应该设法解释要采取的立场的结构与客观上占有的场域位置的结构之间的关系。

众所周知，民意调查非常不善于发现潜在的意见——更准确地说，意见的动向。这是因为调查机构掌握的意见情境完全是人为的。在意见在其中构成的情境中，尤其是在危机情境中，人们面对的是被构成的意见，是得到群体支持的意见，因此，在意见之间进行选择显然就是在群体之间进行选择。这就是危机的政治化效应（l'effet de politisation）的原则：在政治上，人们不得不在界定自己的群体之间进行选择，并在明确的政治原则基础上采取越来越多的立场。其实，在我看来很重要的一点是，民意调查把公众意见当作个人意见的简单相加，这些个人意见归根结底是在投票站的情境中收集的，在投票站，个人在孤立的情况下秘密地表达了一种孤立的意见。在现实情境中，意见是力量，意见之间的关系是群体之间的权力关系。

此外，还有一个规律：对问题的兴趣越大，意见就越多。例如，关于教育系统的问题的回答率与受访者与系统本身的接近程度密切相关，而他们有意见的可能性则与他们对所回答的内容拥有权力的可能性有关。自发彰显的观点是那些其观点——如我们所说——"有分量"的人的观点。如果教育部长基于民意调查（或至少基于对民意调查的肤浅解读）行事，那么他就不会像他真正作为一个政治家时那样行事，即对他所接到的电话、工会领导人的来访、院长的来访等事情作出回应。事实上，他是根据那些真正构成了的意见力量的事物行事的，意见力量只有在它们具有力量的情况下，只有在它们是由于被动员起来才具有某种力量的情况下才会进入他的观念。

在试图预测未来十年大学系统会发生什么时，我认为预测的最佳基础是被动员的意见。然而，正如"无回答"所显示的那样，在构成话语的意义上（渴望一致、寻求被倾听、被注意，等等），一些类属的性情倾向并不足以获得意见的地位，这一事实不应该使我们得出这样的结论：在危机情境下，没有意见的人将随意选择一种意见。如果问题对他们来说是一个政治性的问题（对体力劳动者来说，工资或工作条件的问题），那么他们会从政治能力方面进行选择。如果问题对他们来说不是政治性的（公司内部的压抑关系问题），或者还在形成政治性的过程中，那么他们则会被深刻的无意识的性情倾向系统所引导，这些性情倾向系统引导着他们在从审美到日常经济决策等极其不同的领域中作出选择。传统的民意调查既忽略了压力集团，也忽略了潜在的、可能不会以明确的话语形式表达出来的性情倾向。这就是为什么民意调查无法对危机情况下会发生的事情做出任何合理预测的原因。

考虑这样一个问题，如教育系统的问题。你可以问："你对（教育部部长）埃德加·富尔（Edgar Faure）的政策有什么看法？"这类问题很像选举调查：猫在夜晚皆灰色。每个人都或多或少同意，却不知道他们同意的是什么，就像国民议会一致通过他的改革一样。然后你问："你赞成把政治带进中学吗？"在这里我们发现了一个非常明显的分歧，当你问"是否应该允许教师罢工"时，也会发生同样的事情。在工人阶级中，有一种特定的政治能力的转移，人们清楚地知道该说什么。你也可以问："课程应该改变吗？""你赞成持续评估吗？""学校董事会中应该有家长代表吗？""应该废除这项禁令吗？"，等等。在"你对埃德加·富尔的政策有什么看法"这个问题背后还有所有这些问题，人们必须立即对一系列问题表明立场，一份好的问卷只有至少使用六十个问题才能掌握这些问题，然后才能观察到这些问题在各个方向上的变化。在一种类型的问题中，意见与社会等级中的地位有着正向联系，而在另一种情况中，观点与社会等级中的地位有着负向联系，或者可能只有一点点联系，或者在某一点上，甚至根本没有联系。当你意识到全国大选是像"你对埃德加·富尔的政策有什么看法"此种问题的极端情况时，你就会理解为什么政治社会学专家能够注意到社会阶级和实践或意见之间的关系，这种关系几乎在每个社会实践领域都可以观察到，涉及选举现象时，这种关系非常微弱，事实上，它是如此微弱，以至于他们中的一些人会毫不犹豫地得出结论，社会阶级和为左派或右派投票的事实之间没有任何关系。如果我们牢记，一场选举所提出的问题，只有在两百个问题中才能得到合理的理解；如果我们牢记，有些人以厘米为单位，有些人以公里为单位；如果我们牢记，候选人的策略是提出具有误导性的问题，并同时借助许多其他效应，尽可能地把形势搞乱，以掩盖分歧并赢得浮动的选票，那么我们可以得出结论，我们也许应该颠倒投票行为与社会阶级之间的关系的传统问题，并问一问，抛开其他不谈，为什么我们的确找到了一种关系——尽管是一种微弱的关系；并且应该思考选举制度的功能，选举制度是一种工具，出于其自身的逻辑，它往往会削弱冲突和分裂。

简而言之，我的确是想说，民意并不存在，至少它不以某些人希望我们相信的形式存在，而这些人的存在取决于民意存在的幻象。我已经说过，一方面，存在被动员起来的意见、被制定的意见和围绕着明确制定的利益体系而动员起来的压力集团；另一方面，存在一些性情倾向，如果像我在这次谈话中所说的那样，性情倾向指的是可以在话语中被制定的、声称具有某种一致性的东西，那么从定义上讲这些性情倾向就不是意见。这种意见的定义不是我关于意见的意见。当民意调查要求人们对已形成的意见采取立场的时候，当民意调查通过对由此产生的意见进行简单的统计汇总，从而产生民意这一人工制品的时候，意见就只是民意调查所假设的明确的定义形式。我只是说，进行民意调查的人或使用调查结果的人所暗中接受的民意……根本不存在。

19 文化和政治

1980年4月29日在格勒诺布尔大学(Université de Grenoble)的演讲。

我很想摆脱演讲的仪式，我把我要说的话看作一项提议，一种"供应"，希望会出现一种能回应我必须提供的供应的需求，希望我们能够做上生意。

社会学家和他的读者之间的沟通困难之一在于，读者面对的是一种产品，但往往不知道它是如何被生产出来的。现在，严格说来，理性地交流社会科学研究成果的条件之一是要了解产品的生产条件。读者必须处理一件成品，这件成品并非按照某种发现的顺序提供给他们的（因为它倾向于按照演绎的顺序发展，这往往会导致社会学家遭到怀疑——他在头脑中完完全全地构想了他的那些理论，然后再找一些经验来验证它们）。成品，即作品，掩盖了制作方式。在科学和非专家之间，甚至在一门科学和其他科学的专家之间（我想到了，比如说，语言学主宰着社会科学的时候）流传的东西，以及文化庆典的宏大载体所传达的东西充其量只是结果,而绝不是制作方式。你永远不会被带进暗室、科学的"后厨"。当然,我不能在这里给大家提供一个实时的研究影像,展示我的研究成果。我将尝试为你们提供一个倍速的、选择性的回放,目的是让你们了解社会学家如何工作。

1968年五月风暴之后,我想研究教育系统中发生的、与教育系统相关的矛盾,于是我开始分析所有民调机构就教育制度问题所做的调查,以及借助报刊进行的关于人们期待的教育系统变革的调查结果。这项调查得到的最有趣的信息是按社会阶级、教育水平、性别、年龄等指标划分的受访者的人口结构。例如,不同阶级的成员答复这次调查的概率与他们接受高等教育的机会高度对应。这份问卷的答复是按照请愿书的逻辑来设想的,自选样本的受访者无非是一个压力集团,他们认为自己有合法的作出答复的权利,因为他们在教育系统中有合法的利益。这一人群在统计学意义上并不具有代表性,但却非常能代表压力集团,而事实上,这一压力集团将指导教育系统的后续发展。因此,撇开这一调查所提供的关于教育系统的信息还有那些渴望影响教育系统的变革的群体之间的权力关系等因素不谈,我们可以研究一下受访者的特点,因为他们决定根据他们与有关对象的特殊关系作出答复，所以他们首先说的是：我对教育系统感兴趣，我对必须听我说话的教育系统感兴趣。

按照这个逻辑，我用一种新的眼光审视"无回答"，在民意调查中，"无回答"大致等同于选举中的弃权，表面上看，这个现象很正常，没人会询问它的意义。每个人都知道、每个人都谈论弃权的现象，而政治学家则采用了一个纯粹规范的观点，习惯性地痛斥它是民主正常运行的障碍，而没有真正认真对待它。现在，如果我们记住那些从对自发样本的结构（按不同变量计算）的分析中得到的知识，就会立即明白，在代表性样本的情况下，"无回答"（对某些问题来说，"无回答"可能比"答案"更多，这就提出了"无回答"在统计上的代表性问题）包含了一些非常重要的数据，而这些数据仅仅因为人们剔除"无回答"后重新计算百分比而被抹去了。

每一个被提问的群体都有一个表达意见的概率，并且如果确有一个意见的话，那么每一个被提问的群体都会有一个是正面意见还是负面意见的条件概率——它是一个二级概率，因此也是一个相当次要的概率。考虑到对教育调查中自发受访者样本的分析结果，我们可以把一个群体或一类人（如男性与女性，或城镇居民与乡村居民）的回答概率看作衡量其既被授权又能回答、作为一个合法的回答者、有"发言权"的"感觉"的标准。从投票开始，意见的表达机制就是建立在隐性财产资格的基础上的。

但是，首先有必要探究决定受访者回答或"弃权"（而不是在一种回答和另一种回答之间作选择）的因素。如果我们认真看待无回答、弃权、沉默，也就是说，注意到它们的存在，从而建构出一个对象，那么我们就会立即明白，调查所提供的关于一个团体的最重要的数据不是"是"或"否"的比例，也不是赞成或反对的比例，而是不回应的程度，也就是这个团体的成员有意见的可能性。就民意调查而言（其逻辑与选举十分相似），我们拥有分析决定这一概率的因素的必要信息，其形式是在性别、教育、职业、所提出的问题等不同变量下的无回答率。可以看出，女性比男性更经常弃权，而且（粗略地说）随着问题变得越来越具政治性，也就是说，这些问题越吸引特定的文化，如政治领域的历史（比方说了解过去和现在的政治家的名字），或者越是那类吸引专业人员的专业问题（例如，"你认为越战和阿以冲突之间有联系吗？"之类的宪法问题或外交政策问题，在这种极端的情况下，"不知道"的比例会变得非常高），男女之间的差距会增大。相比之下，在一些道德问题上（如"18岁以下的女孩是否应该服用避孕药？"等问题），男女之间的差距消失了。在第二重要的变量那里，无回答率也与教育水平密切相关：一个人的学历越高（其他条件相同），无回答率越低。第三种相关是无回答率与社会阶级（或社会职业类别，二者是一码事）之间的关联性，它与第二种相关有一定的重合。总而言之，无回答率的变化与受访者在各种等级中的地位直接相关。

这似乎意味着，随着问题的政治性越来越强，人们的政治能力越来越差，投弃权票的可能性就会增加。但这只是一个简单的同义反复。事实上，我们要问的是什么叫有能力？为什么女性的技术能力不如男性？自发的社会学立刻提供了许多原因：她们的政治时间少，她们做家务，她们不那么感兴趣。但为什么她们不那么感兴趣呢？因为她们缺乏能力，这里不是在技术意义上使用这个词的，而是在法律意义上使用它，就像人们说的有能力的法院一样。所谓有能力，就是有权并被要求处理某事。换句话说，这些看似异曲同工的关联背后所隐藏的真正规律是，技术、政治能力和所有能力一样，都是一种社会能力。这并不意味着技术能力不存在，而是意味着获得所谓的技术能力的偏好与社会能力一起上升,也就是说,作为社会承认其价值并因此要求其获得这种能力的一种功能。

这个循环又像一个纯粹的同义反复,是特定社会行动的典型形式,这些社会行动在于在不存在差异的地方产生差异。社会巫术可以通过告诉人们他们是不同的,来改变人们。这就是竞争性考试的作用(第300名的考生仍然是了不起的,第301名的考生就一无是处)。换句话说,社会世界仅仅通过指定差异这一事实就构成了差异(根据涂尔干的观点,宗教被定义为在神圣和凡俗之间设立一个边界,只是所有设立边界的行为都有特殊情况,通过这些边界,人们在"现实"中被无限小的差异,有时被不可察觉的差异所分隔的现实之间设立了自然的差异)。男人在政治上更有能力,因为政治是他们的能力的一部分。我们接受男女之间的差异是不言而喻的,因为它重新出现在了所有的实践中,它的基础是一种社会的强加、一种能力的分配。性别分工将政治分给了男人(就像它将外面的世界、公共领域、家庭以外的有偿工作等分给了男人一样),而将家庭内部的、不被承认的工作分配给了女人,还将心理学、情感、阅读小说等事情分配给了女人。然而,事情并不那么简单,性别之间的差异因阶级和阶级部分的不同而不同,分配给每个性别的属性在每种情况下都会变得具体。例如,在《区隔》一书构建的二维(或者说三维)空间中,当人们从下往上、从右往左地向文化资本最丰富、经济资本最贫乏的支配阶级的部分(即知识分子)移动时,性别之间的差异往往会消失:例如,在中学和大学教师中,女性阅读《世界报》几乎和男性一样普遍。相反,当人们向上、向右移动,向传统的资产阶级移动时,这种差异会再次减少,但减少的程度没那么强。所有的证据都趋于证实这一点,即地位接近知识分子的妇女是社会公认的具有政治能力的人,与同一阶级的其他部分或其他阶级的女性相比,她们在政治问题上的性情倾向和能力与相应的男性之间的差别要小得多。

因此,这一点是可以接受的,即技术上有能力的人就是被社会指定为有能力的人,这样就足以使他或她具有获得技术能力的倾向,而这种技术能力反过来又是他或她的社会能力的基础。在所有的调查中,人们都发现了以学历衡量的教育资本与在音乐、艺术史等方面的能力之间有很强的相关性,但教育系统根本不教授或只是假装教授这些能力。不能直接用灌输来解释这一现象。事实上,教育系统最隐蔽、最鲜为人知的效应之一就是我所谓的地位分配,即位高则任重的效应。该系统不断地通过分配效应发挥着作用（例如，如果你把一个中学生放在所谓"胸怀大志的"六年级班，即我们的"C组第二级"，你就是在要求他成为一个"成功人士"，要求他要配得上你赋予他的"班级"）。而学历，尤其是最有声望的学历也按照同样的逻辑行事：它们将持有者分配到了要求他们表现出其"类属"的阶级中。被指定为有学术能力，因而有社会能力的事实"暗示着"，例如，你会读《世界报》、会去艺术馆、拥有古典唱片，等等，当然，我们在这里关心的是你所获得的政治能力。这就是那种神奇力量的另一效果，这种力量可以用权威的口吻告诉人们，他们是不同的、有区别的，以此划分人群；或者，更准确地说，利用贵族或学术界等机制的逻辑划分人群，这种逻辑将人构想为不同的人，并在他们身上生产出永久的差异，这种差异或是外在的、可以与人分离的——就像军官的军衔徽章一样，或是作为一种特殊的说话方式、一种口音或所谓的区隔而刻在人身上的。简言之，虽然人们可以天真地说，受教育程度越高，政治知识就越丰富，政治能力就越强，但在我看来，人们应该说，那些社会指定的有能力的人、有资格并被要求有政治能力的人更有可能成为他们所是的样子，成为他们被告知的样子，即政治上有能力的人。

像我刚才所描述的那样一种机制意味着一定数量的人把自己排除在了政治游戏之外（就像他们把自己排除在教育制度之外，却说是教育系统无法让他们提起兴趣一样）；而那些自发取消自己的选举权的人，差不多也正是占支配地位的人想要取消其选举权的人，如果他们有权力这样做的话，他们就会这样做（我们知道，过去的限制性的选举权制度在法律上剥夺了那些没有发言权的人的资格，因为他们的财产、资格或等级不够）。但是，选择性的选举权是隐秘地发挥作用的，这使得二者截然不同。这些取消自己资格的人之所以这样做主要是因为他们认为自己不具备政治能力。能力的社会表征，即社会（特别是教育系统，它已成为能力分配的主要机构之一）分配给他们的能力成为一种无意识的倾向、一种品味。从某种意义上说，那些取消自己资格的人也在某种程度上协作促成了自己的资格被取消，那些受害者默许这是合法的。

因此，对一个客观的政治问题（人们对问题是否具有政治性的认知是非常不平等的，这取决于决定了回答的可能性）做出回答的概率与一组变量有关，这组变量完全类似于支配着文化使用的变量。换句话说，产生政治观点的概率分布颇像参观博物馆的概率分布。但是,我们也发现了,当提问者用一种更具政治性的语言——我指更符合我们的"政治学"机构的风格的语言——表达问题时,区分回答问题的概率的因素就会更强烈地发挥作用。换句话说,在面对典型的巴黎政治学院或国家行政学院会提的问题时("你认为对发展中国家的援助应随着国内生产总值的增加而增加吗?"),男女之间、受教育程度最高的人和受教育程度最低的人之间的差距会特别大。

这意味着什么?是为了回答"我朋友的朋友是不是我的朋友"这个问题吗?正如皮埃尔·格雷科(Pierre Greco)指出的那样,我可以想到我的真实朋友(X的朋友真的是Y的朋友吗?),也可以用逻辑计算的方式来对待这个问题(这就是教育系统所期望的那种回答:你的回答不需要包含太多对现实的思考)。这两种回答方式同两种不同的与语言、文字、世界和其他人的关系联系在一起。"严格的政治"问题是必须用逻辑计算来回答的问题。它们是需要"纯粹"姿态的问题,是教育系统和学术语言所要求的问题。柏拉图在某个场合说过,"讲话就是发表意见"。意见的定义中存在一个隐含的内容,而我们却将其忘记了,因为我们是系统的产物,在这个系统中,如果你想生存下去,你就必须讲话（有时是为了讲点什么，有时是为了什么也不说）。至此，我已经含蓄地定义了意见，它是语言化的和可语言化的意见，是针对一个明确的、可用言辞表达的问题作出的回应，意见的形式是假定答案与语言的关系是中立的。要以我刚才引用的那个问题（"越战与阿以冲突之间有联系吗？"）的风格来回答一个政治学问题，需要一种类似论文写作所需要的姿态———一种同样也是为一大堆其他实践所预设的性情倾向，比如从形式和构图而非主题来观赏一幅画。这就意味着，在被定义为话语、被定义为预设了与对象的中立关系的话语的意见面前，不平等很可能是存在的，这种不平等与出现在某件艺术作品面前的不平等是相同的，但又不能得出结论说，那些——在言说的意义上——不能"发表意见"的人没有我不能称之为政治意见的东西，因为意见意味着言说，但我将这种政治意见称为政治感。

例如，在社会阶级问题上，受访者看起来可能无法回答与社会阶级的存在，甚至与他们自己在社会结构中的位置相关的问题（你是属于下层、中层还是上层？），但他们却具有绝对正确的阶级意识。虽然他们不能将自己的立场主题化、客观化，但他们对采访者的整个态度都受社会距离感的支配,这种社会距离感准确地说出了自己在哪里,采访者在哪里,他们之间的社会关系是什么。我想到了一个例子:一位美国社会学家指出,与别人谈论政治的可能性会随着双方的政治观点的接近程度增加而增加。人们怎么知道要和自己谈论政治的人是否和自己持相同观点呢?这是个很好的实践感的例子。关于陌生人之间的会面,戈夫曼有一些极好的分析,人们要做的工作是判断自己能说什么,不能说什么,能说到什么程度,等等。如果不确定,他们总是可以谈论天气,这是最没有争议的话题。

社会学家所面对的是这样一群人:在实践模式下,他们比他更清楚他想知道的东西。无论其对象是老板还是底层无产阶级,社会学家必须把他的调查对象完全知道的事情——但他们是以另一种模式知道这些事情的,也就是说,是在并不真正了解它们的情况下知道这些事情的——阐述明白。很多时候,人们对自己所做和知晓的事情说的话不会为他提供任何帮助。政治方向感可以支配一些实践性的政治选择,而不需要上升到话语层面,在话语层面需要答案的情况下,政治方向感会被扰乱并解除武装。(这就是为什么除了在选举中,民意调查的预测价值很低,因为它们不能把握那些非语言构成的东西。)这意味着,与人们的想法相反，那些弃权、不回答或随意回答一切的人表明随意选择一个答案的可能性随着有关类属的"无回答"率的上升而上升，这些人并不是空容器，他们的脑袋可以被任何政策填满（知识分子抱有的另一种幻觉）。他们被简化为中世纪神学家用一个奇妙的短语所指称的事物——fides implicita，即隐性信仰，这种信仰并没有上升到话语层面，而是成了一种实践意义上的信仰。他们如何选择？那些成为隐性信仰的人最被剥夺意见能力的阶级，他们做的是一种二级选择。如果问他们："你认为这个和那个之间有联系吗？"他们不知道，但他们把替他们做出选择的任务委托给他们所选择的机构（一个党派、一个工会……）。所有的教会都喜欢隐性信仰。隐性信仰的理念包含了委托的理念。

我们可以用一种市场现象的类比来描述政治：供求关系。一群职业政治家被定义为事实上垄断政治话语生产的人，他们生产一系列话语，提供给具有政治品味的人，政治品味即对所提供的话语进行分辨的能力，这是一种非常不平等的能力。这些话语将根据一种技术能力——更确切地说，一种分类系统，其辨别的敏锐度和精细度将随着界定社会能力的变量的变化而变化——而被接收、理解、感知、选择和接受。如果把被提供的产品看作是由需求直接召唤出来的，或者说是由与受众的某种直接交易和有意识的讨价还价所激发出来的，那么就不可能理解被提供的产品的特定象征效果。当某位记者被说成天主教游说团的三流雇佣写手或资本主义的走狗时，这个说法是认为他自觉地寻求适应读者的期望，并以直接满足读者的期望为目的。事实上，对文化生产场域的分析表明，无论是在戏剧和电影评论家那里，还是在政治记者那里，无论是在知识场域还是在宗教场域，生产者生产的参照物都并不是，或者说并不像人们想象的那样是受众，而是竞争对手。但这样的描述还是过于目的论了，可能会让人觉得，他们写作时有意识地想突出自己。事实上，他们在竞争空间中所占的位置会产生更多的东西。例如，我们很容易证明这一点：在政治领域，比如各个党派和报纸，不断受到两种相反压力的驱使，一种压力促使它们强化自身的差异，甚至人为地强化差异，这是为了区分自己，为了让使用某种分类体系的人（如右派的保卫共和联盟［RPR］与法国民主联盟［UDF］）能够察觉到它们，另一种压力促使它们通过模糊差异来扩大自己的吸引力。

因此，在生产方面，有一个竞争的舞台，它有其自主的逻辑，有其自身的历史（例如图尔大会 [Congrès de Tours][1]），这是非常重要的，因为在政治中就如同在艺术中一样，你如果不知道这个场域的历史，就无法理解最新的策略，而这个场域相对于普遍历史来说是相对独立的。在另一方面，即消费方面，有一个客户的世界，他们将通过感知和欣赏的类别来感知和评估提供给他们的产品，这些类别根据几个变量的变化而变化。因此，政治观点在某一特定时刻的分布状态是两段相对独立的历史的相遇。它是一种供给与需求的相遇，这种供给不是针对需求，而是针对一个有自身历史的政治空间所特有的制约因素而发展起来的，而需求虽然是所有个人历史的产物（人们的政治倾向是在这些个人历史中形成），但它是按照一种同源结构组织起来的。

我想迅速地回过头来讲讲这一点，因为我很简略地提到过它，而这可能会产生混淆。这就是政党关系的问题，尤其是共产党和"隐性信仰"的关系的问题。似乎一切都表明，一个政党从依赖隐性信仰的那部分消费者中吸纳的

---

[1] 图尔大会是 1920 年 12 月 25 日至 30 日在图尔举行的工人国际法国支部（SFIO）第 18 届全国大会。在大会期间，大多数人投票支持加入第三国际并成立共产国际法国支部，该支部为 1921 年成立的法国共产党的前身。——中译者注

人员比例越大,受到的约束就越少,它的历史就越相对自主。一个社会类属越贫困(我们可以举出一个极端的例子,女性[因为大多数是女性]、生活在外省的、不识字且几乎毫无资格的生产线工人)就越依赖它所选择的、在政治问题上全权委托的政党。由此可见,一个位于党派相对自主的空间中的政党,当它的委托人中有很大一部分人一劳永逸地给它开了一张空白支票时,它就会有更大的自由度来调整自己的政策,以满足与其他政党竞争的需要(对此,最近的事件给出了如此清晰的经验证明,以至于我不需要论证这一点)。这就是在思考(无论是法国的还是苏联的)革命党派的官僚化过程时需要牢记的一点(当然,人们还需要牢记授权的特殊逻辑,这种逻辑往往有利于职业官员,倾向于使那些没有完全投降的人遭到剥夺)。这意味着寡头政治的铁律,即权力,甚至革命权力趋于集中在少数人手中,新马基雅维里主义者认为这是政治官僚体制的必然趋势,这种隐性信仰关系极大地强化了这种趋势。

总而言之,这就是为什么我想快速讨论的问题是这个,即实践的政治意识变得清晰明确的条件是什么。拉波夫已经表明,美国蓝领工人在发音方面对文化涵化(acculturation)有很强的抵抗力,他说这是因为他们不自觉地将自己的阶级口音与他们的阳刚之气联系在一起，就好像他们的阶级意识卡在喉咙里，仿佛某种硬汉式的喉音是对主流口音的（相当不自觉的）拒绝，是对工人阶级身份的捍卫，这种身份也可能位于某种摆动肩膀的方式上，等等（这在工会代表的选择上也发挥了重要作用。总工会［CGT］代表有着相当独特的举止和神情，我们知道，在共产党人和极左分子的关系中，身体标记、短发或长发、衣着风格都起着重要作用）。于是，首先有这种藏在身体深处的阶级意识——一种与身体的关系，即一种与阶级的关系，接着有意识和阶级意识。这是民粹主义者最喜欢幻想的一个领域。从一开始，马克思本人就提出了阶级意识的觉醒问题，而没有像哲学家那样提出知识论之类的问题。我认为，我今天晚上所说的话有助于更现实地提出这个问题，即从一种根深蒂固的、身体的性情倾向（阶级就宿于这种性情倾向之中，但没有如此这般地明述它）到语言和非语言的表达模式（如示威）的转变问题。一个群体如何能够构成自己的群体？如何构成自己的身份？如何象征自己？如何从一个工人群体转向劳工运动或工人阶级？对于这些问题，我们还需进行整体分析。这种转变的前提是授权意义上的代表权（représentation），也是戏剧意义上的场面调度,这种转变是一种非常复杂的炼金术,"话语供给"的特定效果、一系列既有的话语和现有的行动模式(示威、罢工等)在其中发挥着重要作用。这一点可以从民意调查中看到。当最贫困的人必须在几个"预先形成的"答案中作选择时,他们总是可以指出其中的一个已制定好的意见(这种意见掩盖了这里的要点,即他们不一定能够形成这个意见,特别是用当前使用的术语形成这个意见)。当他们拥有能使自身认识到"正确"答案或某条指明答案的政党路线的线索时,他们甚至会挑出最符合他们所宣称的政治背景的答案。如果不这样做,他们就会受到我所说的"倒错信念"(allodoxia)的谴责。倒错信念即把一种观点误认作另一种观点,就像从远处看,人们把一个人认作其他人一样(相当于在其他领域,人们把"金蛇果"当作苹果,把"人造革"当作皮革,把《施特劳斯圆舞曲》当作古典乐)。他们总是可能会在产品性质上犯错误,因为他们会在需要阶级意识的时候带着阶级感来选择。一位政治家可能因为他的(吸引人的)外表而被选择,但他本应因他说的话而被选择。倒错信念效应的部分原因是,意见的生产者——通过在阶级身体之间建立的、不途经发送者或接收者的意识的沟通——无意识地操纵阶级惯习。因此,一个"阶级的嗓子"对另一个"阶级的嗓子"说话。我在这里介绍的东西显然是有问题的；它绝不是关于这个问题的最终之言，我只是想表明，人们往往以一种既太抽象又太简单的方式提出这些问题。

无论如何，我将就此得出结论，只有当一个人认真关注这些不言而喻的事实（它们常被认为是微不足道的）、这些平庸的东西（大多数其生活任务是理解和表达社会世界的人会认为它们不值得关注），人们才能构建出既非常具有普遍性又不"空洞"的理论模型。我相信，我在这里提出的政治观点的生产和消费的模型就是这种理论模型之一，它也适用于其他文化产品。

20 罢工和政治行动

1975年5月23日在巴黎人文之家举办的"欧洲社会历史专题讨论会"上的总结发言。

"罢工"是研究者们准许强加给研究对象的"预设"之一吗？首先，人们普遍认为，只有将罢工重新置于劳工斗争的场域，即置于由工人（罢工是他们的主要武器）和雇主，以及可能的第三行为者（也许不止有一方第三行为者）——国家——之间的斗争所界定的权力关系的客观结构中，罢工才有意义。

于是，人们会遇到一个（由总罢工的概念直接提出的）问题，即这一场域的统一程度问题。我想引用美国经济学家O. W. 费尔普斯（O. W. Phelps）的一篇文章，用一种更一般的方式来表述它。与古典理论把市场设想为一套统一的自由交易相反，费尔普斯认为，并不存在单一的劳动力市场，而是存在若干个劳动力市场，这些市场有其自身的结构，他所说的劳动力市场指"一套长期支配不同的就业职能——招聘、选拔、工作分配、工资问题——的机制，这些机制以法律、合同、习俗或国家政策为基础,其主要功能是决定雇员的权利和特权,并使劳动管理和一切与劳动有关的事情具有规律性和可预测性"。历史的趋势难道不是由地方性的劳动力市场(换言之,斗争的场域)逐步转向更加一体化的劳动力市场(在后者那里地方性的冲突更容易引发更广泛的冲突)吗?

有哪些统一的因素呢?我们可以把经济因素和具体的"政治"因素(即一个动员机器——工会——的存在)区分开来。人们一直认为,经济机制的统一和斗争场域的统一之间有关系;斗争机器的统一和斗争场域的统一之间也有关系。事实上,我们完全有理由认为,相对于地方基础来说,经济的"国有化"有利于日益自主的国家机器的发展,这种发展会推动地方冲突的普遍化。"斗争的政治能动者具有何等程度的相对自主性?我们在何等程度上能够将统一归于工会的统一行动?每次爆发的罢工都可以被普遍化(显然,根据可能多少具有战略性或象征性的经济部门的不同,成功的程度也不同),这一事实难道不会使我们倾向于高估这一场域的客观统一性吗?这种统一可能更多是自愿性的,更多归功于组织而不是客观的团结。未来的主要问题之一很可能是工会组织的国家性质与企业、经济的国际性质之间的不匹配。

但是，就场域的每一种状态而言，我们可以问它的封闭性有多大，并思考——比如——工人阶级存在的真正中心是在场域内还是在场域外。例如，在工人阶级的世界仍然与农民的世界紧密相连的情况下（工人阶级会回归农民的世界，或者会将其收入放在农民的世界中）；或者，更不用说，在当下欧洲的外国底层无产阶级的情况下，就会出现问题。相比之下，整个工人阶级群体可能完全与外部世界相分离，其所有利益都在斗争场域中。同样，根据这种分离是在这一代人中还是在几代人中发生的，情况会有所变化。

进入该场域的资历衡量了所谓的"操作化"或"工厂化"过程的持续时间（如果你愿意接受"工厂化"这个野蛮的概念的话——这个概念是从戈夫曼提出的"庇护所化"[asilisation]概念改造而来的，后者指的是监狱、兵营和所有"总体性制度"中的人逐步适应制度，并在某种程度上与制度达成一致的过程）。我所说的这个过程指工人适应他们的公司并被它占有，适应他们的机器并被它占有，适应他们的工人阶级传统并被它们占有，适应他们的工会并被它占有，等等。在这个过程中，我们可以区分出几个方面。第一个方面是完全消极的,包括放弃外部利益。这些利益或利害关系可能是完全真实的:想想那些把钱寄给家人、购买土地或农业设备,或购物回家的移民工人。或者,它们可能是假想的,但同样有效力:这就是这种移民工人的情况,他们尽管已经失去了回家的所有实际希望,但仍然在途中,因此永远不会完全"被操作化"。其次,无论他们的外部联系状况如何,工人都可以认同他们在斗争场域中的位置,完全接受与之相关的利益,而不改变他们根深蒂固的性情倾向。因此,正如埃里克·霍布斯鲍姆(Eric Hobsbawm)指出的那样,最近才进入工业劳动的农民可以从事革命斗争,而不丧失任何农民的性情倾向。在这一过程的另一个阶段,他们根深蒂固的性情倾向可能会被工业环境的客观规律所改变;他们可能会学习他们必须遵守的行为规则(例如关于工作强度或团结的规则)以便被接受;他们可能会拥护集体价值(例如尊重他们的工作机器),或者再次接受群体的集体历史、传统,特别是斗争的传统,等等。最后,他们可能会被纳入组织化劳动的世界,在可能被称为"初级"反抗——突然投向工业世界的、通常带有暴力性质和无组织的农民反抗——的领域中迷失,在"次级"、有组织的反抗领域中则会获得好处。工会主义是扩大还是缩小了需求的范围？这是此种思路所导向的一个问题。

蒂利（Tilly）强调，必须从整体上考察参与斗争的能动者体系——雇主、工人和国家。与其他阶级的关系问题是一个非常重要的因素，海姆森（Haimson）在描述工人阶级的某些部分对资产阶级的矛盾性时就提到了这一点。这就是地方/国家反对派的全部含义。雇主—工人—国家这一三角形式所描述的客观关系因公司规模的大小各异而具有非常不同的特定形式，也因工作生活的社会环境的不同而不同：你是否看得到老板，你是否看得到他的女儿去教堂，你是否看得到他的生活方式，等等。生活方式是劳动市场的客观结构和心智结构之间的具体中介之一，因此也是它和人们可以拥有的斗争经验等事物之间的具体中介之一。界定斗争场域的客观关系是在所有具体的交往中被领会的，而不仅仅是在工作场所（这也是家长制的基础之一）中被领会的。这些都是人们必须尝试理解的术语，正如海姆森所建议的那样，城市似乎更有利于工人阶级的意识，而在一个完全是工人阶级小城镇的地方，阶级意识的增长不那么迅速，但却更加激进。在地方层面所认识到的阶级结构似乎是理解工人阶级策略的一个重要中介。

我们现在要问的是,在每一种情况下,这个斗争场域是如何运作的。有一些结构上的不变项,我们可以为它们构建一个非常抽象的"模型",以便分析各种变体。蒂利提出的第一个问题是,存在两种立场还是三种立场:国家是否只是简单地复制了雇主?蒂利试图表明,法国的情况是,国家是一个真正的能动者。它是一个真正的能动者,还是一种雇主和工人的关系的委婉的、合法化的表达方式(这种表达方式至少在它具有现实性面貌时存在)?这个问题是通过对这二者的比较而提出的,即1905—1917年俄国的工人斗争和第三共和国时期法国的工人斗争(我们也可以想到瑞典的情况:当工会强有力地控制了国家时,斗争所采取的特殊形式是什么?)。我们需要一个囊括了国家和雇主的关系的所有可能形式的模型(不排除苏联模型),以便看清工人斗争在每种情况下所采取的形式。

有一个根本性的问题没有被充分地提出来:当我们谈论国家、雇主和工人之间的关系时,将这种关系的客观现实(国家和雇主是相互依存的还是相互独立的;它们是盟友还是国家起着裁判的作用?)与从工人阶级的角度看来的主观现实(阶级意识或虚假意识)进行对比并不是完全合理的。人们认为国家是自主的("我们的国家"、"我们的共和国"），这一事实是一个客观因素。在法国的情况中——特别是在某个特定时间点和某种特定情况中，工人阶级认为国家是独立的，是一个裁判。而国家可以或似乎是一个裁判，因为它的行动是为了维持秩序（国家通常依靠统治阶级维持秩序，否则后者会为了盲目地捍卫自己的短期利益而自毁长城）。换句话说，当我们谈论国家时，我们是在谈论它的实质性力量（军队、警察等），还是在谈论它的象征性力量（象征性力量可能包括对国家的承认，同时也意味着对国家的真正作用的误识）？合法性意味着误识，所谓合法的斗争形式（罢工是合法的，破坏是不合法的）代表了一种没有被认作支配定义的支配定义，这种定义为被支配群体所承认，以至于支配群体在该定义中的利益被误识。

我们需要对冲突的能动者——迄今为止我们尚未提及的能动者——场域进行描述，如教育系统，它通过将学历与工作相匹配，帮助灌输了一种等级职位分配的精英主义观点（vision méritocratique）；或兵役，它在为"行动化"做准备方面发挥着关键作用。也许还应该加上法律制度，它每时每刻都在加固既定的权力关系状态，从而帮助维持权力关系；或者加上现在起着核心作用的社会服务，还有其他所有负责软暴力形式的机构。教育系统所灌输的思想——人们根据自己的教育和学历获得他们应得的工作——在工作内外的等级制度中起着决定性的作用。把学历看作我们社会的贵族头衔，这并不是荒唐的比喻。学历在为阶级关系注入分寸感（bienséance）的过程中起着关键的作用。遵循统一斗争的趋势规律，粗暴的暴力形式转向了软性的、象征性的暴力形式。

第二个问题：在这场斗争中，如何界定合法的利益和手段，即什么事情是可以合法地争取的，什么手段是可以合法地使用的？不仅支配者和被支配者在争夺斗争的利益和手段，而且被支配者内部也在争夺斗争的利益和手段。支配者与被支配者的权力关系的微妙之处在于，在这种斗争中，支配者可能会利用被支配者之间的关于合法手段和目的的斗争（例如，数量要求与质量要求的对立，或者经济罢工与政治罢工的对立）。关于对合法的阶级斗争的讨论，我们可以写出一整部社会史：对老板做什么是合法的，等等？1968年五月风暴以后，当工人开始把老板锁在办公室的时候，这个问题在实践中得到了重新定位：为什么这些针对老板人身的行为被认为是可耻的呢？人们可能会思考，是否每一次对斗争的限度的承认、每一次对某些手段或某些目的的非法性的承认并不会削弱被支配者的斗争。例如,经济主义是支配者的一种策略:它在于表达这一看法,即被支配者的合法要求是工资,除此之外别无其他。关于这一点,我请大家回想一下蒂利关于以下事情所说的一切:法国雇主对其权威有着非同寻常的兴趣;他可以在工资问题上让步,但拒绝把被支配者当作可接受的对话伙伴,借告示牌上的海报等载体与他们沟通。

合法要求的定义是什么?正如米歇尔·佩罗(Michèle Perrot)所指出的那样,在这个问题上我们必须考虑到需求系统的结构,正如蒂利所说的那样,必须考虑到斗争手段的结构。你不能撇开其他需求(工作条件,等等)系统来研究某项要求,如工资需求。同样,哪怕只是为了指出,在某些情况下,人们没有使用这些斗争手段,你也不能撇开其他斗争手段系统来研究某种斗争手段,如罢工。从结构上思考的事实揭示了这种缺席的重要性。

在工人斗争的每个时刻,我们似乎都可以划分出三个层次:第一,斗争中存在某个"未经思考的"的方面("理所当然的"东西,即信念),"操作化"的效果之一就在于,人们不会想到去质疑或要求某些东西,因为它们没有进入人们的脑海,或因为它们不是"合理的";第二,有些事情是不可想象的，是被明确谴责的（"我们知道老板不会让步的事情"：解雇一个工头、与工人代表谈话，等等）；第三，存在可要求的、可请求的、合法的需求对象。

同样的分析也适用于合法手段（罢工、破坏、监禁管理人员等）的定义。工会负责定义"正确的"、"恰当的"策略。这是指绝对的、没有任何限制的最有效的策略，还是指因其在某一社会背景——暗示着某种特定的关于合法与非法的定义的社会背景——中最为"合适"所以最为有效的策略？在合法目的和手段的定义的集体生产中，在对诸如是什么构成了一场"公平的"、"合理的"罢工或"盲目的罢工"这类问题的答案的集体生产中，记者和所有专业分析家（"政治学家"）——二者事实上往往是同一类人——现在起着决定性的作用；在这种情况下，政治性罢工和非政治性（即纯经济性）罢工之间的区别出自一种科学无法肆无忌惮地接管的政治动机。存在一种对政治的定义的政治操纵。斗争的利害关键为何，这个问题本身就是斗争中的利害关系的一部分：每时每刻人们都在争夺表达"在这一点或那一点上进行斗争是否'合适'"的权力。这就是行使作为软性的、伪装的暴力的象征性暴力的渠道之一。我们需要对社会冲突的"日内瓦公约"，即一整套规范进行分析，这些规范在不同时期、不同社会之间显然有很大的差异，它们在某个特定时间点被强加在了被支配者身上，迫使工人出于某种对品格的顾虑而对自己的行动加以限制，使得工人接受了可接受的斗争的支配定义（例如，罢工不应为公众带来不便的考量）。这些事情将会很有意思：系统地收集所有这些公约的提醒；看清所有在这方面起作用的机制，包括语言审查制度。

第三个问题：什么因素决定了罢工中的各方的力量？我们可以假定，在每一时刻，它们的战略至少部分地取决于它们在权力关系（结构）中客观地掌握的力量，也就是说，取决于它们通过以前的斗争（历史）所获得和积累的力量。在某种程度上，这些权力关系是基于可供能动者调用的感知工具（无论是理论上的，还是基于先前斗争经验的感知工具）而被正确地感知和欣赏的。

对工人来说，罢工是主要的斗争工具，因为他们所拥有的为数不多的武器之一正是退出劳动，要么完全退出（脱离或罢工），要么部分退出（怠工）。对双方来说，确定这些不同退出形式的成本和收益，并在这个成本和收益体系的基础上，为分析如何组织蒂利所提到的战略体系提供手段，将会是很有意义的。我们可以在蒙哥马利

（Montgommery）描述的辩证法中，找到一份对战略取决于权力关系状况这一命题的说明，他提到了泰勒主义在美国的开端：工会化增强了工人的力量，导致生产力下降，雇主则会用泰勒化和一整套新的管理技术（美国劳动社会学的起源）来应对生产力的下降。

工人可以使用的另一种武器是他们的体力（配上武器，它是战斗力的组成部分）。从这个逻辑来看，人们必须分析阳刚和好斗性的价值（这是军队通过崇尚男性美德、大男子主义、身体力量来奴役工人阶级的一种方式）。但也可以使用象征性的暴力，在这方面，罢工是一种特别有趣的工具：它是一种真正的暴力工具，通过对群体凝聚力的展示和肯定、对生产出来的日常秩序的集体破坏等手段，它具有了象征性的效果。

工人战略的显著特点是，只有当这些战略是集体的策略，因而是有意识、有条理的策略（即由一个旨在确定目标和组织斗争的组织来调解）时，它们才会生效。这足以解释为什么工人阶级（相对于个人主义）更偏爱集体主义的性情倾向。如果没有一整套构成了他们的生存境况的、作用于同一方向的因素——工作的风险和整个生存的不确定性（这些风险和不确定性迫使他们团结），情况就不会是这样。如果没有（被去技能化战略所强化的）工人的可互换性（interchangeabilité）的经验和服从劳动力市场裁决的经验（后者倾向于排除劳动力的"公平价格"的观念——一种在手艺人和独立职业者那里非常显著的观念），情况就不会是这样。（工人和手艺人的另一个区别是，工人不太可能将自身神秘化，也不太可能在他的作品价值高于其价格的观念中、在他与客户建立了一种非货币交换的关系的观念中找到象征性满足。）没有任何"职业"的概念（资历有时起着消极的作用），这也在体力劳动者和白领雇员之间引入一个根本区别，白领雇员可以为个人的晋升竞争投资，而工人——尽管工人阶级内部也存在等级——则只能为集体斗争投资。体力劳动者只能集体维护自己的力量和价值，这一事实构建了他们的整个世界观，标志着与小资产阶级的分离，这一分离意义重大。在这方面，人们需要——就像汤普森（Thompson）分析前工业化时期那样——分析工人阶级的"道德经济"，并确定劳动力价格的评估原则（劳动时间与工资的关系；同等工作的工资比较；家庭需求与工资的关系，等等）。

由此可见，劳动力卖方的力量从根本上说取决于对被动员群体的动员和组织，因此，在某种程度上，至少取决于是否存在一个能够履行表达、动员、组织和代表职能的（工会）机构。但是，这就提出了一个社会学家从来没有真正思考过的问题，即群体的性质和聚集模式。第一种聚集模式是累加的或反复的群体（1+1+1……）。支配性的策略总是倾向于确保这一点，即不存在群体，只存在一系列个人（在19世纪，老板们试图逐个处理工人）；它们总是援引民意调查或无记名投票来反对举手表决和授权。类似地，奖金制度和许多其他报酬制度也是许许多多的分裂策略，换言之，去政治化策略（这是资产阶级恐惧集体高扬个人的基础之一）。第二种模式是集体动员。这是指群体在同一地点聚集，并通过其人数来体现其力量（因此，关于人数的争议非常重要——警方总是说有1万名示威者，而工会说有2万名）。最后一种模式是委托：工会代表的话可能是代表50万人说的话（第二种和第三种模式并不相互排斥）。我们需要对委托的模式和程序（例如，人们常说法国的传统偏重群众会议）、代表的指定模式和代表的特点（例如，总工会代表往往是一个身材魁梧、思想严肃、受人尊敬的留着小胡子的家庭男人，有多年的公司服务经历，等等）进行社会学和历史学的比较。最后，我们需要考虑委托的性质：把表达、代表、动员和组织的权力委托给某人意味着什么？委托（procuration）所提出的意见的性质是什么？这种提出意见的权力的代表究竟是什么（它是如此冒犯资产阶级的感情，这种感情与资产阶级所谓的"个人意见"——一种"本真性"——密切相关，而我们知道，这种"本真性"只是同一机制的误识的产物）？

代表们是做什么的？他们是开启还是关闭需求范围？发言人的表达能力包括什么？先是有一种痛苦，然后有了一种命名它的语言（人们想到了病人和医生的关系）。语言提供了表达痛苦的手段，但同时它又封闭了可能会从普遍的不适中涌现出来的需求的范围；它使病痛存在，通过客观地构成病痛使掌握病痛成为可能，但同时它又剥夺了病痛（"我以前觉得全身不舒服，但现在我知道是我的肝脏不舒服"，"以前是整个工作、工作条件让我觉得不舒服，但现在我知道痛苦的点是我的工资"）。人们可以用极大或极小化的术语来定义意识觉醒的概念：它是一个有足够的意识去思考和表达情境（表达手段被剥夺和再占有的问题）、组织和指导斗争的问题吗？还是说，它仅仅是一个有足够的意识把这些职能委托给能够为代表者的最大利益而履行这些职能的机构（"隐性信仰"）的问题？

事实上，这是典型的知识分子式的提问方式：这是对知识分子来说最自然的方式，也是最符合知识分子利益的方式，因为它使知识分子成为无产阶级与其革命真理之间不可或缺的中介。事实上，正如汤普森经常表明的那样，阶级意识和反抗可能源于与知识分子想象的革命思维无关的过程（例如，它可能是由流血引起的愤慨和反抗）。

事实是，工人阶级的动员与象征性机器的存在有关，后者是生产感知、表达社会世界和劳工斗争的工具——更何况支配阶级不断倾向于生产和强加非动员性的感知和表达模式（例如，现在劳工斗争中的对手被描述为"社会伙伴"）。如果人们接受——像马克思的一些文章所提示的那样——语言可以等同于意识，那么提出阶级意识的问题就等于是在问，工人阶级拥有什么样的感知和表达的器具以理解和谈论自身状况。在这方面，斗争词汇的比较史至关重要：人们使用什么样的词汇（例如"雇主"和"经理"之类的词语）和委婉语（例如"社会伙伴"）？这些委婉语是如何产生和传播的（例如，我们知道，法国的计划委员会在创造这些委婉语和整个集体话语——实际上由占支配地位的人所掌控的话语——方面发挥了重要作用）？

此外，至于雇主，我们则需要分析他们在劳工斗争中的代表性和利害关系（不单是经济上的利害关系，还有管理当局的权威和作用的形象可能会遭人质疑),以及他们与国家的关系,等等;在某些情况下,国家可能会以反对他们的形式来维护他们的利益(或至少维护本阶级整体的利益)。

最后,在确定了权力关系结构的决定性因素体系之后,我们需要确定倾向于加强或削弱这些因素的作用的因素。这些因素可能包括:当时的经济形势,特别是劳动力市场的紧张程度;政治形势和镇压的强度;以往斗争的经验,在支配阶级那里,这种经验有利于发展操纵的方法和让步的艺术,在被支配阶级那里,它有利于掌握无产阶级的斗争方法(这种方法相应地也具有策略仪式化的倾向);工人阶级的同质性或异质性程度;工作条件,等等。在每一种历史情境中,正是这一整套变化着的因素(在任何情况下,它们都不是完全独立的)确定了权力关系,并因此确定了旨在改变这种关系的策略。

21 "智力"种族主义

1978年5月在联合国教科文组织的反对种族主义和促进各国人民友好运动（MRAP）组织的座谈会上的讲话，发表于《权利与自由》(*Droit et liberté*)第382期的特刊《种族、社会与资质：科学的贡献与局限》(*Races, Sociétés et Aptitudes: apports et limites de la science*)，第67-71页。

我想说的第一点是，不存在单一的种族主义，而是存在复数的种族主义。有多少种种族主义，就有多少个需要证明自己存在的群体；这是所有种族主义不变的功能。

在我看来，对种族主义的形式进行分析非常重要，因为这些形式最微妙、最容易被误识，因此也最不容易受到谴责。这也许是因为那些谴责种族主义的人通常具有一些利于该形式的种族主义的特性。我想到的是智商种族主义，即智力种族主义。智商种族主义是支配阶级的种族主义，它在许多方面不同于通常所说的种族主义，即小资产阶级的种族主义，后者是大多数经典的种族主义批判——包括萨特提出的最有力的批判——的中心目标。

这种种族主义是支配阶级的特征,他们的再生产在很大程度上取决于文化资本——一种具身的,因而显然是自然的、先天的资本——的传播。智力种族主义是支配阶级成员的手段,他们旨在通过这种手段来创造一种"自身特权的神义论",换言之,正如韦伯所说的那样,为他们所统治的社会秩序辩护。这使得支配阶级觉得自己的支配是合理的:他们觉得自己本质上是优越的。每一种种族主义都是一种本质主义,而智力种族主义是占支配地位的阶级所特有的社会正义论(sociodicée)形式。占支配地位的阶级的权力部分建立在拥有"头衔"的基础上,这些头衔(如学历)被认作智力的保证,在许多社会中,这些头衔甚至是获得经济权力的地位的保证,这些头衔已经取代了早期的头衔(如财产头衔和贵族头衔)。

这种种族主义的某些特性来自这样一个事实,即对最粗暴和最野蛮的种族主义形式的审查变得更加严格,因此种族主义的冲动只能以高度委婉的形式来表达,并以(精神分析意义上的)否认形式来掩盖。欧洲文明研究小组(GRECE)使用一种以一种不表达的方式表达种族主义的语言。当这种方式达到高度委婉的程度时,种族主义几乎变得难以辨认。新的种族主义者面临着一个优化的问题：他们要么冒着震惊听众、在可沟通性和可传播性方面有所损失的风险，增加其话语中公开的种族主义内容（例如站出来支持优生学）；要么决定少说一点，以高度委婉的、符合现行审查制度的规范（例如谈论遗传学或生态学）的形式，从而在不被注意的情况下增加"传递信息"的机会。

当今最广为流传的委婉化形式显然是语言明显的科学化。如果人们援引科学话语来为智商种族主义辩护，那么这不仅是因为科学代表了合法话语的支配形式，更重要的是，一个自认为以科学为基础的权力、一个技术官僚式的权力自然会要求科学成为权力的基础；因为当政府声称以科学为基础、以执政者的"科学"能力为基础的时候，智力就是赋予其执政的权力的事物（我想到了科学在教育选拔中的作用，数学已经成了衡量一切智力的标准）。科学与人们要求它证明的东西是紧密相连的。

说到这里，我认为人们应该完全、直接地拒绝接受"智力"的生物学或社会基础的问题，心理学家们已经让自己陷入了这个问题。与其试图科学地决定这个问题，不如试着科学地审视这个问题本身，试着分析这种探究方式产生的社会条件，分析它所指向的阶级种族主义。事实上，欧洲文明研究小组的论点不过是一些高等学校校友会多年来所提出的论点的极端形式；这是"领袖们"的语言，他们觉得"智力"赋予了自己合法性，主宰着一个建立在"智力"歧视的基础上的，也就是建立在教育系统用"智力"一词所衡量的东西的基础上的社会。智力就是智力测试所衡量的东西，也就是教育系统所衡量的东西。这就是这场辩论的全部内容，人们只要还停留在心理学的范围内，就无法判定这场辩论，因为心理学本身（或至少智商测试）就是社会决定论的产物，而社会决定论是智商种族主义的根源，这种种族主义是"精英"所特有的，他们的地位是与教育的成功联系在一起的，他们是一个从教育分类中获得合法性的支配阶级。

教育分类是社会分类的委婉形式，这种社会分类经过删减和炼金术式的转变已经变得自然而绝对了，阶级差异变成了"智力"、"才能"的差异，进而变成了本性的差异。宗教都从来没有这么成功过。在教育分类中，一种社会歧视被合法化，并得到科学的认可。在那里，我们又发现了心理学以及很早就开始的它对教育系统的运作的强化。像比奈-西蒙测试（test de Binet-Simon）这样的智力测试的发明与学生因义务教育而进入教育系统有关，他们是教育系统无法应付的学生,因为他们不是"先天的"、"有天赋的"学生,也就是说,他们的家庭背景没有赋予他们学校系统的日常运作所假定的素质——文化资本以及对学术奖励和惩罚的积极态度。衡量学校所要求的社会素质——因此也衡量能预测其学业成就的能力——的测试是预先使学术裁决合法化的完美工具,而学术裁决又使测试合法化。

为什么现在又出现了这种新的智商种族主义?也许相当数量的教师和知识分子——他们被教育系统的危机正面击中——更倾向于以最原始的形式,表达或容忍以前谨慎的上层精英主义的表达。但我们也要问,为什么触发智商种族主义的冲动也在增加?我想这主要是由于在相当近的时间里,教育系统发现自己面临着几乎前所未有的问题,这些问题源自那些缺乏社会性构成的性情倾向之人的到来,而这正是教育系统所默许的。最重要的是,这些人的数量使他们的学历贬值,甚至使他们凭借那些学历而担任的职位贬值。因此,人数限制成为梦想(这在诸如医学之类的学科中已成为现实)。所有的种族主义都是相似的。人数限制是一种保护主义措施,类似移民限制,它一种对"过度拥挤"的回应,这种"过度拥挤"是由对被入侵人群"淹没"的恐惧所引发的。

人们总是时刻准备着污名化污名化者，时刻准备着谴责小资产阶级怨气中低级的、"庸俗的"种族主义。但这太容易了。我们必须反过来问，知识分子对智商种族主义做了什么。我们应该研究医生在医学化，即社会差异、社会污名的自然化过程中所扮演的角色，研究心理学家、精神病学家和精神分析学家在制造委婉语的过程中的角色（委婉语使人们能够以将社会案例变成心理案例、社会缺陷变成精神缺陷的方式来指称底层无产阶级或移民的子女）。换句话说，我们需要分析所有将教育合法化强化为合法歧视的二度合法化的形式，且不要忘记那些试图获得科学性的论证、心理学话语，以及我们自己的言论。

进阶阅读

皮埃尔·布迪厄，《阶级、去阶级与再阶级》，载《社会科学研究学报》（Classement, Déclassement, Reclassement, *Actes de la recherche en sciences sociales*, 24, novembre 1978, pp. 2-22）。

索 引

阿多诺 Adorno 210

埃科（U.） Eco (U.) 210.

埃利亚斯，诺贝特 Elias, Norbert 176

安塔尔 Antal 212

巴什拉 Bachelard 22

巴特（R.） Barthes (R.) 157-158

罢工 Grève 251-263（亦可参见斗争手段 lutte［moyens de］）

拜物教 Fétichisme 197, 219, 221（亦可参见艺术 art）

贝克尔（G.） Becker (G.) 33

本维尼斯特 Benveniste 140

测试（智力） Tests (d'intelligence) 266-267

常人方法学 Ethnométhodologie 89-90

场域 Champ 34, 82-83, 113-120, 138-139, 174-175, 197, 202, 204-205, 209, 246-247；艺术场域 – artistique 118, 167-168, 210-212, 215-216, 220-221；作为空间与位置的场域 – comme espace de positions 113, 198-199；作为能动者的斗争场所的场域 – comme lieu de luttes entre agents 114-115, 200；生产场域与消费场域 – de la production et

– de la consommation 214, 247；科学场域 –scientifique 22-24, 80, 82, 84-85；场域与机器 –s et appareils 136-137；进入场域的权利 droits d'entrée dans un – 115-116；作为场域结构的特定资本分布状态 état de la distribution du capital spécifique d'un – comme structure du – 114-115；作为资本积累的场域历史 histoire d'un – comme accumulation de capital 114, 116-117, 218-219；场域衰退的特定规则 lois spécifiques de viellissement des–s 144（亦可参见资本 capital，惯习 habitus，历史 histoire，游戏 jeu，斗争 jutte，结构 structure）

倒错信念 Allodoxia 39, 249-250

笛卡尔 Descartes 51

调查 Enquête 222-235：选举调查 – électorale 225, 234；舆论调查中的主动应答者特征 caracteristiques des répondants spontanés à une – d'opinion 237；调查的情境 situation d'– 100, 128-129（亦可参见意见 opinion，问卷 questionnaire，调查 sondage）

调查（民意的） Sondage (d'opinion) 222, 234, 238-239, 245, 249：民意与政治需求（调查） – et demande politique 223-224

动员 Mobilisation 260-262

斗争 Lutte 113-115：竞赛的斗争 – de concurrence 201；新来者与既存者之间的斗争 – entre tenants et prétendants

197-200；世代斗争 – entre les générations 151-154；工人的合法斗争形式 formes ou moyens de –s ouvrières légitimes 255-258（亦可参见场域 champ）

杜比（G.） Duby (G.) 143

发言人 Porte-parole 17-18, 63-64, 128, 139, 261-262（亦可参见授权 délégation，工会 syndicat）

反抗 Révolte 150, 262：资产阶级孩子的反抗和继承的延迟 – des enfants de la bourgeoisie et allongement des délais de succession 153（参见场域 champ，游戏 jeu，斗争 lutte）

费尔普斯（O. W.） Phelps (O. W.) 251

费罗（M.） Ferro (M.) 77

分类 Classement 52-53, 72, 91-92：教育分类 – scolaire 266；分类斗争 lutte de – 62, 92-93；分类系统 système de–92, 166-167（亦可参见品味 goût，知识分子 intellectuels, 政治 politique）

否认 Dénégation 156, 213, 265（亦可参见委婉化 euphémisation）

弗洛伊德（S.） Freud (S.) 56

福楼拜 Flaubert 141-142, 167, 212-214

戈德曼（L.） Goldmann (L.) 208, 212

戈夫曼（E.） Goffmann (E.) 90, 137, 178, 245, 253

革命 Révolutions 116, 167, 198, 199-200, 201, 211（亦可参见场域 champ，游戏 jeu，斗争 lutte）

格申克龙 Gerschenkron 177

工会 Syndicats 252, 254, 258

工作 Travail：作为斗争场域的工作市场 marché du – comme champ de lutte 251-252, 254

功能主义 Fonctionnalisme 28-29（亦可参见大众阶层 classes populaires）

沟通（语言的） Communication (linguistique) 103-105, 108, 124

顾拜旦（P.） Coubertin (P.) 179-180

雇员 Employés 260

官僚化 Bureaucratisation 247-248

惯习 Habitus 29, 34, 39, 75, 114, 119, 133-136, 189, 192, 195：惯习与位置 – et position 210-211, 212-213；语言惯习 – linguistique 121；惯习系统 systématique de l'– 135（亦可参见场域 champ，性情倾向 disposition）

海德格尔（M.） Heidegger (M.) 118, 140, 210, 218

豪泽尔 Hauser 210

合法性（合法化） Légitimité (légitimation) 25, 104, 109-111, 224, 255-258：语言合法性 – linguistique 104, 132；教育

合法性 – scolaire 265-268

记者 Journalistes 258
继承 Succession 202-204（参见世代 génération，斗争 lutte）
（教育头衔的）通货膨胀 Inflation (des titres scolaires) 147-148, 153
教育系统 Système scolaire 267：教育系统入学率与志向的干扰 fréquentation du – et brouillage des aspirations 147-150
解释学（或内部分析） Herméneutique (ou analyse interne) 139, 141-142, 216
经济主义 Economisme 10, 25
精神分析 Psychanalyse 75
精英 Elites 177-178-179, 266（亦可参见体育运动 sport）
精英体制的（意识形态） Meritocratique（idéologie） 256
决定论与自由 Déterminisme et liberté 44-45, 77-78, 90（亦可参见客观主义 objectivisme，科学 science）

卡西尔 Cassirer 158
康德 Kant 157
科学 Science： 18, 27, 265-266：作为权力理性化与合法化工具的科学 –comme instrument de légitimation et de rationalisation du pouvoir 18, 27, 265-266；科学与自由 – et liberté 77-78；科学与预言 – et prophétisme 33；作为科

学的社会学 la sociologie comme – 48-49（亦可参见社会学 sociologie）

可接受性（语言的） Acceptabilité (du langage) 98-100, 122-123

克里斯玛 Charisme 139, 203

客观主义（与主观主义） Objectivisme (et subjectivisme) 30-31, 86-90, 93

孔德（A.） Comte (A.) 202

口号 Mot d'ordre 65-66（亦可参见授权语言 langage autorisé）

拉波夫 Labov 100, 104, 129, 130, 131, 248

拉扎斯菲尔德 Lazarsfeld 31

莱布尼茨 Leibniz 51

莱考夫 Lakoff 139

礼拜 Liturgie 101, 124（亦可参见授权语言 langage autorisé）

礼物（意识形态的） Don (idéologie du) 266

李普塞特 Lipset 228

历史 Histoire 74-75, 81, 136-137, 168, 175：场域生产或工作累积的历史 – accumulée dans les œuvres ou les produits d'un champ 172；场域的历史 – d'un champ（参见场域 champ, 资本 capital；亦可参见惯习 habitus，身体

化 incorporation，制度 institution，斗争 lutte，结构 structure）

利润 Profit 10, 119-120：区隔利润 – de distinction（参见区隔 distinction）；语言利润 – linguistique 124；资本利润 – du capital 125（亦可参见场域 champ，市场 marché）

利益 Intérêt 20, 33-34, 41, 62, 70, 79, 113-115, 119, 232, 234：表现的利益 – expressif 138（亦可参见审查 censure；亦可参见场域 champ，投资 investissement）

列维－斯特劳斯（C.） Lévi-Srauss (C.) 89

卢卡奇 Lukàcs 89, 208

马克思 Marx 23-26, 40, 50, 92-93, 249, 262

马克思主义 Marxisme 24-25, 38, 55, 71, 81, 88, 90

米歇尔斯 Michels 45

魔法（社会或实体转换） Magie (sociale ou transsubstantiation) 46, 197, 204, 219-220

莫斯（M.） Mauss (M.) 197, 204-205, 220

莫斯卡 Mosca 45

目的论与机械论（二者择一） Finalisme et mécanisme (alternative du) 119-120

男性/女性气质的 Masculin/féminin 180-181（亦可参见女性 femme）

男性气质（的价值） Virilité (valeurs de) 14, 259（亦可参见工人阶级 classe ouvrière）

能力 Compétence 100, 134, 243, 246-248：能力和市场 – et marché 124-125, 130；合法能力 – légitime 128；语言能力 – linguistique 106-107, 121-122；政治能力 – politique 226, 232；社会能力 – sociale 107；技术能力与社会能力 – technique et – sociale 240-243；（亦可参见资本 capital，政治 politique）

女性 Femme 153, 194, 225：男女分工 division du travail entre les hommes et les –s 240-241

帕累托 Pareto 143

潘诺夫斯基（E.） Panofsky (E.) 74

品味（与厌恶） Goûts (et dégoûts) 156-157, 161-172, 200, 214-215：作为资产分类原则的品味 – comme principe de classement des biens 161-162；阶级品味与文化习得方式 – de classe et mode d'acquisition de la culture 158-159；品味结构的迁移 translation de la structure de – 170（亦可参见性情倾向 disposition）

气质 Ethos 133-134, 192：阶级气质 – de classe 227-228（亦可参见身体 corps，惯习 habitus）

乔姆斯基 Chomsky 122-123

青春 Adolescence 145-147, 186：青年入学与入学机会 scolarisation et accès à l' – 146

青年 Jeunes 143-154, 192：青年与老年之间的权力划分 division des pouvoirs entre – et vieux 143-144；青年与老年之间的继替斗争 luttes de succession entre – et vieux 153-154；反青年的歧视与阶级的衰落 racisme anti– et classes en declin 151（亦可参见世代 générations）

情境（语言的）Situation (linguistique) 98-105, 108, 121-122：市场情境 – de marché 130；官方情境 – officielle 107, 127, 131

庆祝（的话语）Célébration (discours de) 105

区隔 Distinction 200-201, 242：虚荣和区隔的辩证法 dialectique de la prétention et de la – 201；区隔策略 stratégies de – 10-11, 170-172, 182-183, 191-192（亦可参见场域 champ，利润 profit，稀有性 rareté）

去现实化 Déréalisation 110-112；（亦可参见书面语言 langage scolaire）

群体 Groupe 231-233：附加群体与动员群体 – additif et – mobilisé 260-261；施压群体 – de pression 234, 237

日丹诺夫主义 Jdanovisme 68-69

萨特（J.-P.）Sartre (J.-P.) 31, 89, 212, 214, 264

萨托里 Sartori 88

（社会话语生产的）垄断 Monopole (de la production du discours sur le monde social) 62, 65（亦可参见知识分子 intellectuels）

社会阶级 Classe sociale 38, 52-60, 86, 88, 90：支配阶级 – dominante 179-180, 264；牧师阶级 – dominée (ou populaires) 12-14, 41, 131-132, 183, 188, 228-229；中产阶级 – moyenne 193；工人阶级 – ouvrière 14, 248-249, 252-254, 260, 262-263；社会与体育阶级 –s sociales et pratiques sportives 189-194；阶级意识 conscience de– 255, 261-262；阶级部分 fractions de – 91；阶级同构 homogamie de – 132；阶级斗争 lutte des –s 62, 92；阶级感 sens de – 63（亦可参见分类 classement）

社会生物学 Sociobiologie 33

社会世界法则 Lois du monde social 44-46

社会学 Sociologie 19-36, 47, 198：知识社会学 – de la connaissance 86-89, 196；社会学家的社会学 – des sociologues 22-23, 26, 79-80, 84；社会学与社会工程学 – et ingénieurs sociaux 26-27；社会学与其他社会科学 – et les autres scènes sociales 28-30；社会学与哲学 – et philosophie 49-50；社会学与政治 – et politique 47-48；社会学的接受模式 modes de réception de la – 39-42

社会学主义 Sociologisme 95

社会语言学 Sociolinguistique 97

身体 Corps 14-15, 30, 35, 74-75, 133-134：身体与音乐 – et musique 156-158；合法身体 – légitime 181-182；社会化身体 – socialisé 29；体操与学校惯例身体 gymnastique et usage scolaire du – 177；作为身体关系维度的体育 sport pratiqué comme dimension du rapport au – 181-182, 189-194；（亦可参见阶级［社会］classes［sociales］，惯习 habitus，身体化 incorporation，制度 institution，体育运动 sport）

身体化 Incorporation 29, 35, 74-75, 133-134（亦可参见资本 capital，身体 corps，惯习 habitus，制度 institution）

身体力量 Force physique 14, 190, 259（亦可参见大众阶层 classes populaires，体育运动 sport，男性气质 virilité）

神圣化 Consécration 205-206；（亦可参见艺术场域 champ artistique）

审查 Censure 17, 104, 111, 132, 138-142, 265：语言审查 – linguistique 104, 258（亦可参见场域 champ，委婉化 euphémisation，表现的利益 intérêt expressif）

生活方式 Style de vie 14-15, 189, 192-195, 200（亦可参见品味 goûts）

时尚（高级时装领域）Mode (en haute couture) 168, 196-206, 219：知识分子时尚 –s intellectuelles 70-71, 73；时尚场域 champ de la – 197-199（亦可参见文化 culture，魔法

magie，场域 champ）

实践（感） Pratique (sens) 31-32, 69, 244-245, 248-249：作为政治感的实践感 – comme sens politique 244-245；实践感的理论 théorie de la – 67-69, 75

世代 Générations 143-154：世代冲突 conflits de – 151-154；世代与学校生产的方式 – et mode de production scolaire 152-153（亦可参见场域 champ）；作为斗争对象的世代划分 la division en – comme objet de luttes 143-144

市场 Marché 105：语言市场 – linguistique 98-99, 105, 107-108, 121-137；政治市场 – politique 246；教育市场 – scolaire 10, 98-100, 123；市场价格形成 formation des prix de – 125-126；市场统一 unification du – 128

授权 Délégation 63, 105-106, 139, 245-249, 261-262；（亦可参见知识分子 intellectuel，发言人 porte-parole）

舒茨 Schütz 89

述行性（话语） Performatif (discours) 40-41

双语 Bilinguisme 107

俗套 Vulgate 217-218（亦可参见场域 champ）

（探究的）稀有性 Rareté (recherche de la) 170-172

体操 Gymnastique 177, 193（亦可参见身体 corps，体育运动 sport）

体育运动 Sports 173-195：作为政治斗争赌注的体育运动 –

comme enjeu des luttes politiques 185-187；体育景观 – comme spectacle 183；作为大众阶层成员社会上升途径的体育运动 – comme voie d'ascension sociale pour les membres des classes populaires 188；体育运动与社会精英 – et élites sociales 177-178；支配阶级占主导部分的体育运动与气质 – et ethos des fractions dominantes des classes dominantes 179-180；体育运动场域的构成与体育"产品"生产的场域 constitution d'un champ du – ou champ de production de « produits » sportifs 174-176, 178, 181-182, 189；体育的社会史 histoire sociale du – 176

投资 Investissement 33-34, 35, 114, 119（亦可参见场域 champ，利益 intérêt）

涂尔干（E.） Durkheim (E.) 23-24, 40, 47-49, 81, 134, 240

危机（的情境） Crise (situation de) 101-102, 105, 231

韦伯（马克斯） Weber (Max) 23-26, 49, 164, 178, 202, 264

委婉化 Euphémisation 92, 138-142, 263, 265-267（亦可参见审查 censure，场域 champ，形式 forme）

位置 Position（参见场域 champ）：位置与占据位置 –s et prise de – 215-216, 231

文化 Culture 10, 61-62, 100：文化与政治 – et politique 43；合法文化 – légitime 11, 196；"大众文化" « – populaire » 15；反文化 contre – 11-13；文化收益 rapport à la – 12；认识文

化 reconnaissance de la – 16；文化社会学 sociologie de la – 196-197；（亦可参见无关利益 désintéressement）

文化生产 Production culturelle 67-68, 160：文化生产与文化生产的场域的历史 – et histoire du champ de – 117-118；文化生产空间 espace de – 164-167；调整文化生产场域的供给的问题 problèmes de l'ajustement du champ de – à l'offre 169

问卷 Questionnaire 31, 222-223

问题域 Problématique 223：问题域的加强 imposition de – 226, 230

无关利益 Désintéressement 10, 79, 120, 177-178（亦可参见惯习 habitus，知识分子 intellectuels，利益 intérêt，利润 profit，体育运动 sport）

无知 Méconnaissance 28, 67, 110, 141, 205, 255, 265（亦可参见委婉化 euphémisation）

象征暴力 Violence symbolique 67, 256, 258-259

信念 Doxa 39, 83, 115（亦可参见场域 champ，正统 orthodoxie）

信仰 Croyance 32, 101, 204-206, 220；（亦可参见无知 méconnaissance）

信用（或授权讲话） Crédit (ou parole autorisée) 139-140

形式（形式主义） Forme (formalisme) 28-29：形式化 mise

en – 138-139（亦可参见资产阶级 bourgeoisie，审查 censure）

性情倾向 Disposition 29, 75, 211：学校性情倾向 – scolaire 243-244（亦可参见惯习 habitus）

休斯克（C.） Schorske (C.) 75

学历 Titres scolaires 148, 256：学历与贵族头衔 – et titres de noblesse 256, 264-267；学历法定分配效应（与文化消费的转型） effet d'assignation statutaire des – (et transformation des consommations culturelles) 169-170, 241-242；学历通货膨胀 inflation des – 147-148, 153

亚里士多德 Aristote 134

仪式（社会的） Rituels (sociaux) 31, 69

艺术 Art 11：为艺术而艺术 l'– pour l'– 213；艺术与宗教 – et religion 163-164；艺术之爱 amour de l'– 162, 172, 219；艺术自主性 autonomie de l'– 208-209；作为纯粹艺术的音乐 la musique comme – pur 156；艺术品 oeuvre d'– 11, 227；艺术社会学 sociologie de l'– 207-210, 219；（亦可参见否认 dénégation，品味 goût）

艺术家 Artiste 162-163, 166, 167, 209, 220-221：艺术家及其受众 l'– et son public 214-215

意见 Opinion 47：动员意见 – mobilisée 232；公共意见 – publique 222-235；作为重要意见的公共意见 – publique comme – majeure 224;；公共意见研究所 institut d'– publique 223；生产意见的政治原则或伦理原则 principe politique ou principe éthique de production des –s 228-229, 232, 239；意见的性别差异的概率 probabilité d'avoir une – selon le sexe 225, 239-240, 243；意见的概率与条件概率 probabilité d'avoir une – et probabilite conditionnelle 225-226, 238

音乐 Musique 155-160, 170-172：作为实践分类的音乐 – comme pratique classante 155-156

庸俗 Vulgaire 10（亦可参见区隔 distinction）

游戏 Jeu 34, 59, 113-116, 199, 204-205：游戏与体育运动 –x et sports 176-177；游戏感 sens du – 59（亦可参见资本 capital，场域 champ，信念 doxa，惯习 habitus，利益 intérêt，投资 investissement，斗争 lutte）

语言 Langage 17, 95-112：授权语言（权威、重要或合法） – autorisé (ou d'autorité, ou d'importance, ou légitime) 32, 65-66, 95-96, 101, 103-104, 107, 110-111, 124, 127, 131；语言与政治意识 – et conscience politique 64；语言与语言情境 – et situation linguistique（参见市场 marché）；日常语言 – ordinaire 11-12, 37, 55-56；大众语言 – popu-laire 131-132；社会学语言 – sociologique 38-39；语言的力量 force du – 32；语言的收益 rapport au – 132-133；支配的收益与语言的收益 rapports – et rapports de domination

101；语言的仪式化 de ritualisation du – 64；书面语言的惯例 usage scolaire du – 97, 111-112

语言（学）的 Linguistique：民族的斗争与语言的斗争 luttes nationales et luttes –s 125；语言市场 marché –（参见市场 marché）；语言力量的收益 rapports de force –s 124, 126-127（亦可参见资本 capital，沟通 communication；能力 compétence，惯习 habitus，市场 marché，社会语言学 sociolinguistique)

语言矫正（矫枉过正与矫枉不足） Correction linguistique (hyper, hypo) 99-100, 105, 123, 133

哲学 Philosophie 140-141：历史哲学 – de l'histoire 74, 77；社会哲学 –sociale 35, 37, 50

正统（与异端） Orthodoxie (et hérésie) 115, 167（亦可参见场域 champ，信念 doxa）

政党 Parti politique 88-89, 246-247-248：共产党 – communiste 16, 41, 71, 247-248

政治的 Politique 43：政治行动 action – 46, 137；政治能力 compétence – 226-227, 239-243；作为政治利益的表现利益 intérêt expressif comme intérêt – 138-139；作为符号政治或分类斗争的政治斗争 lutte – comme – symbolique ou lutte des classements 62；政治活动家 militant – 64-66；政治意见 opinion – 225, 243-244, 247；政治收益与

文化收益 rapport à la culture et rapport à la – 243-244（亦可参见能力 compétence，知识分子 intellectuels，意见 opinion）

政治化 Politisation 15：家庭的政治化 – du domestique 12；舆论的政治化与危机情境 – des opinions et situation de crise 231

支配 Domination 13, 43：语言支配 – linguistique 128；语言支配与政治支配 – linguistique et – politique 125, 131；支配条件 conditions de la – 75-76（亦可参见场域 champ，斗争 lutte）

知识分子 Intellectuels 10, 13-14, 61-78, 262, 267-268：知识分子与政治场域 – et le champ politique 64-66；知识分子场域 champ – 70-71；知识分子社会能力 compétence sociale des – 72-73；知识分子实践的收益 rapports des – à la pratique 67-69；知识分子社会学 sociologie des – 13-14, 68, 70, 197

直言不讳 Franc-parler 131

制度 Institution 29, 35, 74-75：语言制度 langage d'– 32（亦可参见身体 corps，性情倾向 disposition，惯习 habitus，历史 histoire，身体化 incorporation）

滞后 Hystérésis 135

种族主义 Racisme 264-268

资本 Capital 53-58, 114-115, 134, 139：文化资本 – culturel

10, 164；经济资本 – économique 56；身体资本 – incorporé 133-134；语言资本 – linguistique 124-125；客观资本与身体资本 – objectivé et – incorporé 35；教育资本 – scolaire 241-242；社会资本 – social 55-57, 194；场域特殊资本 – spécifique d'un champ 114-115, 197；资本类型的转化 conversion des espèces de capitaux 57-58, 114-115；资本类型 espèces de capital 57；资本数量与结构 structure et volume du – 59（亦可参见场域 champ，惯习 habitus，历史 histoire，斗争 lutte，结构 structure）

资产阶级 Bourgeoisie 153, 177, 179-180：新资产阶级 nouvelle – 200；小资产阶级 petite – 179-180, 260

自学者 Autodidacte 12

左派 Gauchisme 16, 150, 152, 229（亦可参见反抗 révolte，政党［共产党］ parti［communiste］）

图书在版编目（CIP）数据

社会学的问题 /（法）皮埃尔·布迪厄著；曹金羽译. -- 上海：上海文艺出版社，2022（2022.7重印）
（拜德雅·人文丛书）
ISBN 978-7-5321-8264-0

Ⅰ.①社… Ⅱ.①皮… ②曹… Ⅲ.①社会学－通俗读物
Ⅳ.①C91-49

中国版本图书馆CIP数据核字（2021）第274380号

发 行 人：毕　胜
责任编辑：肖海鸥　李若兰
特约编辑：梁静怡
书籍设计：左　旋
内文制作：重庆樾诚文化传媒有限公司

书　　名：社会学的问题
作　　者：［法］皮埃尔·布迪厄
译　　者：曹金羽
出　　版：上海世纪出版集团　上海文艺出版社
地　　址：上海市闵行区号景路159弄A座2楼201101
发　　行：上海文艺出版社发行中心
　　　　　上海市闵行区号景路159弄A座2楼206室　201101　www.ewen.co
印　　刷：上海盛通时代印刷有限公司
开　　本：787×1092　1/32
印　　张：12.5
字　　数：210千字
印　　次：2022年3月第1版　2022年7月第2次印刷
Ｉ Ｓ Ｂ Ｎ：978-7-5321-8264-0/C.092
定　　价：72.00元
告 读 者：如发现本书有质量问题请与印刷厂质量科联系　T：021-37910000

Questions de sociologie, by Pierre Bourdieu, ISBN : 9782707318251

Copyright © Les ÉDITION DE MINUIT, 1981
Current Chinese translation rights arranged through Divas International, Paris
巴黎迪法国际版权代理（www.divas-books.com）

Simplified Chinese translation copyright ©2021 by Chongqing Yuanyang Culture & Press Ltd.
All rights reserved.

版贸核渝字（2015）第 354 号

拜德雅
Paideia
人文丛书

（已出书目）

语言的圣礼：誓言考古学（"神圣人"系列二之三）	[意] 吉奥乔·阿甘本 著
宁芙	[意] 吉奥乔·阿甘本 著
奇遇	[意] 吉奥乔·阿甘本 著
普尔奇内拉或献给孩童的嬉游曲	[意] 吉奥乔·阿甘本 著
品味	[意] 吉奥乔·阿甘本 著
什么是哲学？	[意] 吉奥乔·阿甘本 著
什么是真实？物理天才马约拉纳的失踪	[意] 吉奥乔·阿甘本 著
业：简论行动、过错和姿势	[意] 吉奥乔·阿甘本 著
海德格尔：纳粹主义、女人和哲学	[法] 阿兰·巴迪欧 & [法] 芭芭拉·卡桑 著
苏格拉底的第二次审判	[法] 阿兰·巴迪欧 著
追寻消失的真实	[法] 阿兰·巴迪欧 著
不可言明的共通体	[法] 莫里斯·布朗肖 著
什么是批判？自我的文化：福柯的两次演讲及问答录	[法] 米歇尔·福柯 著
自我解释学的起源：福柯1980年在达特茅斯学院的演讲	[法] 米歇尔·福柯 著
自我坦白：福柯1982年在多伦多大学维多利亚学院的演讲	[法] 米歇尔·福柯 著
铃与哨：更思辨的实在论	[美] 格拉汉姆·哈曼 著
迈向思辨实在论：论文与讲座	[美] 格拉汉姆·哈曼 著
福柯的最后一课：关于新自由主义，理论和政治	[法] 乔弗鲁瓦·德·拉加斯纳里 著
非人：漫谈时间	[法] 让-弗朗索瓦·利奥塔 著
异识	[法] 让-弗朗索瓦·利奥塔 著
从康吉莱姆到福柯：规范的力量	[法] 皮埃尔·马舍雷 著
艺术与诸众：论艺术的九封信	[意] 安东尼奥·奈格里 著

批评的功能	[英]特里·伊格尔顿 著
走出黑暗:写给《索尔之子》	[法]乔治·迪迪-于贝尔曼 著
时间与他者	[法]伊曼努尔·列维纳斯 著
声音中的另一种语言	[法]伊夫·博纳富瓦 著
风险社会学	[德]尼克拉斯·卢曼 著
动物与人二讲	[法]吉尔伯特·西蒙东 著
非政治的范畴	[意]罗伯托·埃斯波西托 著
临界:鲍德里亚访谈录	[法]让·鲍德里亚&[法]菲利普·帕蒂 著
"绝对"的制图学:图绘资本主义	[英]阿尔伯特·托斯卡诺&[美]杰夫·金科 著
社会学的问题	[法]皮埃尔·布迪厄 著